LE SYSTÈME FINANCIER MALIEN À L'ÉPREUVE DES CRISES

Une décennie de résistance

Hamadoun Ousmane Bocoum

LE SYSTÈME FINANCIER MALIEN À L'ÉPREUVE DES CRISES

Une décennie de résistance

L'Harmattan
Mali

ACI2000 Bamako - Immeuble Jean-Marie CISSE - Bureau 10
Tél.: +223 76 43 00 66 /+223 66 89 33 72
www.harmattanmali.com

Couverture et mise en page : Coco Joyce

ISBN : 978-2-336-57908-5
EAN : 9782336579085

Dédicace

À ma famille, source d'équilibre et d'inspiration, en particulier à mon père, Ousmane Sadio BOCOUM, parti trop tôt, et à ma chère mère, Houreïratou Gorbel BOCOUM.

À celles et ceux qui, dans l'ombre ou la lumière, portent chaque jour le système financier malien à bout de bras, malgré les incertitudes et les secousses.

Remerciements

Ce livre est le fruit de plusieurs années d'observations, d'analyses et d'échanges passionnés autour du système financier malien. Je tiens à remercier chaleureusement :

- Mes collègues, amis et partenaires de travail, pour leurs contributions, discussions stimulantes et leurs retours critiques.
- Les responsables d'institutions financières et les experts qui ont accepté de partager leurs témoignages et leurs éclairages.
- Ma femme et mes enfants, pour leur patience et leur soutien.
- Ceux qui m'ont accompagné et inspiré, mes amis, pour leurs encouragements, conseils et lectures attentives.

À tous, merci de m'avoir accompagné dans cette réflexion sur un pilier essentiel de notre économie.

Préface

Le système financier constitue le socle invisible mais essentiel de toute économie moderne. Au Mali, cette réalité prend une dimension particulière dans un contexte marqué par une succession de crises économiques, politiques, sécuritaires et sociales au cours de la dernière décennie. C'est dans cet environnement exigeant que M. Hamadoun Ousmane Bocoum, expert reconnu du secteur bancaire et financier malien, nous invite à une plongée lucide et rigoureuse au cœur des institutions et mécanismes qui régissent la finance nationale.

L'ouvrage *« Le système financier malien à l'épreuve des crises »* ne se veut ni encyclopédique ni partisan. Il propose avant tout une lecture critique et prospective, révélant à la fois les forces et les fragilités du système financier malien, mais aussi les mutations régionales et globales qui redessinent ses contours. On y découvre comment, face à une instabilité chronique, le Mali a su faire preuve d'une résilience remarquable, tout en mesurant les défis immenses qui persistent pour bâtir un système bancaire plus inclusif, souverain et adapté aux réalités locales.

Ce livre se distingue par sa capacité à articuler les réalités maliennes avec les dynamiques régionales. L'auteur va au-delà de la description : il interroge les modèles en place, examine les stratégies d'adaptation des acteurs bancaires et ouvre des pistes concrètes pour renforcer la solidité, l'inclusivité et l'utilité sociale du secteur financier.

Fort de son expérience professionnelle et de ses réflexions nourries au contact des institutions financières et des décideurs, M. Bocoum livre ici une contribution précieuse à la compréhension des enjeux monétaires et bancaires qui façonnent l'avenir du pays. Son approche, à la fois accessible et rigoureuse, s'adresse aux décideurs publics, aux professionnels, aux chercheurs comme aux étudiants qui souhaitent mieux saisir les ressorts d'un pilier essentiel du développement.

Au-delà du diagnostic, cet ouvrage engage à repenser les leviers d'action pour accompagner un développement économique harmonieux. Il éclaire des choix stratégiques cruciaux dans une région où le financement du développement reste l'un des défis majeurs du XXIe siècle, et où les débats sur la souveraineté, l'innovation numérique et l'inclusion financière sont désormais incontournables.

Fidèle à sa vocation d'accompagner les grandes réflexions sur l'Afrique, L'Harmattan Mali est heureux de présenter cet ouvrage, qui s'inscrit dans la continuité de son engagement à donner la parole aux penseurs et praticiens de terrain.

En définitive, ce livre ne se contente pas de constater : il interpelle, inspire et propose. Il invite à considérer le système financier malien non seulement comme une infrastructure technique, mais comme un levier stratégique au service d'une croissance durable et d'une plus grande justice économique. Ce travail arrive à point nommé et mérite d'être lu, discuté et utilisé comme outil de réflexion et d'action. Car comprendre la finance malienne, c'est aussi contribuer à tracer les voies d'un avenir plus souverain, plus résilient et plus prospère pour le Mali.

L'éditeur

Avant-propos

Le système financier est souvent perçu comme un domaine technique, réservé aux spécialistes. Pourtant, il est au cœur de la vie économique, sociale et même politique d'un pays. Au Mali, ces dernières décennies ont été marquées par une succession de crises – sécuritaires, sanitaires, politique – qui ont mis à rude épreuve la solidité des institutions financières.

Ce livre est né d'une double conviction : d'une part, que le système financier malien possède une capacité de résilience encore insuffisamment reconnue ; d'autre part, que les mutations en cours – tant régionales que globales – imposent une relecture stratégique de ses fondamentaux.

À travers cet ouvrage, je souhaite proposer une lecture accessible, rigoureuse et engagée de notre système financier. Il ne s'agit ni d'un réquisitoire, ni d'un panégyrique, mais d'une tentative de mise en lumière des dynamiques à l'œuvre, des enjeux à venir, et surtout, des leviers d'action pour un secteur au service du développement.

Sommaire

Résumé exécutif

Ce livre propose une analyse critique et prospective du système bancaire et financier malien dans un contexte de crises multiples sécuritaires, sanitaires, économiques, énergétiques mais aussi de mutations géopolitiques régionales et internationales. Il s'inscrit dans une dynamique de réflexion stratégique sur la résilience économique et l'inclusion financière.

Objectifs du livre

- Évaluer la résilience du système financier malien face aux chocs exogènes et endogènes.
- Explorer les alternatives monétaires (ECO, monnaie nationale, monnaie AES).
- Proposer des réformes pour un système bancaire plus inclusif, autonome et adapté aux réalités locales.
- Offrir un outil d'aide à la décision pour les autorités, les institutions financières, les chercheurs et les étudiants.

Axes majeurs du contenu

1. Souveraineté monétaire et alternatives au franc CFA

- Historique du franc malien et du retour au FCFA.
- Débat sur les avantages et limites du FCFA.
- Analyse du projet de monnaie ECO (CEDEAO) et des critères de convergence.
- Scénarios de sortie du FCFA : création d'une monnaie nationale ou d'une monnaie commune AES.
- Recommandations pour une transition monétaire maîtrisée.

2. Structure et dynamique du secteur bancaire

- Cartographie des banques au Mali : forte présence étrangère, fusions, émergence de banques systémiques.
- Risques liés à la domination étrangère et à la faible bancarisation.
- Recommandations pour renforcer les compétences locales, soutenir les fintechs et favoriser l'expansion régionale.

3. Réformes réglementaires et innovations

- Transition vers les normes IFRS 9.
- Modernisation des relations financières extérieures (règlement UEMOA 06/2024).
- Mise en œuvre du Compte Unique du Trésor (CUT).
- Création de la Banque Confédérale d'Investissement et de Développement (BCID) dans le cadre de l'AES.

4. Inclusion financière et microfinance

- État des SFD : croissance, risques, concentration.
- Stratégies nationales de microfinance (1998–2026) : bilan et perspectives.
- Obstacles à l'inclusion : pauvreté, insécurité, analphabétisme, distance géographique.
- Recommandations : digitalisation, gouvernance, partenariats fintechs, éducation financière.

5. Financement de l'économie réelle

- Faible financement des PME, du secteur agricole et des investissements productifs.
- Contraintes réglementaires, structurelles et culturelles.
- Propositions : mécanismes de garantie, produits hybrides, incitations fiscales, finance islamique et durable.

6. Transformation numérique et cybersécurité

- Digitalisation des services bancaires : opportunités et risques.
- Fracture numérique, dépendance technologique, cybersécurité insuffisante.
- Recommandations : stratégie numérique inclusive, régulation adaptée, renforcement des capacités.

7. Résilience face aux crises

- Impact des crises sécuritaires, politiques, sanitaires et sectorielles (coton, énergie).

- Réactions du système bancaire : soutien BCEAO, ajustements internes.
- Nécessité de renforcer la gouvernance, la gestion des risques et la stabilité macroéconomique.

Conclusion

Le système bancaire malien a résisté, mais au prix de fragilités persistantes, Sa transformation exige une refondation autour de trois piliers : souveraineté monétaire, inclusion financière **et** résilience systémique. Il propose une vision stratégique et pragmatique, ancrée dans les réalités locales mais ouverte aux dynamiques régionales et internationales.

Introduction générale

Qui pense au système financier lorsqu'il achète son pain quotidien, règle les frais de scolarité d'un enfant ou envoie de l'argent à un parent au village ? Presque personne. Pourtant, derrière ces gestes ordinaires se cache une mécanique essentielle : celle qui permet à l'entrepreneur d'investir, à l'agriculteur de financer sa campagne agricole, au fonctionnaire d'épargner et au commerçant d'élargir son activité. C'est elle qui soutient la confiance, alimente la croissance et prépare l'avenir. Quand cette mécanique s'enraye, c'est toute l'économie qui ralentit, et avec elle l'espoir de millions de citoyens.

Au Mali, cette évidence se vérifie chaque jour. Depuis une décennie, notre pays est secoué par une succession de crises – sécuritaires, politiques, sanitaires, économiques – qui auraient pu fragiliser, voire effondrer, son système bancaire et financier. Or, celui-ci a résisté. Certes, non sans difficultés, mais avec une résilience qui mérite d'être reconnue et analysée.

Ce livre est né d'une double conviction. D'abord, que le système financier malien est plus robuste qu'on ne le croit souvent, et qu'il a démontré une capacité d'adaptation remarquable face aux chocs. Ensuite, que cette résilience, aussi précieuse soit-elle, ne suffit plus : les mutations en cours, tant au niveau régional que mondial, imposent une refondation stratégique de nos institutions financières.

L'objectif de cet ouvrage n'est pas de dresser un réquisitoire ou un panégyrique. Il s'agit d'offrir une lecture claire, documentée et accessible des dynamiques à l'œuvre. Comment la monnaie est-elle devenue un instrument de souveraineté contestée ? Comment les banques maliennes ont-elles traversé les crises récentes ? Quelle place pour la microfinance, les fintechs ou la finance islamique dans le paysage à venir ? Et surtout, quels leviers mobiliser pour que le système financier serve réellement l'économie nationale et le bien-être des citoyens ?

L'ouvrage est structuré en cinq chapitres. Le premier retrace l'histoire monétaire du Mali, du franc malien à l'actuel débat sur le CFA, l'ECO et les cryptomonnaies. Le deuxième examine l'évolution du système bancaire, ses forces, ses fragilités et le rôle des régulateurs. Le troisième met l'accent sur la finance inclusive, avec un focus sur la microfinance et les établissements spécialisés. Le quatrième explore les grands défis transversaux : inclusion, financement productif, révolution numérique, concurrence des fintechs et finance durable. Enfin, le cinquième analyse l'impact des crises récentes sur le secteur, avant de proposer des pistes de résilience et de transformation.

Ce travail s'adresse aux décideurs publics, aux acteurs financiers, aux chercheurs et aux étudiants, mais aussi à tout citoyen désireux de mieux comprendre les ressorts d'un secteur vital pour l'avenir du Mali. Plus qu'un simple état des lieux, il se veut une contribution à la réflexion collective : comment bâtir un système financier à la fois solide, inclusif et porteur de développement ?

Contexte national : Repères historiques, économiques et géopolitiques du Mali

Géographie et démographie

Situé au cœur de l'Afrique de l'Ouest, le Mali s'étend sur une superficie de 1 240 190 km² et comptait, en 2022, une population de 22 395 489 habitants, selon les données du Cinquième Recensement Général de la Population et de l'Habitat réalisé par l'Institut National de la Statistique (INSTAT). Cette population se caractérise par un âge moyen de 21,4 ans et 49,7 % de femmes. Le pays enregistre un taux de croissance démographique soutenu de 3,3 % par an. Avec une densité de seulement 18 habitants au km², le Mali demeure faiblement peuplé par rapport à son étendue territoriale. Il se classe ainsi au 60e rang mondial en termes de population sur un total de 196 pays (source : countryeconomy.com). La structure démographique révèle une population très jeune, avec 47,2 % des habitants âgés de moins de 15 ans, ce qui représente à la fois un défi et une opportunité pour le développement du pays.

Age	Population	%
[.0-14]	10 570 671	47,20%
[15-29]	6 138 604	27,41%
[30-39]	2 376 161	10,61%
[40-59]	2 544 128	11,36%
[60 + [	765 926	3,42%
Total	22 395 489	100,00%

Histoire :

Le Mali possède une histoire riche et prestigieuse, façonnée par de grands empires qui ont marqué son identité et influencé toute la sous-région ouest-africaine. Parmi eux, l'Empire du Mali, qui connut son apogée entre le XIIIe et le XVIe siècle, est souvent associé à la Charte du Manden (Kouroukan Fouga), considérée comme l'une des premières déclarations des droits de l'homme. Il fut ensuite supplanté par l'Empire Songhaï, dirigé par la dynastie des Askia entre le XVe et le XVIe siècle.

Avant ces deux grandes puissances, l'Empire du Ghana (à ne pas confondre avec l'actuel Ghana) fut le premier à dominer la région grâce au commerce transsaharien, avant d'amorcer son déclin au XIe siècle.

Contexte économique :

L'économie malienne repose sur une structure peu diversifiée, dominée par l'agriculture, l'exploitation minière et le secteur informel. Parmi les premiers producteurs de coton et d'or du continent, le Mali tire une grande partie de ses revenus de ces ressources stratégiques, bien que leur volatilité expose le pays aux fluctuations des marchés internationaux. L'agriculture, qui emploie près de 70 % de la population, reste vulnérable aux aléas climatiques et au manque d'infrastructures modernes. Par ailleurs, l'économie informelle occupe une place prépondérante, illustrant à la fois la résilience et les défis d'un système financier en quête d'inclusion. Malgré des périodes de croissance soutenue, les crises politiques et sécuritaires des dernières années ont fragilisé l'environnement économique, impactant les investissements, le commerce et l'accès au financement. Face à ces défis, les réformes structurelles s'imposent pour un développement inclusif et durable.

Diplomatie

Le Mali, fidèle à son héritage historique de carrefour commercial et culturel, a toujours adopté une diplomatie active et engagée sur la scène régionale et internationale. Depuis son indépendance en 1960, le pays s'est affirmé comme un acteur clé en Afrique de l'Ouest, jouant un rôle de médiateur dans plusieurs crises régionales et prônant des principes de non-alignement et de coopération Sud-Sud. Membre fondateur de l'Union africaine (UA) et de la Communauté économique des États de l'Afrique de l'Ouest (CEDEAO), le Mali a également entretenu des relations étroites avec des partenaires bilatéraux et multilatéraux, notamment dans le cadre de la coopération au développement et de la lutte contre l'insécurité. Toutefois, les récentes crises politiques et sécuritaires ont complexifié sa politique étrangère, entraînant des tensions avec certaines organisations internationales et redéfinissant ses alliances stratégiques, notamment avec des acteurs émergents sur la scène mondiale.

Les crises et chocs traversés par le Mali :

Le Mali traverse depuis plusieurs années une série de crises multidimensionnelles qui ont profondément impacté sa stabilité politique, sa sécurité et son développement économique. La crise politico-sécuritaire, déclenchée en 2012 par l'insurrection armée au Nord et l'implantation de groupes terroristes, a fragilisé l'unité nationale et entraîné des interventions militaires internationales.

À cela s'ajoutent des crises politiques récurrentes, marquées par des transitions politiques successives, qui ont accentué les tensions avec les partenaires régionaux et internationaux.

Par ailleurs, la vulnérabilité du pays aux chocs externes, tels que la pandémie de COVID-19 et la flambée des prix des matières premières, a exacerbé les difficultés économiques.

Le secteur cotonnier, pilier de l'économie malienne et source de revenus pour des millions de producteurs, a traversé également ces dernières années des crises majeures qui ont fragilisé sa compétitivité. En 2020, le boycott de la culture du coton par une partie des producteurs, en raison de désaccords sur les prix d'achat et le montant des subventions accordées sur les engrais, a entraîné une chute historique de la production. À cette crise sociale et économique s'est ajoutée une menace agronomique avec l'invasion des jassides (*petit insecte piqueur-suceur d'environ 2,65 mm de long*) en 2022, un ravageur ayant causé des pertes considérables de rendement et affecté la qualité des récoltes. Ces difficultés ont mis en évidence la vulnérabilité de la filière face aux aléas climatiques, aux tensions sociales et aux défis sanitaires des cultures.

Face à ces défis, le Mali doit relever le double enjeu de la restauration de la sécurité et de la relance économique afin d'assurer une stabilité durable et un développement inclusif.

Chapitre 1 : Monnaie et souveraineté économique : de la zone Franc à l'ECO

I- La monnaie de l'Indépendance à l'Économie Moderne au Mali

Alors que j'étais encore lycéen, je garde en mémoire la dévaluation du franc CFA en janvier 1994 et ses répercussions immédiates sur le pouvoir d'achat de mes parents. Cet événement a profondément marqué ma manière de percevoir la monnaie et a nourri, depuis lors, mon intérêt pour le sujet. Ce n'est d'ailleurs pas un hasard si ma toute première publication, en 2007, dans la tribune BNDA-INFOS (journal trimestriel de la Banque Nationale de Développement Agricole du Mali), portait ce titre évocateur : *« Le franc CFA, monnaie ou sous-monnaie ? »*.

1- La monnaie du colon et l'idée d'émancipation (jusqu'en 1958)

Avant la seconde guerre mondiale, les territoires africains qui utilisent le Franc CFA aujourd'hui étaient sous domination coloniale française exceptés la Guinée Bissau et la Guinée Equatoriale respectivement colonisées par le Portugal et l'Espagne. Ils faisaient donc partie de différentes colonies en Afrique de l'Ouest et en Afrique Equatoriale.

En 1945, l'ancien Empire colonial français s'est structuré en 3 principales entités monétaires sous les appellations suivantes Départements d'Outre-Mer, Territoires d'Outre-Mer et Territoires sous mandat. Ces territoires ont été intégrés dans une « zone Franc », avec le franc métropolitain comme monnaie principale et des monnaies satellites associées.

C'est dans ce contexte que Le Franc des Colonies Françaises d'Afrique a été créé le 26/12/1945 en tant que monnaie pour les colonies françaises d'Afrique. Avec l'avènement de la Cinquième République en 1958, l'acronyme survit mais change de signification : il devient le *franc de la Communauté française d'Afrique*. Derrière l'alphabet identique, la même logique : ancrer l'économie des colonies à la métropole.

Le Mali, alors connu sous le nom du Soudan Français, faisait partie de la zone Franc, utilisant le franc des Colonies Françaises d'Afrique (CFA) comme monnaie.

2- Indépendance et Création du Franc Malien (1960-1962)

Le 22 septembre 1960, le Soudan français devient République du Mali. Très vite, le président Modibo Keïta revendique le « droit régalien de battre monnaie ». Pour marquer ce nouveau chapitre – et, il faut le dire, par conviction idéologique – le Mali introduit le franc malien (MLF) le 1er juillet 1962, à parité 1 MLF = 1 FCFA.

« Le pouvoir politique s'accompagne toujours du pouvoir monétaire », rappelait Modibo Keïta. Mais avoir sa propre monnaie, c'est aussi porter le fardeau des réserves de change, de la balance extérieure et d'une administration encore en rodage. À peine deux ans plus tard, la réalité frappe : le Mali peine à financer ses importations et négocie son retour dans la zone Franc.

La plupart des pays africains sous domination française accèdent à l'indépendance. Cependant, le Franc CFA reste la monnaie de ces nouveaux États indépendants. Deux zones monétaires distinctes sont formées : UMOA et CEMAC.

Les pays faisaient face à deux choix, rester dans la zone Franc et garder une monnaie commune ou adopter sa propre monnaie. Tous les pays optent pour la monnaie commune sauf la Guinée et le Mali. La Guinée créa en mars 1960 sa monnaie en coupant tout lien avec le système monétaire du colon français.

La République du Mali crée des organismes tels que le Trésor Public, le Comité Monétaire et l'Office des Changes pour préparer son indépendance monétaire. Ce dernier organisme avait pour missions de superviser et d'autoriser toutes les opérations financières effectuées entre la République du Mali et les autres États y compris ceux de la Zone Franc. Le Mali était donc resté dans la zone Franc tout en gardant un minimum de contrôle sur la politique de change. Cela annonçait déjà une volonté d'autonomie monétaire des autorités maliennes.

Modibo Keita, Président de la République du Mali, disait déjà que ''...Aussi loin que nous remontons dans le temps, l'histoire nous enseigne que le pouvoir politique s'accompagne toujours et nécessairement du droit régalien de battre monnaie, que le pouvoir monétaire est inséparable de la souveraineté nationale, qu'il en est le complément indispensable, l'attribut essentiel...'' Fort de cette conviction, il décide de sortir de la zone Franc et crée sa propre monnaie nationale mais contrairement au voisin guinéen il souhaite garder un lien avec le Franc CFA. Le franc Malien entrera en vigueur le 1 juillet 1962 avec une parité égale au franc CFA (1 MLF = 1 FCFA).

Aujourd'hui les francs CFA des deux zones monétaires se distinguent par leurs significations et leurs codes ISO 4217. *Le code ISO 4217 est un système de codification standardisé pour les devises et les métaux précieux, établi par l'Organisation internationale de normalisation (ISO). Ce système attribue à chaque monnaie ou métal précieux un code unique composé de trois lettres.*

Pour les pays membres de l'Union Economique et Monétaire Ouest Africain (UEMOA), c'est le Franc de la Communauté Financière d'Afrique avec comme code ISO : XOF. Pour les pays de la CEMAC, le sigle se définit comme le Franc de la Coopération Financière en Afrique centrale avec comme code ISO : XAF.

3- Défis Monétaires et Réintégration dans la Zone Franc (1962-1984)

Après avoir choisi la voie de l'indépendance monétaire en 1962, le Mali a rapidement été confronté à de sérieuses difficultés économiques. Le pays souffrait d'un déficit persistant de la balance des paiements et d'un manque criant de devises étrangères, ce qui freinait fortement les importations et pénalisait l'activité économique. La gestion monétaire, entièrement centralisée et coupée des circuits régionaux, devenait de plus en plus compliquée.

Isolé sur le plan économique, le gouvernement malien entame des discussions avec la France dès 1966 pour envisager un retour au sein de la zone Franc. Ces négociations débouchent sur deux accords bilatéraux signés en février et décembre 1967, qui posent une condition clé : la dévaluation du franc malien de 50 %, préalable nécessaire à une intégration monétaire crédible. C'est ainsi qu'en mars 1968, le Mali réintègre officiellement la zone Franc. La Banque Centrale du Mali reste l'institution émettrice, mais son conseil d'administration inclut désormais des représentants français aux côtés des administrateurs maliens. Le franc malien devient alors convertible selon les mêmes règles que le franc CFA, permettant une certaine fluidité dans les échanges.

Cependant, la situation économique du pays reste fragile. Le franc malien continue de perdre de sa valeur au fil des années, accompagné d'une inflation notable. Dans ce contexte, et face à une économie en perte de vitesse, les autorités maliennes prennent une décision stratégique en 1984 : mettre fin à l'expérience monétaire nationale et rejoindre de nouveau l'Union Monétaire Ouest Africaine (UMOA). Le franc CFA est alors réintroduit au taux de 1 CFA pour 2 francs maliens, marquant la disparition définitive du franc malien.

Avec cette réintégration, c'est la Banque Centrale des États de l'Afrique de l'Ouest (BCEAO) qui reprend le contrôle de l'émission monétaire, un rôle auparavant assuré par la Banque Centrale de la République du Mali. Ce choix s'inscrivait dans une volonté de stabilisation macroéconomique, mais aussi dans un désir de renouer des liens commerciaux et monétaires plus solides avec les autres pays de la région.

4- L'UEMOA et la Transition vers l'Eco (1984-2020)

À partir de 1994, l'Union Monétaire Ouest-Africaine (UMOA) entre dans une nouvelle ère en devenant l'Union Économique et Monétaire Ouest-Africaine (UEMOA). L'ambition est claire : approfondir l'intégration économique et renforcer la stabilité macroéconomique. Mais cette évolution s'accompagne de règles de convergence plus strictes. Les États membres se voient imposer une discipline budgétaire renforcée, avec des indicateurs surveillés de près par les instances régionales.

Deux décennies plus tard, en juin 2019, un tournant historique semble se dessiner. Réunis à Abuja, les chefs d'État de la CEDEAO s'accordent sur la création d'une nouvelle monnaie commune, baptisée l'Eco, avec un lancement prévu pour janvier 2020. Les pays de l'UEMOA, bien qu'utilisant déjà une monnaie commune, le franc CFA, annoncent leur intention d'adopter l'Eco, provoquant une onde de choc politique et symbolique.

Dans la foulée, des réformes majeures du franc CFA sont engagées. Pour la première fois depuis des décennies, la France accepte de revoir son rôle dans la gouvernance monétaire de la sous-région. La garantie du Trésor français est appelée à disparaître, tout comme la présence française dans les instances décisionnelles de la BCEAO.

Mais l'histoire prend un tournant inattendu. En 2020, la pandémie de COVID-19 bouleverse les équilibres économiques mondiaux. Les pays ouest-africains, durement touchés, doivent revoir leurs priorités. Le lancement de l'Eco est reporté sine die, officiellement en raison de la nécessité d'ajustements macroéconomiques supplémentaires.

Dans un contexte de contestation croissante, alimentée par des mouvements citoyens, des intellectuels et des figures politiques dénonçant le lien postcolonial incarné par le franc CFA, la France choisit d'accélérer son retrait symbolique. C'est à Abidjan, fin 2019, que le Président Emmanuel Macron, aux côtés du Président Alassane Ouattara, annonce la fin de la participation française au conseil d'administration de la BCEAO ainsi que la suspension du compte d'opérations, longtemps critiqué comme un levier d'influence sur les finances des États africains. Ce moment marque un tournant, non seulement dans la relation monétaire entre la France et l'Afrique de l'Ouest, mais aussi dans la perception qu'ont les populations ouest-africaines de leur souveraineté économique.

II- Le Franc CFA : Monnaie ou sous-monnaie ?

Depuis toujours, le franc CFA suscite des sentiments ambivalents. D'un côté, certains saluent sa stabilité ; de l'autre, nombreux sont ceux qui y voient un héritage encombrant de la colonisation. C'est une monnaie qui, malgré les décennies, n'a jamais cessé de faire débat.

Je me souviens encore de certains échanges animés avec des amis économistes et financiers : "Le CFA, c'est notre passeport vers les marchés internationaux", lançait l'un. "Passeport ou bracelet électronique ?" répondait un autre, en souriant. Ce genre de débat montre à quel point cette question touche à l'essentiel : la souveraineté, l'identité voire la dignité.

Pendant longtemps, on nous a expliqué que la convertibilité garantie par la France via le compte d'opérations était un privilège. Pourtant, en creusant, on découvre que ce compte n'a presque jamais été débiteur, et qu'il a surtout servi à rassurer les marchés. Plus qu'un filet de sécurité, c'était un symbole. Mais à quel prix ?

Alors oui, le franc CFA a offert une certaine discipline budgétaire, surtout depuis la dévaluation de 1994. Mais au fond, faut-il toujours choisir entre rigueur et autonomie ? Ne pouvons-nous pas rêver d'un modèle qui concilie les deux ? Cette section vise à de comprendre si le FCFA constitue un vecteur de stabilité ou un frein à l'autonomie économique des États africains.

1- Convertibilité et arrimage du FCFA

Pendant longtemps, la convertibilité du franc CFA, garantie par la France via le mécanisme du compte d'opérations, a été présentée comme un privilège pour les pays de l'UEMOA. En y regardant de plus près, on se rend compte que ce compte n'a pratiquement jamais été débiteur. Il a surtout eu pour fonction de rassurer les marchés internationaux. Plus qu'un véritable filet de sécurité, il symbolisait un engagement politique fort. Mais à quel prix ?

Depuis 1973, la garantie de convertibilité reposait sur un mécanisme bien précis : les pays de l'UEMOA étaient tenus de déposer une part de leurs réserves de change — issues principalement des recettes d'exportation — sur un compte logé à la Banque de France, au nom de la BCEAO. En théorie, ce compte pouvait fonctionner avec un découvert illimité, ce qui permettait aux États membres de faire face à des déficits temporaires de la balance des paiements ou à des besoins urgents en devises. Ainsi, le FCFA bénéficiait d'une convertibilité jugée automatique et illimitée.

Cependant, cette garantie n'était pas inconditionnelle. Le dispositif intégrait des garde-fous : dès que le ratio des avoirs extérieurs nets par rapport aux engagements à vue tombait en dessous de 20 % pendant trois mois consécutifs, le Conseil d'administration de la BCEAO devait se réunir et prendre des mesures correctives. En cas d'épuisement des réserves extérieures, la Banque centrale devait aussi demander aux institutions financières de l'Union de céder leurs devises contre des francs CFA.

Ce système de "parrainage" monétaire et l'arrimage fixe du FCFA à l'euro suscitent depuis des années des débats passionnés en Afrique de l'Ouest. Pour les panafricanistes, il est impensable de parler de souveraineté politique sans indépendance monétaire. Le Mali, comme ses voisins, n'échappe pas à cette réflexion collective, même si les opinions divergent.

Chez les économistes, deux camps s'opposent : d'un côté, ceux qui défendent la stabilité et la crédibilité que procure le FCFA, de l'autre, ceux qui estiment que cette monnaie limite les marges de manœuvre budgétaires et étouffe les politiques de développement. Pour le citoyen ordinaire, l'attachement ou le rejet du franc CFA dépend souvent de son opinion sur les relations avec la France et à l'intégration régionale.

Certains analystes vont plus loin, estimant que la garantie de convertibilité n'est qu'un trompe-l'œil. Ils rappellent que le compte d'opérations est resté largement créditeur jusqu'à la fin des années 1980. Les déficits enregistrés au début des années 1990 sont davantage liés à une surévaluation de la monnaie, conséquence directe de sa parité fixe avec une devise forte. Cette situation a d'ailleurs conduit à la dévaluation de janvier 1994, imposée sous pression des institutions de Bretton Woods, comme condition d'accès à leurs financements.

La question de l'arrimage du FCFA à l'euro a longtemps alimenté les critiques, même au sein de la sphère économique française. Serge Michailof[1], dans sa publication « L'Afrique francophone étranglée par

---

[1] Serge Michailof, ancien Directeur des opérations de l'AFD et de la Banque Mondiale

la parité fixe euro-FCFA », alertait déjà : « Les économies de ces pays sont étranglées par une parité inadaptée qui facilite la pénétration des produits chinois et des produits agroalimentaires européens subventionnés. » Il plaidait alors pour un arrimage plus souple à un panier de devises incluant l'euro, le dollar américain et le yuan.

À l'inverse, d'autres économistes comme Karamoko Kane[2], dans son ouvrage « Mondialisation, développement et indépendance monétaire », critiquent cette remise en question du compte d'opérations. Selon lui, le solde créditeur du compte n'est pas une preuve que les pays de l'UEMOA peuvent se passer d'une garantie extérieure. Il avance que cette crédibilité tient en partie à un effet psychologique : « Une partie du solde créditeur résulte simplement de la confiance de ceux qui transfèrent leurs capitaux dans la zone, convaincus que la convertibilité sera toujours assurée en dernier ressort. ».

En définitive, deux enjeux majeurs continuent de faire débat : la convertibilité du FCFA et l'arrimage rigide à l'euro. Sans trancher ce débat qui traverse les décennies, il semble essentiel, dans la perspective de la création d'une nouvelle monnaie comme l'Eco, de tirer les leçons du passé. Il faudra veiller à éviter toute surévaluation de la monnaie, mais aussi toute forme d'ingérence externe qui pourrait affaiblir la souveraineté économique de la région.

2- Bilan des forces et faiblesses du Franc CFA

2.1- Les atouts du franc CFA :

On peut dire ce qu'on veut du franc CFA, mais il faut reconnaître qu'il a su maintenir une certaine stabilité monétaire au fil des décennies. Cette stabilité est en grande partie liée à son arrimage à l'euro, ainsi qu'à la garantie de convertibilité longtemps assurée par la France même si cette dernière a officiellement été levée en décembre 2019, à l'occasion de l'annonce conjointe des présidents Alassane Ouattara et Emmanuel Macron.

---

[2] Karamogo Kané, agrégé de sciences économiques, ancien assesseur de l'Université Check Anta Diop de Dakar

Dans une région marquée par des turbulences économiques et politiques, le fait d'avoir une monnaie relativement stable n'est pas négligeable. Cela rassure les investisseurs étrangers et facilite leur prise de risque. Et pour nos économies en quête de capitaux, c'est loin d'être anodin.

De plus, l'arrimage du franc CFA à l'euro ouvre des portes vers les marchés financiers internationaux. Cela peut permettre aux pays de la zone UEMOA d'emprunter à des conditions plus avantageuses que s'ils étaient seuls face aux marchés. On pourrait dire que le CFA joue ici un rôle de passeport financier, même si cela a un coût en termes d'autonomie.

Un autre aspect souvent mis en avant, c'est la facilitation des échanges commerciaux entre pays membres de l'Union. Les transferts d'argent entre pays membres sont simples, rapides, et surtout peu coûteux (en général, pas plus de 5.000 FCFA HT). Ce cadre monétaire commun favorise l'intégration régionale et réduit les barrières aux transactions commerciales.

Enfin, le franc CFA impose indirectement une forme de discipline budgétaire. Les règles communautaires de l'UEMOA et la fixité du taux de change avec l'euro forcent les États à faire attention à leurs finances publiques. La dévaluation de 1994 reste dans toutes les mémoires, et sert encore aujourd'hui d'avertissement aux politiques budgétaires imprudentes.

Pour mémoire, voici quelques dates clés dans l'histoire de la parité du franc CFA :

Tableau 1: Parité du FCFA

Date	Evénement	Parité du FCFA
26/12/1945	Création du FCFA	1 FF = 0,588 FCFA
17/10/1948	Dévaluation du Franc Français (FF)	1 FF = 0,50 FCFA
01/01/1960	Instauration du nouveau FF	1 FF = 50 FCFA

Date	Evénement	Parité du FCFA
12/01/1994	Dévaluation du FCFA	1 FF = 100 FCFA
01/01/1999	Arrimage du FCFA à l'euro	1 Euro= 655,957 FCFA

Source BCEAO

2.2. Les limites et les critiques du franc CFA

Mais cette stabilité a un revers. Beaucoup pointent du doigt l'ingérence persistante de la France dans les affaires monétaires des pays africains. Même si le rôle de la Banque de France s'est amoindri ces dernières années, le simple fait que la monnaie reste liée à l'euro et que certaines décisions clés échappent encore aux États africains pose un problème de souveraineté.

Le franc CFA est ainsi devenu, pour beaucoup, le symbole d'un lien postcolonial jamais totalement rompu. L'expression « Françafrique » revient souvent dans les débats, et pas par hasard. Pourquoi, plus de soixante ans après les indépendances, utilisons-nous encore une monnaie dont le nom même fait référence au passé colonial ? Ce débat dépasse la technique monétaire : il touche à l'identité, à la fierté nationale, et à la souveraineté.

En outre, l'unicité de la politique monétaire dans la zone CFA pose problème. Tous les pays n'ont pas les mêmes besoins économiques. Pourtant, ils se retrouvent avec une politique monétaire unique, décidée par une banque centrale régionale, sans marge d'ajustement. Cela peut pénaliser certains pays, surtout lorsqu'ils traversent une crise économique ou climatique spécifique.

Autre point délicat : la parité fixe avec l'euro, si elle protège contre l'inflation, peut aussi nuire à la compétitivité de nos économies. Lorsque l'euro est fort, le franc CFA l'est aussi, ce qui rend nos produits plus chers à l'exportation. Dans un monde où tout le monde cherche à gagner des parts de marché, cela peut handicaper nos entreprises locales.

Enfin, il y a la question très sensible des réserves de change. Pendant longtemps, les pays utilisateurs du franc CFA étaient tenus de déposer une grande partie de leurs avoirs extérieurs au Trésor français. Même si ce mécanisme a été officiellement assoupli, l'idée que nos richesses servent à alimenter des comptes hors du continent reste difficile à accepter pour beaucoup.

Le franc CFA a offert une certaine stabilité, mais au prix d'un renoncement partiel à la souveraineté monétaire. Il a facilité des échanges et rassuré des partenaires, mais il est aussi devenu un sujet brûlant dans les débats sur l'émancipation économique de l'Afrique. Entre pragmatisme économique et quête de souveraineté, le débat reste ouvert – et nécessaire.

Après avoir exploré les racines historiques du franc CFA et les implications de son héritage, il convient désormais d'examiner les conditions fixées pour un changement de paradigme monétaire dans l'espace CEDEAO : les critères de convergence vers une monnaie commune, l'ECO.

III- ECO : Entre incertitude et optimisme

L'annonce de la création de l'ECO avait résonné comme une promesse d'aube nouvelle. C'était en 2019, et pour beaucoup d'entre nous, l'idée d'une monnaie ouest-africaine enfin affranchie des liens historiques avec la France faisait battre le cœur un peu plus fort. Le mot "ECO" sonnait bien. Court, simple, porteur d'espoir. Mais très vite, les réalités ont rattrapé les discours.

Au Mali tout comme dans les autres pays les réseaux sociaux étaient inondés d'information et de réaction sur l'ECO. Certains y voyaient une opportunité de couper le cordon, d'autres redoutaient l'instabilité. Les économistes de salon et monsieur lambda avaient chacun leur mot à dire.

Mais au-delà des déclarations officielles et des critères de convergence jamais atteints, ce que j'ai ressenti, c'est une fatigue. Fatigue face aux promesses repoussées. Janvier 2020 ? Raté. Encore une fois. COVID-19 est passé par là, bien sûr, mais pas seulement.

Derrière les chiffres, il y avait surtout un manque de volonté politique partagée, un déficit de confiance entre partenaires.

Et pourtant, le besoin est réel : un cadre monétaire pensé par et pour les Africains de l'Ouest. Une monnaie qui ne soit pas simplement un "clone" du CFA, mais un projet collectif, assumé. L'ECO reste à inventer, et cette invention devra, un jour, venir de la base, pas uniquement des sommets.

L'idée d'une monnaie commune pour l'Afrique de l'Ouest est discutée dès les années 1980 pour faciliter le commerce et l'intégration économique. Cette future monnaie unique prévue pour les pays de la Communauté Économique des États de l'Afrique de l'Ouest (CEDEAO), vise à remplacer les monnaies nationales actuelles et le franc CFA utilisé par les huit pays de l'Union Économique et Monétaire Ouest-Africaine (UEMOA), dont le Mali. Le projet de l'ECO a pour objectif de renforcer l'intégration économique et monétaire dans la région et d'accroître l'indépendance économique vis-à-vis de la France, tout en favorisant la stabilité macroéconomique.

Les pays membres de la CEDEAO ont signé les premiers accords de convergence macroéconomique en 1999, fixant les critères pour une union monétaire, similaires aux critères de Maastricht de l'Union Européenne. En décembre 2000, lors d'un sommet de la CEDEAO, les dirigeants réaffirment leur engagement à créer une monnaie commune. La Zone monétaire de l'Afrique de l'Ouest (ZMAO) est créée pour les pays de la CEDEAO qui n'utilisent pas le franc CFA, comme un premier pas vers l'union monétaire.

Initialement prévue pour 2003, la date de lancement de l'Eco est reportée à plusieurs reprises (2005, 2009, 2015, 2020) en raison des difficultés à atteindre les critères de convergence et d'autres défis économiques et politiques.

En effet, pour réussir la transition vers l'ECO, plusieurs conditions économiques devraient être remplies. Pour y arriver des critères de convergence et des conditions économiques ont été fixés de commun accord par les Etats membres de la CEDEAO :

Pour les conditions économiques, il s'agit de :

La stabilité macroéconomique : Les pays de la CEDEAO doivent maintenir une stabilité macroéconomique pour assurer une transition en douceur vers la monnaie unique. Cela inclut une gestion prudente des finances publiques, la réduction de l'inflation et le maintien de réserves de change adéquates.

L'harmonisation des Politiques Économiques : Les États membres doivent harmoniser leurs politiques économiques et financières pour garantir une convergence économique durable. Cela inclut des politiques budgétaires, monétaires et fiscales coordonnées.

Développement des Infrastructures Financière : Des infrastructures financières robustes, y compris des systèmes de paiement intégrés, des marchés financiers développés et des institutions financières solides, sont essentielles pour soutenir l'adoption de l'ECO.

Pour les critères de convergence :

Comme préalable à l'adoption de l'ECO, la CEDEAO a défini des critères de convergence macroéconomique répartis en deux catégories : les critères de premier rang et ceux de second rang. Globalement, ces exigences sont moins strictes que celles appliquées au sein de l'UEMOA. Le tableau ci-après met en évidence les principales différences entre les deux dispositifs.

Tableau 2 : Critères de convergence de la CEDEAO comparés à ceux de l'UEMOA

Critère	UEMOA	CEDEAO	Pourquoi cette différence ?
Inflation moyenne annuelle	≤ 3 %	≤ 5 %	UEMOA : discipline stricte pour maintenir la parité fixe avec l'euro et éviter les pressions inflationnistes. CEDEAO : marge plus large pour intégrer des pays à inflation structurellement plus élevée (Nigeria,

Critère	UEMOA	CEDEAO	Pourquoi cette différence ?
			Ghana…).
Déficit budgétaire global / PIB (dons inclus)	≥ -3 %	≤ 3 %	Formulation différente mais seuil similaire. UEMOA : tolérance zéro aux dérapages pour préserver la stabilité monétaire. CEDEAO : objectif identique mais sans arrimage monétaire actuel.
Dette publique / PIB	< 70 %	< 70 %	Seuil identique, inspiré des critères de Maastricht. UEMOA : application plus stricte via surveillance BCEAO. CEDEAO : contrôle plus souple car chaque pays gère sa dette nationalement.
Masse salariale / recettes fiscales	≤ 35 %	Non inclus comme critère principal	UEMOA : éviter que la masse salariale n'absorbe les ressources au détriment de l'investissement public. CEDEAO : pas retenu comme critère central car les structures budgétaires varient fortement d'un pays à l'autre.

Critère	UEMOA	CEDEAO	Pourquoi cette différence ?
Taux de pression fiscale	≥ 20 %	≥ 20 %	Seuil identique, reflète le besoin d'autonomie budgétaire. UEMOA : suivi rigoureux par BCEAO et Commission de l'UEMOA. CEDEAO : suivi plus politique qu'opérationnel.
Réserves extérieures brutes (en mois d'importations)	Non spécifié (géré collectivement par BCEAO)	≥ 3 mois	CEDEAO : impose un seuil pour éviter les crises de balance des paiements. UEMOA : déjà garanti collectivement via réserves communes à la BCEAO.
Financement monétaire du déficit par la Banque centrale	Interdit	< 10 % du budget précédent	UEMOA : zéro financement direct par la BCEAO (sauf cas exceptionnels). CEDEAO : tolère un financement limité pour les pays disposant de leur propre banque centrale.
Variation du taux de change	Non applicable (parité fixe)	± 10 %	CEDEAO : critère pour les pays à change flottant ou ajustable. UEMOA : inutile car taux fixe avec l'euro.

Le niveau de respect desdits critères par le Mali sont indiqués dans le tableau suivant. Dans la loi des finances 2025 du Mali, il est indiqué que le Mali respectera deux (02) critères sur cinq (05) et que les critères non respectés s'expliquent par les effets cumulés des crises sanitaire, sociale et sécuritaire qui occasionnent des augmentations de dépenses budgétaires dans un contexte où la mobilisation du financement domestique et extérieur devient de plus en plus coûteuse pour l'Etat.

Tableau 3 : Position du Mali par rapport aux cinq (05) critères de convergence de l'UEMOA

Critère de 1er rang	Seuil	2022	2023	2024	2025 *
Taux d'Inflation (moyenne)	≤ 3%	9,70 %	2,10 %	2,50 %	2,50 %
Déficit budgétaire, dons inclus (% PIB)	≥ -3%	-3,9%	-3,9%	-4,4%	-3,50 %
Dette publique (% PIB) < 70%	< 70%	50,40 %	50,90 %	51,60 %	50,60 %
Critère de 2e rang					
Masse salariale sur recette fiscale	≤ 35%	30,30 %	49,60 %	51,10 %	45,40 %
Taux de pression fiscale	≥ 20%	14,40 %	14,70 %	14,80 %	16,20 %
Nombre total de critères qui satisfaits		1	2	2	2

*Source : loi des finances 2025 Mali / BCEAO // *Prévisions*

Depuis des années, la question des critères de convergence est au cœur des débats. Présentés comme la garantie d'une union monétaire solide, ils fixent des seuils chiffrés censés assurer la stabilité macroéconomique et la discipline budgétaire avant le passage à la monnaie unique. Mais derrière cette apparente rigueur se cache une réalité plus complexe : ces critères sont-ils vraiment adaptés aux économies ouest-africaines, ou ne sont-ils qu'un idéal théorique difficilement atteignable ?

1- Les critères de convergence ou illusion de stabilité ? Ce qu'ils révèlent vraiment.

1.1- Taux d'inflation : Le taux d'inflation doit être inférieur à 3 %.

Compte tenu des tensions géopolitiques entre la Russie et l'Ukraine avec une forte implication des pays de l'Organisation du Traité de l'Atlantique Nord (OTAN), le monde traverse une période de hausse généralisée des prix notamment pour le secteur énergétique, le secteur de la production agricole (intrants agricoles, les et denrées alimentaires). Le tableau, ci-dessous, retrace le taux d'inflation des principaux pays de la CEDEAO sur les 4 dernières années.

Tableau 4 : Taux d'inflation des pays de l'UEMOA, du Ghana et du Nigéria

Pays	2021	2022	2023	2024
Bénin	1,70%	1,40%	2,70%	1,2%
Burkina	3,90%	14,10%	0,70%	4,2%
Côte d'Ivoire	4,20%	5,20%	4,40%	3,5%
Guinée-Bissau	3,30%	7,90%	7,20%	3,7%
Mali	3,90%	9,70%	2,10%	3,2%
Niger	3,80%	4,20%	3,70%	9,1%
Sénégal	2,20%	9,70%	5,90%	0,8%
Togo	4,50%	7,60%	5,30%	2,9%
UEMOA	3,60%	7,40%	3,70%	3,5%
Ghana	9,90%	31,90%	39,30%	22,10%*
Nigeria	17%	18,80%	24,70%	33,80%*

*Sources : BCEAO/ Ghana Statistics Service/Nigéria : National Bureau of Statistics *Octobre 2024*

On constate que les pays majeurs de la CEDEAO hors UEMOA ont de la peine à maitriser leur taux d'inflation contrairement à ceux de l'Union. Ce critère de convergence semble être hors de portée de ces pays à court terme.

Pertinence du critère et limites structurelles :

Au regard des réalités économiques de la région, le critère d'un taux d'inflation inférieur à 3 % et 5% respectivement pour l'UEMOA et la CEDEAO mérite d'être interrogé. Inspiré des normes de la zone euro, ce plafond paraît peu adapté aux économies ouest-africaines fortement dépendantes de l'extérieur pour leur approvisionnement en produits alimentaires, en intrants agricoles et en énergie. L'inflation y est souvent importée et subie.

Viser une inflation trop basse peut s'avérer contre-productif. Une dynamique modérée des prix autour de 5 à 6 % pourrait mieux accompagner les efforts de croissance, d'investissement public et de transformation structurelle des économies. L'essentiel reste que l'inflation soit maîtrisée et prévisible, plus que rigoureusement contenue sous un seuil arbitraire.

1.2- Déficit budgétaire :

Le déficit budgétaire global, y compris les dons, doit être inférieur à 3 % du PIB.

Tableau 5 : Le déficit budgétaire de l'UEMOA

	2022	2023	2024	2025**
Benin	5,5%	4,1%	3%	3%
Burkina	10,40%	6,90%	4,10%	4,30%
Guinée Bissau	6,50%	7,30%	3,60%	3,20%
Mali	4,90%	3,80%	4,70%	5,80%
Niger	6,8%	5%	4,3%	3%
RCI	6,80%	5,20%	4,1%	3%
Sénégal	6,50%	4,90%	4%	3,5%
Togo	8,30%	6,90%	5,30%	6%

Source BAD: Perspectives économiques des Pays/FMI/lois des finances/budgets des pays/Banque Mondiale

**Prévisions*

Repenser la convergence ?

Au lieu d'imposer la même règle pour tous, il serait plus judicieux d'adopter une approche différenciée, plus souple, adaptée à chaque pays. Ce qui compte, ce n'est pas seulement le niveau du déficit, mais surtout la manière dont l'argent public est utilisé, la capacité à mobiliser les ressources locales et l'efficacité des politiques mises en place.

Dans le contexte actuel du Mali, un déficit de 10% est même recommandé pour financer des projets structurants (infrastructures, éducation, santé, etc.) pour booster l'économie nationale. Cela peut être plus bénéfique qu'un déficit réduit à 3 % obtenu en coupant dans les dépenses sociales ou en bloquant les investissements.

En réalité, la règle actuelle sur le déficit budgétaire peut parfois limiter la capacité des États à faire face aux urgences et à investir dans l'avenir. C'est pourquoi il est temps d'ouvrir un vrai débat sur ces critères de convergence, pour qu'ils soient mieux adaptés à la réalité des pays sahéliens comme le Mali.

L'encadré 1, ci-dessous, donne des exemples de plan de relance adossé des forts taux d'endettement qui ont permis de redresser ces économies (Chine, Rwanda, Allemagne et USA).

1.3- Taux d'endettement :

Le ratio dette publique/PIB est un critère de convergence fondamental : il doit rester en dessous de 70 % du PIB pour garantir la stabilité financière régionale. Il est respecté par presque tous les pays de l'UEMOA. Le Mali a l'un des taux d'endettement les plus faibles de l'UEMOA autour de 50% en 2025. Seul le Sénégal affiche un taux supérieur ou égal à 100%.

L'exemple du Sénégal illustre les risques d'une divergence par rapport à cette norme. Un audit mené par la Cour des comptes, couvrant la période 2019–mars 2024, a révélé que la dette publique réelle s'élevait à 99,67 % du PIB à fin 2023, bien plus que les 73,6 % officiellement déclarés par l'ancien gouvernement. Des emprunts hors bilan, notamment des dettes bancaires non budgétisées, ont entraîné un endettement caché estimé à environ 4 245 milliards FCFA, soit près de 23 % du PIB.

Quel est la pertinence de cette limite ?

Selon les données du FMI de nombreux pays développés affichent des taux d'endettement en 2024 largement supérieurs à la limite fixée par l'UEMOA et la CEDEAO :

Tableau 6 : Taux d'endettement des pays développés

Pays	Taux d'endettement
Japon	250%
Italie	137%
Portugal	122%
Espagne	120%
États Unis	120%
France	112%
Canada	107%
Royaume Unis	101%

Et pourtant, ces pays continuent de financer leurs déficits sans difficulté majeure sur les marchés internationaux.

La différence avec nos économies réside dans la nature des économies, la confiance des marchés, la capacité monétaire, et l'accès au financement en devise locale. Les pays développés émettent leur dette principalement dans leur propre monnaie, contrôlent leur banque centrale, disposent de marchés financiers profonds et bénéficient de la confiance des investisseurs. Cela leur permet de supporter des niveaux d'endettement élevés sans risque de crise immédiate de liquidité ou de change.

À l'inverse, nos économies (souvent petites et dépendantes de financements extérieurs) n'ont pas la même marge de manœuvre. Leur dette est souvent libellée en devises (euro, dollar), exposant leurs budgets aux risques de change. En outre, leur capacité à mobiliser des ressources fiscales reste limitée (souvent en dessous de 15 % du PIB), ce qui complique le service de la dette. Le critère de 70 % est donc une forme de discipline préventive, inspirée des règles de convergence de l'UE (comme Maastricht), visant à éviter les dérapages incontrôlés.

Le seuil de 70 %, bien que rigide comparé aux standards observés dans les pays du G7, répond à la réalité des économies africaines : faible niveau de développement, forte vulnérabilité externe et dépendance aux financements en devises.

Cela dit, sa pertinence doit être contextualisée, et des marges d'interprétation peuvent exister, notamment si la dette finance des investissements productifs et si la gouvernance budgétaire est solide.

1.4- Masse salariale / recettes fiscales : Entre exigence de discipline budgétaire et réalité administrative

Ce critère vise à contenir le poids de la fonction publique dans les finances publiques : la masse salariale de l'État ne doit pas dépasser 35 % des recettes fiscales. L'objectif est double : éviter que les dépenses de fonctionnement ne captent l'essentiel des ressources, et préserver la capacité de l'État à financer des investissements structurants.

Pourtant, de nombreux pays de l'UEMOA et de la CEDEAO peinent à respecter cette norme. Par exemple, en 2023, le Mali affichait un ratio d'environ 49 % et projette 51% et 45% respectivement en 2024 et 2025 en partie à cause de la hausse continue des effectifs publics et de la pression sociale pour l'emploi. Ce déséquilibre reflète aussi une rigidité budgétaire : les États sont souvent engagés dans des politiques d'embauche de sécurité ou d'apaisement, surtout dans les contextes de tensions sociopolitiques ou d'insécurité.

Sa pertinence ?

Bien que pertinent comme instrument de gestion prudente, ce critère doit être apprécié avec nuance. Un dépassement du seuil peut être plus acceptable s'il finance des services publics de base, plutôt qu'un appareil administratif pléthorique.

Par exemple ; lorsque la masse salariale est orientée vers des secteurs clés comme l'éducation, la santé, la recherche, la technique, etc. Cela permet non seulement de répondre à des besoins sociaux urgents, mais aussi de retenir des profils qualifiés et d'en attirer de nouveaux (Attirer et garder des experts compétents renforce la capacité de l'État à concevoir et exécuter des politiques efficaces, notamment dans des contextes fragiles).

1.5- Taux de pression fiscale : Un impératif d'élargissement de l'assiette fiscale

Ce critère fixe un niveau minimal de mobilisation des ressources internes : les recettes fiscales doivent représenter au moins 20 % du PIB. Ce seuil reflète le besoin d'autonomie budgétaire, de réduction de la dépendance à l'aide extérieure, et de capacité à financer le développement par des ressources domestiques.

Or, la plupart des pays de la CEDEAO sont en dessous de ce seuil. Selon la BCEAO et la CEDEAO, la moyenne dans l'UEMOA est d'environ 13 à 16 % du PIB. Le Bénin est l'un des rares pays à frôler ou dépasser régulièrement les 18 %, grâce à une modernisation fiscale ambitieuse. La Mali n'a jamais atteint les 15% sur les 3 dernières années.

Ce critère souligne un enjeu majeur : la transition vers un État fiscal moderne, capable de capter une part plus équitable de la richesse nationale. Cela suppose de lutter contre l'évasion fiscale, d'élargir l'assiette, de digitaliser l'administration fiscale, mais aussi d'instaurer une fiscalité plus juste et acceptable politiquement. Car sans pression fiscale suffisante, les États resteront dépendants de la dette ou de l'aide extérieure, ce qui fragilise leur souveraineté.

Encadré 1 : Le déficit public : un levier de relance et de développement

Exemple	Contexte	Action	Résultat	Leçon
États-Unis – New Deal (années 1930)	Grande Dépression, chômage massif	Creusement du déficit pour grands travaux (routes, barrages, écoles)	Modernisation, millions d'emplois créés	Un déficit offensif stimule la demande en période de crise
Allemagne – Réunification (années 1990)	Intégration de l'Est, infrastructures obsolètes	Augmentation du déficit pour moderniser routes, industries, services	Réduction des écarts de développement	Effort budgétaire massif accélère la convergence économique
Chine – Relance post-2008	Crise financière mondiale	Plan de relance financé par endettement (4 000 Md yuans) 13% du PIB financé par dette	Maintien d'une forte croissance, développement des infrastructures	Investir dans le productif soutient la croissance malgré la crise
Rwanda – Reconstruction post-génocide	Économie détruite, pauvreté extrême	Dépenses publiques ciblées santé, éducation, infrastructures	Croissance moyenne de 7 %, réduction de la pauvreté	Priorité aux investissements sociaux même avec déficit élevé

2- L'introduction de l'ECO :

L'introduction de l'ECO impliquerait des changements significatifs dans l'accord du franc CFA, actuellement utilisé par les pays de l'UEMOA.

L'une des principales caractéristiques du franc CFA est la garantie de convertibilité illimitée assurée par le Trésor français. Cette garantie a été déjà supprimée en décembre 2019. L'Eco marquera une rupture définitive avec la tutelle monétaire française pour ces pays.

La transition vers l'ECO nécessite la création d'une banque centrale commune pour la CEDEAO, qui remplacera la BCEAO pour les pays de l'UEMOA et les banques centrales des autres pays membres. Cette nouvelle institution aura la responsabilité de mener une politique monétaire indépendante et de gérer la monnaie unique. L'expérience de la BCEAO devrait être mise à profit pour faciliter cette création.

Les politiques de changes et les accords de change devront être révisés pour refléter l'autonomie monétaire des pays membres. Le mécanisme de parité fixe avec l'euro de l'UEMOA et les politiques de change des pays de la ZMOA seront remplacés par ceux déterminés par la nouvelle banque centrale de la CEDEAO.

L'adoption de l'ECO implique une intégration économique plus poussée au sein de la CEDEAO. Les pays devront intensifier leurs efforts pour harmoniser leurs politiques économiques, réduire les barrières commerciales et promouvoir le commerce intra-régional. La transition vers l'ECO présente plusieurs défis, notamment :

De nombreux pays de la CEDEAO ne respectent pas encore les critères de convergence économique, ce qui pourrait retarder l'adoption de l'ECO. L'engagement politique des États membres est déterminant pour surmonter les obstacles économiques et institutionnels à la mise en œuvre de la monnaie unique.

Le succès de l'ECO dépendra de la capacité des institutions régionales à gérer efficacement la politique monétaire et à maintenir la stabilité financière.

Malgré ces défis, l'ECO offre des perspectives prometteuses pour renforcer l'intégration régionale, promouvoir la croissance économique et réduire la dépendance vis-à-vis des influences extérieures. Une mise en œuvre réussie pourrait transformer le paysage économique de l'Afrique de l'Ouest et servir de modèle pour d'autres initiatives d'intégration monétaire en Afrique et au-delà.

2.1- ECO : Promesses, risques et réalités !

La future monnaie ECO de la Communauté Économique des États de l'Afrique de l'Ouest (CEDEAO) présente plusieurs avantages et inconvénients potentiels.

On peut espérer les avantages suivants :

Une monnaie unique éliminerait les coûts de conversion et les fluctuations des taux de change entre les pays membres, facilitant ainsi le commerce intra-régional. Une monnaie commune pourrait encourager une plus grande intégration économique, politique et sociale parmi les pays membres de la CEDEAO.

Une monnaie unique gérée par une banque centrale régionale pourrait apporter une plus grande stabilité macroéconomique, réduisant les risques d'inflation élevée et de dévaluation incontrôlée.

Une zone monétaire stable et intégrée peut être plus attrayante pour les investisseurs étrangers, augmentant ainsi les investissements directs étrangers (IDE) dans la région. L'absence de frais de change entre les pays membres réduirait les coûts pour les entreprises et les particuliers.

Comme potentielles limites, on peut craindre :

Une Perte de souveraineté monétaire car les pays membres perdraient leur capacité à mener des politiques monétaires indépendantes, ce qui pourrait être un inconvénient pour répondre à des chocs économiques spécifiques à chaque pays.

Une contrainte budgétaire parce que les pays doivent respecter des critères de convergence stricts (déficit budgétaire, inflation, etc.), ce qui peut être difficile à atteindre pour certains pays à court terme et difficile à maintenir à long terme.

Les différences économiques importantes entre les pays membres pourraient entraîner des déséquilibres, certaines économies étant plus fortes que d'autres. Cela pourrait créer des tensions au sein de la nouvelle zone monétaire.

La mise en place de la nouvelle monnaie impliquera des coûts de transition importants, tant sur le plan technique (impression de nouveaux billets et pièces, adaptation des systèmes financiers) que sur le plan institutionnel (création d'une banque centrale régionale).

Une gestion efficace de la monnaie commune nécessiterait une gouvernance économique et monétaire régionale forte et coordonnée, ce qui pourrait être un défi compte tenu des différences politiques et économiques entre les pays membres.

Bien que la diversité linguistique soit une richesse, elle peut aussi poser des défis à la cohésion et à l'unité de la zone monétaire, surtout si des tensions linguistiques ou culturelles émergent entre les pays membres.

Gérer une monnaie unique avec plusieurs langues officielles peut augmenter la complexité administrative. Par exemple, les billets, les pièces et les documents financiers devront être produits dans toutes les langues officielles, ce qui peut entraîner des coûts supplémentaires et des défis logistiques.

La communication dans plusieurs langues peut parfois entraîner des malentendus ou des interprétations erronées des politiques monétaires et économiques, surtout si les traductions ne sont pas précises.

2.2- Problématique de la convergence macroéconomique et budgétaire de la CEDEAO comme préalable pour la création de la future monnaie ECO :

Sur le papier, les critères de convergence macroéconomique et budgétaire fixés par la CEDEAO pour la création de la monnaie unique

ECO visent à garantir une stabilité minimale avant son lancement. L'objectif est simple : éviter les déséquilibres économiques majeurs qui pourraient compromettre l'union monétaire dès ses débuts.

En pratique, cette exigence s'est révélée particulièrement contraignante. À ce jour, peu de pays respectent durablement l'ensemble des critères. Les écarts de structure économique, de niveau d'industrialisation et de dépendance aux matières premières entre les États membres rendent l'harmonisation difficile.

Prenons quelques exemples :

Le Nigeria, première puissance économique de la région, mène une politique monétaire autonome et fluctuante, peu compatible avec un cadre commun rigide. Les pays de l'UEMOA, quant à eux, affichent de meilleures performances en matière de convergence, notamment grâce à leur appartenance à une union monétaire existante. Mais leur marge de manœuvre reste limitée par l'arrimage du franc CFA à l'euro.

Le Ghana ou la Sierra Leone, pour leur part, sont confrontés à des déficits budgétaires persistants et à une inflation élevée, ce qui les éloigne des normes de convergence.

Dans ce contexte, une question se pose de manière de plus en plus pressante : faut-il attendre une convergence parfaite pour créer l'ECO ?

Certains économistes et responsables politiques plaident pour une approche plus réaliste. Ils soutiennent qu'une convergence rigide ne devrait pas être un préalable absolu. L'exemple de la zone euro est souvent cité : plusieurs États n'avaient pas respecté l'ensemble des critères de Maastricht lors de l'introduction de la monnaie unique. Cette décision a certes favorisé l'intégration, mais elle a aussi exposé la zone à des crises, notamment celle de la dette grecque. Les arguments en faveur d'une mise en œuvre progressive de l'ECO

- Accélérer l'intégration économique régionale

Lancer l'ECO, même sans convergence totale, permettrait de lever de nombreux obstacles monétaires et de renforcer le commerce intra-régional. Une telle décision pourrait dynamiser les marchés, stimuler les échanges et favoriser une croissance plus inclusive.

- Un effet catalyseur sur la convergence

Paradoxalement, une monnaie unique pourrait inciter les pays à harmoniser progressivement leurs politiques économiques. Le cadre commun les pousserait à adopter de meilleures pratiques budgétaires et monétaires.

- Mettre en place dès le départ des institutions solides

La création d'une Banque centrale régionale et d'instances de régulation communes offrirait une gouvernance monétaire crédible. Elle permettrait également de mieux gérer les chocs asymétriques et d'anticiper les déséquilibres.

- Offrir plus de flexibilité aux États membres

Les pays en développement ont souvent besoin de marges budgétaires importantes pour investir dans les infrastructures, la santé ou l'éducation. Une monnaie unique ne devrait pas devenir un carcan les empêchant de financer leur développement.

- Renforcer la confiance des investisseurs

Une monnaie régionale, bien encadrée et crédible, pourrait attirer davantage d'investissements étrangers en réduisant les incertitudes liées aux fluctuations des devises nationales. Elle rendrait le marché ouest-africain plus lisible et plus prévisible à moyen terme.

- Éviter une intégration à deux vitesses

Conditionner l'entrée dans l'ECO au respect strict des critères risquerait d'exclure plusieurs pays, notamment hors UEMOA. On verrait alors se former une union monétaire incomplète, voire déséquilibrée, avec des effets politiques et économiques potentiellement négatifs.

En somme, bien que la convergence macroéconomique soit un objectif pertinent, elle ne doit pas devenir un obstacle insurmontable. Une approche plus flexible, associée à une volonté politique forte, pourrait permettre d'avancer tout en construisant des garde-fous.

Il faudra, certes, garantir une certaine discipline budgétaire pour éviter les dérapages. Mais l'essentiel est ailleurs : mettre en place un cadre institutionnel robuste, capable de soutenir la monnaie dans la durée, de prévenir les crises et de renforcer la coopération régionale.

L'absence de convergence parfaite ne doit pas paralyser le projet. Elle peut être compensée par des mécanismes de solidarité, de gouvernance partagée, et par une vision commune du développement régional.

2.3- Recommandations stratégiques : entre pragmatisme immédiat et vision de long terme

La création de la monnaie unique ECO constitue une étape décisive dans le processus d'intégration régionale de la CEDEAO. Ce projet ambitieux suscite de nombreux espoirs : renforcer la stabilité macroéconomique, faciliter les échanges intra-régionaux, et affirmer la souveraineté monétaire du continent. Mais ces promesses ne pourront se concrétiser que si les défis sont abordés avec lucidité.

La réussite de l'ECO dépendra de la capacité collective des États membres à dépasser les obstacles liés à la convergence macroéconomique, à la gouvernance budgétaire, et à l'harmonisation des politiques économiques. Une démarche progressive et réaliste est aujourd'hui nécessaire pour poser les fondations solides d'une union monétaire viable.

Voici quelques recommandations clés :

Court terme : renforcer la résilience sans attendre l'union monétaire

- Redéfinir les critères de convergences et Adopter une approche progressive et pragmatique

Adopter un critère de déficit différencié pour les pays confrontés à des chocs exogènes (sécurité, climat). Cette flexibilité budgétaire estimée à 1 à 2 points de PIB, permettrait de maintenir l'investissement sans compromettre la viabilité de la dette.

Plutôt que de conditionner l'entrée dans l'ECO à une convergence totale difficilement atteignable, la CEDEAO pourrait privilégier un déploiement par étapes. Un noyau initial de pays respectant déjà les critères pourrait former la première zone ECO, avec la possibilité pour les autres de rejoindre progressivement.

Un calendrier réaliste et flexible devrait être défini, permettant des ajustements au fil des évolutions économiques régionales et mondiales.

- Créer un organe régional indépendant de supervision budgétaire et statistique

Pour éviter les dérives et renforcer la confiance, il est indispensable de mettre en place une autorité technique chargée de la vérification des comptes publics et de la surveillance budgétaire.

L'audit de la Cour des Comptes du Sénégal met en lumière l'urgence de renforcer la transparence budgétaire.

Cet organe pourrait avoir deux missions principales :

- Audit et certification des finances publiques, pour s'assurer de la fiabilité des données transmises par les États.
- Sanctions et incitations, allant d'un accès privilégié à un fonds de stabilisation pour les États vertueux, à des restrictions de financement régional en cas de non-respect répété des règles.

- Mettre en place un fonds de stabilisation régional

Inspiré du Mécanisme Européen de Stabilité, ce fonds serait un outil essentiel pour soutenir les États membres confrontés à des chocs économiques ou financiers. Il pourrait être financé par une taxe régionale sur les transactions intra-CEDEAO ou par des contributions proportionnelles au PIB de chaque pays. Ce mécanisme agirait comme un amortisseur de crise et renforcerait la résilience collective de la zone monétaire.

Moyen et long terme : construire les bases d'une union monétaire durable et inclusive

- Fonder une banque centrale CEDEAO forte et indépendante

La future banque centrale régionale devra disposer d'un mandat clair, autonome et équilibré, en rupture avec les structures existantes. Elle ne doit pas être perçue comme une simple extension de la BCEAO, mais comme une institution neuve, au service de l'ensemble des pays de la CEDEAO.

Sa politique monétaire devra s'appuyer sur les réalités économiques diversifiées de la région, tout en garantissant la stabilité des prix et la crédibilité de l'ECO.

- Avancer vers une harmonisation fiscale

L'union monétaire ne pourra être pérenne sans une coordination accrue des politiques fiscales. Des stratégies de convergence fiscale progressive devraient être mises en place, avec des instruments d'incitation pour les États qui s'alignent sur les objectifs communs.

Cela permettrait d'éviter les déséquilibres compétitifs et de renforcer la cohérence économique de la zone.

- Renforcer l'intégration économique réelle

La monnaie unique ne sera efficace que si elle s'accompagne d'une véritable intégration économique. Cela suppose de :

- Réduire les barrières douanières ;
- Améliorer les infrastructures de transport et de logistique ;
- Favoriser la libre circulation des personnes et des biens, avec des efforts concrets aux frontières ;

- Encourager la diversification des économies, pour réduire la dépendance excessive à l'exportation de matières premières.

Ces mesures, différenciées selon leur horizon temporel, permettent d'éviter le piège du « tout ou rien » monétaire. Elles offrent aux États sahéliens un chemin réaliste vers l'intégration, sans sacrifier leurs priorités nationales, notamment en matière de sécurité, d'inclusion et de développement.

Au final, la CEDEAO dispose d'une opportunité historique pour renforcer son intégration et affirmer son autonomie. Mais cette ambition ne pourra réussir que si les fondations de l'ECO sont posées avec méthode, réalisme et rigueur.

Après avoir examiné les enjeux économiques et budgétaires de la future monnaie ECO, il est essentiel d'aborder une question centrale et récurrente dans le débat national : la relation entre le Mali et le Franc CFA, souvent perçue comme une énigme insoluble entre continuité et rupture.

IV- Le Mali et le Franc CFA : L'éternelle énigme de la rupture

J'ai encore en mémoire un échange animé entre deux cadres de banque de Bamako. Le premier, prudent, affirmait qu'il serait hasardeux pour le Mali de créer sa propre monnaie nationale. Le second, avec un sourire presque ironique, lui rétorqua : « Et si des pays comme la Guinée ou la Mauritanie ont réussi à avoir leur monnaie, qu'est-ce qui nous en empêche vraiment ? » Cette simple question, posée sur un ton léger, résumait à elle seule l'éternel débat de la rupture du Mali avec le FCFA : est-ce une impossibilité économique ou un frein psychologique ?

La question demeure un sujet clivant depuis plusieurs décennies. Le Mali, ayant déjà quitté cette monnaie à deux reprises, se trouve une fois de plus face à une décision stratégique majeure. Ce débat soulève des interrogations stratégiques mêlant souveraineté monétaire, stabilité économique et intégration régionale. D'un côté, les partisans d'une monnaie nationale mettent en avant l'indépendance économique et la capacité d'adaptation aux réalités locales. De l'autre, les défenseurs du FCFA y voient un gage de stabilité et de crédibilité internationale, facilitant les échanges dans une région où l'intégration économique reste un défi majeur.

L'enjeu dépasse ainsi le simple cadre monétaire pour s'étendre aux impacts macroéconomiques, notamment sur l'inflation, les taux de change et la gestion de la dette publique. L'adoption d'une nouvelle monnaie, qu'elle soit nationale ou commune aux pays de l'Alliance des États du Sahel (AES), nécessiterait une profonde refonte des mécanismes de régulation économique et de financement du développement.

Par ailleurs, un important réalignement géopolitique est en train de se dessiner. Le 28 janvier 2024, les autorités de transition maliennes ont annoncé leur retrait immédiat de la CEDEAO, suivi peu après par le Burkina Faso et le Niger. Ces pays ont ensuite créé l'Alliance des États du Sahel (AES), officialisée par la déclaration de Niamey le 6 juillet 2024. Ce départ de la CEDEAO, rendu officiel le 29 janvier 2025, représente une rupture institutionnelle majeure, même si ces États restent membres de l'UEMOA et de l'UMOA

Ce réalignement régional suscite une question centrale : le Mali et ses partenaires de l'AES vont-ils créer une monnaie ou continuer à utiliser le FCFA au sein de l'UEMOA ?

1- Création d'une nouvelle monnaie nationale du Mali

Face aux évolutions politiques et économiques régionales, l'option de créer une monnaie nationale apparaît comme une solution envisagée pour affirmer la souveraineté monétaire du Mali. Ce choix impliquerait des transformations majeures tant sur le plan institutionnel que financier, avec des opportunités mais aussi des défis importants à relever.

1.1- Ce que le Mali gagnerait en créant sa propre monnaie

Souveraineté monétaire : Actuellement, les pays de l'UEMOA n'ont pas de contrôle total sur leur politique monétaire, car le franc CFA est arrimé à l'euro et sa gestion est partiellement supervisée par le Trésor français. Le FCFA est également impacté par les décisions de la Banque Centrale Européenne du fait de son arrimage à l'Euro. En créant sa propre monnaie le Mali aurait un contrôle total sur sa politique monétaire, ce qui permettrait d'ajuster les taux d'intérêt et l'offre monétaire selon les besoins spécifiques de l'économie malienne. Par exemple, il pourrait ajuster ses taux d'intérêt pour stimuler l'économie en cas de récession, ce qui n'est pas possible avec le franc CFA, car les décisions sont prises à un niveau supranational.

Flexibilité en matière de politique monétaire : Avec sa propre monnaie, le Mali pourrait réagir plus rapidement et de manière plus ciblée aux chocs économiques, aux crises financières et aux besoins locaux. Le Mali pourrait utiliser les taux de change comme un outil de politique économique. Par exemple, si le Mali faisait face à un déficit commercial important, il pourrait dévaluer sa monnaie pour rendre ses exportations plus compétitives et réduire les importations en rendant les produits étrangers plus chers. Cette flexibilité n'est pas possible avec le franc CFA, limitant ainsi la capacité du pays à ajuster sa balance commerciale.

Stimulation de l'industrie locale :

Le Mali continue d'importer une part importante de biens de consommation essentiels, notamment le riz, le sucre, le blé et l'huile, malgré un potentiel agricole et industriel local significatif. Ces importations massives contribuent à un déficit commercial structurel et limitent le développement des filières agroalimentaires nationales.

La monnaie nationale pourrait devenir un levier complémentaire à des politiques industrielles volontaristes et ciblées. Une monnaie nationale permet également de mettre en place des politiques protectionnistes plus ciblées. Le gouvernement pourrait utiliser les tarifs et les quotas pour protéger les industries naissantes, tout en ayant la flexibilité d'ajuster la monnaie pour soutenir ces industries sans dépendre des décisions prises à un niveau supranational.

Politiques fiscales et budgétaires :

L'émission d'une monnaie propre permettrait au Mali de financer plus facilement ses projets publics en émettant de la monnaie. Cependant, cela doit être fait avec précaution pour éviter l'hyperinflation. Par exemple, un programme d'infrastructure massif pourrait être financé par la création de monnaie. Ce qui est actuellement difficile avec le franc CFA, il y a, en effet, des contraintes strictes sur le financement monétaire des déficits, ce qui limite la capacité du Pays à utiliser cet outil.

Symbole de l'indépendance :

Avoir sa propre monnaie peut être perçu comme un symbole fort de souveraineté nationale et de fierté, renforçant le sentiment d'autonomie.

Toutefois, si cette option présente des atouts indéniables, elle s'accompagne également de défis et de risques qu'il convient d'analyser attentivement.

1.2- Inconvénients et risques Potentiels *:*

Risque d'inflation et d'instabilité économique : L'un des plus grands risques liés à l'émission d'une monnaie nationale est l'inflation. Si un pays crée trop de monnaie pour financer ses dépenses, cela peut entraîner une augmentation rapide des prix. Une inflation élevée peut éroder le pouvoir d'achat des citoyens, rendre les exportations moins compétitives, et créer de l'instabilité économique.

Par exemple si le Mali émettait sa propre monnaie et décidait d'imprimer plus d'argent pour financer des projets d'infrastructure, cela pourrait mener à une situation où la masse monétaire augmente plus rapidement que la production de biens et de services. Cela pourrait provoquer une inflation galopante, réduisant ainsi la valeur de la monnaie et affectant négativement l'économie.

Le Mali pourrait donc faire face à une instabilité monétaire, y compris une inflation élevée ou une dévaluation rapide de la monnaie, comme cela s'est produit avec le franc malien dans le passé en 1968 et en 1984.

Le tableau, ci-dessous, compare le taux d'inflation moyen de l'UEMOA à ceux des 2 principales économies de la CEDEAO hors UEMOA à savoir le Nigéria et le Ghana.

Tableau 7 : Comparaison taux d'inflation UEMOA vs Nigéria & Ghana.

	2021	2022	2023	2024
UEMOA	3,60%	7,40%	3,70%	3,50%
Ghana	9,90%	31,90%	39,30%	22,10%*
Nigeria	17%	18,80%	24,70%	33,80%*

Sources : BCEAO/ Ghana Statistics Service/Nigéria : National Bureau of Statistics

*Octobre 2024 !

On constate aisément que l'inflation est mieux maitrisée dans la zone UEMOA que dans ces deux principaux pays de la CEDEO. Les taux d'inflation du Ghana et du Nigéria sont respectivement 10 fois et 6 fois plus élevés que celui de la zone.

Perte de crédibilité internationale :

Une nouvelle monnaie pourrait souffrir d'un manque de confiance, tant au niveau national qu'international. Si les investisseurs et les partenaires commerciaux doutent de la stabilité de la nouvelle monnaie, cela pourrait entraîner une fuite des capitaux, une baisse des investissements étrangers, et une hausse des coûts d'emprunt pour le pays.

En sortant de l'UEMOA et en émettant sa propre monnaie, le Mali pourrait voir une dépréciation rapide de sa monnaie si les investisseurs perçoivent un risque élevé. Cela pourrait augmenter les coûts d'importation et rendre le financement des projets publics plus difficile.

Faibles réserves de change et difficulté à stabiliser la monnaie :

Aujourd'hui, les principaux produits d'exportations du Mali qui sont sources de devises sont respectivement l'or et le coton. Les exportations du Mali en 2023 sont dominées par l'or non monétaire avec 81,3% du total, suivi de loin par le coton fibre avec 5,7% et les animaux vivants avec 1,9% (source BCEAO).

Les recettes en devises pour le coton sont bien maitrisées à travers le Pool de financement du crédit campagne du coton.

Par contre, les recettes liées à l'exportation de l'or ont toujours posé des problèmes à la BCEAO. En effet, les intentions d'exportation délivrées par la Direction Nationale du Commerce et de la Concurrence pour suivre les exportations et les recettes y afférentes n'ont jamais été apurées à souhait au niveau des banques commerciales. C'est-à-dire que la totalité des montants d'exportation n'a jamais été totalement reçue par le Mali ni par la BCEAO. Sauf si les autorités du pays arrivent à cerner et résoudre ce problème, les réserves de changes couvriront difficilement les besoins d'importation du pays.

Comme l'indique les tableaux suivants, de 2019 à 2023, les importations du Mali ont été toujours supérieures aux exportations des biens et services.

Tableau 8 : Balance commerciale des biens et service du Mali (en milliards de FCFA)

Rubriques	2019	2020	2021	2022	2023
Exportations de biens	2153	2759	2694	3354	3430
Importations de biens	2527	2469	2863	3488	3475
Balance commerciale des biens	-374	290	-169	-135	-45

Source : BCEAO Balance des paiements et Position extérieure Globale du Mali en 2023.

Rubriques	2019	2020	2021	2022	2022
Exportations de services	449	231	290	299	288
Importations de services	1316	1179	1349	1465	1417
Balance commerciale services	-867	-948	-1059	-1167	-1129

Source : BCEAO Balance des paiements et Position extérieure Globale du Mali en 2023.

Rubriques	2019	2020	2021	2022	2023
Exportations biens & services	2603	2990	2984	3652	3718
Importations biens & services	3843	3649	4212	4954	4892
Balance commerciale B & S	-1240	-658	-1228	-1302	-1174

Source : BCEAO Balance des paiements et Position extérieure Globale du Mali en 2022.

La gestion d'une monnaie nationale exige la constitution de réserves de change importantes afin de soutenir sa valeur sur les marchés internationaux. Pour le Mali, cet impératif s'annonce particulièrement délicat, car la balance des biens et services est structurellement déficitaire depuis 2019.

Dans un tel contexte, l'introduction d'une nouvelle monnaie risquerait d'exposer le pays à une forte volatilité sur le marché des changes, surtout si les réserves en devises étrangères se révèlent insuffisantes pour en défendre la parité. Certes, les transferts des migrants représentent une source majeure de devises et les investissements directs étrangers apportent également un soutien, quoique plus limité.

Néanmoins, ces ressources pourraient ne pas suffire à compenser les déséquilibres structurels, compliquant la conduite de la politique économique et pesant sur les entreprises comme sur les consommateurs.

La couverture des importations des réserves de Change des pays de l'UEMOA :

Selon les normes internationales les réserves de change doivent couvrir au moins trois mois d'importations.

Tableau 9 : Réserves de change de l'UEMOA

2021	2022	2023	2024*	2025**
5,8 mois	4,4 mois	3,4 mois	3,7 mois	4,5 mois

Source : Rapport politique monétaire dans l'UMOA

Sur toute la période, les réserves de change de l'UMOA offraient une couverture confortable, bien au-delà du seuil minimum du critère de convergence. Cependant, on constate une détérioration des comptes extérieurs, notamment en raison d'une réduction des entrées de capitaux et d'une augmentation des coûts d'importation.

N'ayant pas la situation individuelle des pays, il est difficile de savoir ceux ont une capacité d'avoir des devises qui couvrent au moins 3 mois de leur importation.

Perte de la stabilité offerte par le FCFA :

Les pays de l'UEMOA bénéficient actuellement de la stabilité et de la crédibilité apportées par le franc CFA, qui est arrimé à l'euro. Abandonner cette monnaie pourrait signifier la perte de ces avantages, y compris l'accès aux marchés financiers internationaux à des conditions favorables et la protection contre les crises monétaires. Cela pourrait rendre le pays plus vulnérable aux chocs économiques externes.

Coûts de transition :

L'introduction d'une nouvelle monnaie implique des coûts importants, y compris la production de nouveaux billets et pièces, la mise à jour des nouveaux systèmes de paiement, et la formation des institutions financières et du public. De plus, il pourrait y avoir des perturbations économiques pendant la période de transition monétaire. Le Mali devrait investir massivement dans la conception et la distribution de la nouvelle monnaie, dans la mise à jour des systèmes bancaires et dans la sensibilisation du public. Ces coûts initiaux pourraient peser lourdement sur les finances publiques, surtout si la transition ne se déroule pas en douceur.

Risques politiques et sociaux :

Les changements monétaires peuvent être impopulaires et conduire à des mécontentements sociaux, surtout si la population perçoit que la nouvelle monnaie est moins stable ou que le pouvoir d'achat diminue. La transition vers une nouvelle monnaie pourrait entraîner des incertitudes économiques. Cela pourrait provoquer des tensions politiques et des protestations qui pourraient déstabiliser la situation politique et sociale du pays.

Dépendance aux importations régionales : un risque accru de sortie de devises

Un autre facteur déterminant à prendre en compte dans le débat sur la création d'une monnaie nationale est la structure géographique des importations du Mali. Une part significative de celles-ci provient de pays membres de l'UEMOA, notamment la Côte d'Ivoire et le Sénégal, qui sont à la fois des partenaires commerciaux majeurs et des pays encore liés au franc CFA. Selon la BCEAO, les montants des importations avec ces deux pays sont respectivement 1040 milliards de FCFA et 1000 milliards en 2023.

Problématique : Si le Mali crée sa propre monnaie, les échanges commerciaux avec ces pays voisins ne seront plus régis par une même devise, ce qui signifie que toutes les importations en provenance de ces États exigeront des devises pour être réglées. Cela se traduirait mécaniquement par :

- Une augmentation de la demande en devises étrangères (euros, francs CFA via convertibilité, voire dollars) pour régler les importations en provenance des pays restés dans l'UEMOA ;
- Une pression supplémentaire sur les réserves de change, déjà limitées ;
- Un renchérissement du coût des produits importés, si la nouvelle monnaie nationale est moins forte ou moins stable que le franc CFA ;

La décision de créer une monnaie nationale doit donc être soigneusement évaluée en tenant compte de la situation économique actuelle, des capacités institutionnelles et des objectifs à long terme du pays. Si le Mali décide de suivre cette voie, il serait important de mettre en place des mécanismes robustes de gestion monétaire et de stabilisation économique pour minimiser les risques associés. Une analyse approfondie et une consultation avec des experts économiques et financiers seraient essentielles pour prendre une décision éclairée.

2- Création d'une monnaie commune avec les pays de l'AES :

La perspective de créer une monnaie commune entre le Mali, le Niger et le Burkina Faso, dans le cadre de l'Alliance des États du Sahel (AES), prend une résonance particulière dans le contexte actuel. Cette idée, bien que séduisante pour son potentiel de souveraineté et d'intégration régionale, pose de nombreuses questions pratiques et stratégiques.

En théorie, mutualiser les réserves de change, réduire la dépendance à l'euro, ou renforcer une dynamique régionale plus autonome semblent des objectifs louables.

Cependant, Il serait risqué d'ignorer que la stabilité actuelle du FCFA, aussi critiquée soit-elle, constitue encore un ancrage rassurant pour les partenaires extérieurs comme pour les investisseurs. Rompre avec ce cadre sans planification rigoureuse pourrait exposer les pays de l'AES à une forte volatilité monétaire.

Il est donc impératif que toute démarche en ce sens soit précédée d'un travail technique sérieux, incluant : la création d'un fonds monétaire commun, l'harmonisation progressive des règles budgétaires, et surtout, l'adhésion populaire et politique des trois États.

Bref, si la monnaie commune de l'AES devait voir le jour, elle ne pourrait réussir que sur la base d'une vision partagée, d'une gouvernance crédible… et d'un calendrier réaliste.

2.1- Que peut espérer comme avantages :

Mutualisation des réserves de change : En regroupant leurs avoirs en devises, les pays de l'AES pourraient accroître leur capacité à faire face aux chocs extérieurs, stabiliser leur nouvelle monnaie et renforcer leur autonomie financière. Renforcement de l'intégration régionale : Une monnaie commune viendrait consolider l'union politique et économique de l'AES, facilitant les échanges commerciaux, la mobilité des capitaux et des personnes entre les trois pays. C'est déjà le cas avec l'UEMOA.

Réduction de la dépendance vis-à-vis de la BCEAO et de l'euro : En quittant l'arrimage à l'euro et en s'affranchissant de la gouvernance actuelle de la BCEAO, les pays de l'AES gagneraient en autonomie dans la définition de leur politique monétaire.

2.2- Les risques et contraintes ne sont pas à négliger :

Bien que les pays de l'AES partagent déjà une monnaie unique et une institution commune au sein de l'UEMOA et de la BCEAO, avec une certaine harmonisation économique, monétaire et budgétaire, le projet de créer une nouvelle monnaie commune soulève des défis supplémentaires. Ceux-ci sont liés à la rupture politique, à la nécessité de mettre en place des institutions distinctes, ainsi qu'à la complexité de gérer la transition.

Coordination budgétaire complexe : La création d'une monnaie commune suppose une forte discipline budgétaire entre les États membres. Or, les réalités fiscales et les niveaux d'endettement varient fortement entre les trois pays.

Harmonisation difficile des politiques économiques : Le Mali, le Burkina Faso et le Niger présentent des différences en matière de structure économique, de niveaux de productivité et de gestion des ressources. Ces écarts peuvent créer des tensions dans la gestion d'une monnaie commune.

Risque de divergence monétaire : Sans convergence macroéconomique réelle, la politique monétaire commune pourrait pénaliser un ou plusieurs pays. Des décisions de taux d'intérêt ou de masse monétaire pourraient ne pas convenir à tous en même temps.

Manque de crédibilité sur les marchés financiers : Une nouvelle monnaie, sans antécédents solides ni ancrage international, pourrait souffrir d'un manque de confiance, entraînant des fuites de capitaux ou une volatilité des taux de change.

Les Prérequis essentiels sont :

Cadre institutionnel robuste : Il faudra créer une Banque centrale des États du Sahel (BCES) dotée d'une indépendance réelle, d'un mandat clair, et de mécanismes de transparence et de redevabilité.

Fonds de stabilisation monétaire : Inspiré du modèle du Mécanisme européen de stabilité, un tel fonds permettrait d'amortir les chocs économiques et d'éviter une perte de confiance dès les premières turbulences.

Mécanismes de surveillance budgétaire : Un organe indépendant devrait être chargé de certifier les comptes publics, de publier des indicateurs de convergence et de proposer des sanctions ou des incitations selon les performances.

La création d'une monnaie commune au sein de l'AES est une option ambitieuse qui ne peut réussir que si elle repose sur des fondations solides : convergence réelle, gouvernance crédible et soutien populaire. Elle ne doit pas être motivée uniquement par des considérations politiques ou identitaires, mais bien par une logique économique cohérente, durable et réaliste.

Avant d'envisager l'avenir, il est essentiel de tirer les leçons des expériences précédentes en matière de création monétaire, afin de mieux comprendre les enjeux et les défis auxquels le Mali et ses partenaires pourraient être confrontés.

3- Enseignements des expériences passées en termes de création de monnaie :

Quand on parle de créer une monnaie, il faut savoir apprendre des autres. Mais pas seulement en lisant des rapports. Parfois, une simple conversation avec un Zimbabwéen ou un Argentin suffit à comprendre l'ampleur du défi.

Je me souviens d'un voyage à Abidjan en 2016, lors d'une conférence. Un collègue ghanéen m'a raconté, presque en confidence, à quel point la dépréciation de leur cedi compliquait la vie des PME. "On ne peut même pas faire des prévisions à six mois", m'avait-il dit. Le cas du Ghana est parlant : volonté politique forte, mais inflation galopante. L'exemple est là, à nos portes.

Et que dire du Venezuela ou du Zimbabwe ? Deux pays pris dans une spirale où imprimer de la monnaie ne suffit plus à faire tourner l'économie. Ce ne sont pas que des chiffres : ce sont des gens qui voient leurs économies s'effondrer, leurs salaires fondre comme neige au soleil.

Plus près de nous, l'expérience du franc malien dans les années 60-80 nous a déjà laissé des leçons : sortir du CFA sans bouclier, sans réserve suffisantes, c'est comme sauter sans parachute. Même Modibo

Keïta, visionnaire, s'est heurté à la dure réalité des balances de paiement.

Regardons ces exemples, ils ne sont pas là pour faire peur, mais pour rappeler que la monnaie, ce n'est pas qu'un symbole : c'est un outil fragile, puissant, et exigeant.

3.1- Exemples d'échecs des politiques de création monétaire

Avant toute décision de création de nouvelle monnaie nationale ou communautaire avec l'AES, les autorités du pays doivent analyser les différents cas d'échecs dans le monde et d'en tirer les leçons.

L'effondrement du dollar zimbabwéen : une crise monétaire persistante

Je me rappelle du pic de l'inflation dans le pays en 2009 où il fallait plus des dizaines de milliards de la monnaie de ce pays pour acheter une miche de pain.

Face à une hyperinflation massive dans les années 2000, le Zimbabwe a abandonné sa monnaie nationale en 2009 et adopté une économie dollarisée. En 2019, le gouvernement a tenté de réintroduire une monnaie locale, le "RTGS dollar" (devenu plus tard le dollar zimbabwéen – ZWL), mais cette initiative a échoué. L'absence de confiance des investisseurs a entraîné une fuite des capitaux, tandis que l'inflation galopante (plus de 800 % en 2020) a accéléré la dévaluation du ZWL. Le pays s'est retrouvé isolé financièrement, avec un accès limité aux financements internationaux et des taux d'intérêt insoutenables. De plus, le commerce international s'est effondré, les partenaires commerciaux exigeant des paiements en devises étrangères.

Ce cas illustre l'importance d'une gestion monétaire crédible pour éviter l'effondrement économique.

Le cas de l'Argentine et son currency board :

En 1991, l'Argentine a adopté un système de *currency board*, instaurant une parité fixe entre le peso et le dollar américain. Cela visait à mettre fin à l'hyperinflation chronique en garantissant la convertibilité totale entre les deux devises : la Banque centrale ne pouvait émettre de pesos qu'à hauteur des réserves de dollars disponibles. Ce régime devait rassurer les marchés et restaurer la confiance.

Mais cette rigidité monétaire a montré ses limites. À partir de 1998, l'économie argentine entre en récession. La hausse du dollar, conjuguée à des déficits budgétaires persistants et à la perte de compétitivité des exportations, aggrave la situation. Les réserves de change s'érodent, les tensions sociales montent.

En décembre 2001, pour éviter une fuite massive des capitaux, le gouvernement impose le "corralito", une mesure qui limite drastiquement les retraits bancaires à 250 pesos par semaine. Les citoyens argentins se retrouvent privés de leurs propres comptes.

Face à cette restriction brutale, des milliers de personnes descendent spontanément dans les rues, tapant sur des casseroles vides, ce qui deviendra les célèbres "cacerolazos". Ces scènes, devenues emblématiques, traduisent une profonde colère populaire : l'épargne de toute une vie était gelée, et le peuple ne faisait plus confiance à ses institutions.

La crise atteint son paroxysme début 2002 : l'Argentine abandonne le système de convertibilité, dévalue brutalement le peso et fait défaut sur sa dette. L'épisode marque l'un des plus grands échecs d'un *currency board* dans l'histoire moderne, soulignant que la crédibilité monétaire ne peut pas être construite au détriment de la flexibilité économique… ni de la paix sociale.

Ce cas illustre les limites et les risques d'un régime de **currency board** dans un contexte économique instable.

L'effondrement du bolivar souverain : une crise monétaire aiguë :

Depuis 2018, le Venezuela fait face à une hyperinflation dévastatrice, dépassant 10 000 % en 2019, entraînant une perte totale de confiance dans le bolivar souverain. Face à l'effondrement de leur monnaie, les Vénézuéliens ont massivement adopté le dollar américain pour leurs transactions quotidiennes, accélérant la dollarisation informelle de l'économie. La fuite des capitaux s'est intensifiée, affaiblissant encore davantage le système financier national. Parallèlement, la Banque centrale et les institutions monétaires du pays ont perdu toute crédibilité, incapables de stabiliser l'inflation ou de restaurer la confiance des acteurs économiques.

Ce cas souligne les conséquences désastreuses d'une gestion monétaire incontrôlée et l'importance de politiques économiques cohérentes pour éviter une spirale inflationniste incontrôlable.

L'instabilité de la livre sud-soudanaise : une monnaie en crise

Depuis son indépendance en 2011, le Soudan du Sud fait face à une dévaluation rapide de sa monnaie, la livre sud-soudanaise (SSP). Le manque de réserves en devises a empêché les autorités de stabiliser le taux de change, aggravant l'inflation et la perte de pouvoir d'achat des ménages. Par ailleurs, l'instabilité politique persistante a conduit à un isolement financier, limitant l'accès du pays aux investissements et aux financements internationaux. L'absence de confiance dans la monnaie nationale a favorisé la dollarisation informelle de l'économie, compliquant encore la gestion monétaire.

Ce cas illustre l'impact négatif de l'instabilité politique et de la faiblesse des réserves de change sur la crédibilité et la viabilité d'une monnaie nationale.

Mali – Les leçons des échecs monétaires de 1968 et 1984

L'histoire monétaire du Mali porte les cicatrices de deux tentatives douloureuses de rupture avec le franc CFA : en 1968 et en 1984. Ces épisodes, souvent cités en marge du débat sur la souveraineté monétaire, restent pourtant riches d'enseignements.

En 1968, après l'indépendance, le Mali tente de voler de ses propres ailes avec le franc malien. Mais très vite, la création monétaire débridée – sans assise réelle sur la production ou des réserves de change suffisantes – entraîne une spirale inflationniste. La population en garde encore le souvenir : à Bamako, les prix des produits de base flambaient d'une semaine à l'autre, les commerçants exigeaient des paiements en espèces et refusaient les billets fraîchement imprimés.

Revenu dans le giron du franc CFA, le Mali tente à nouveau une relance en 1984 par une politique monétaire plus active. Mais une fois encore, en l'absence de réformes structurelles profondes et avec une économie encore dépendante de quelques exportations agricoles, la manœuvre tourne court. Résultat : dévaluation, perte de confiance, et retour à une rigueur budgétaire imposée.

Ces cas maliens nous montrent qu'une politique monétaire adossée à des fondamentaux économiques robustes et qu'un cadre institutionnel crédible sont indispensables pour éviter les dérives inflationnistes et la perte de confiance des acteurs économiques.

Les enseignements à tirer :

L'analyse des échecs monétaires à travers le monde met en évidence plusieurs facteurs critiques qui ont conduit à l'effondrement ou à l'instabilité des monnaies nationales. Que ce soit l'hyperinflation au Zimbabwe et au Venezuela, les rigidités du currency board en Argentine, la faiblesse des réserves de change au Soudan du Sud ou encore les expériences maliennes de 1968 et 1984, ces crises montrent qu'une gestion monétaire mal calibrée peut entraîner une perte de confiance, une fuite des capitaux et un isolement financier. Ces exemples démontrent que la création d'une monnaie nationale ou communautaire ne doit pas être une décision précipitée, mais doit s'appuyer sur des fondamentaux économiques solides et une gestion rigoureuse.

3.2- Exemples de réussite des politiques de création monétaire :

Le Mali doit également s'inspirer des cas de réussites dans en Afrique et dans le monde. Voici quelques exemples réussis en matière d'introduction monétaire que les autorités maliennes et celles de l'AES pourraient s'inspirer, tout en tenant compte des spécificités économiques et structurelles de la région :

Le cas de l'UEMOA et de l'introduction du franc CFA (1960)

Bien que le franc CFA ait eu ses défis, il reste un exemple d'introduction d'une monnaie commune réussie pour plusieurs pays africains. Le franc CFA, basé sur une parité fixe avec le franc français puis l'euro, a permis de maintenir une certaine stabilité monétaire dans les pays de l'UEMOA. L'un des principaux atouts du système est la gestion des réserves de change par la Banque centrale des États de l'Afrique de l'Ouest (BCEAO), garantissant ainsi la stabilité du franc CFA.

Leçon à retenir : Une gestion collective des réserves et une institution centrale peuvent renforcer la stabilité d'une monnaie commune dans un cadre régional.

L'introduction de l'euro dans la zone euro (2002)

L'introduction de l'euro en 2002 est un exemple majeur de réforme monétaire réussie. Plusieurs années de préparation ont été nécessaires avant de lancer la monnaie commune. La zone euro a mis en place des mécanismes de convergence économiques rigoureux, notamment en matière de déficit budgétaire et d'inflation, pour garantir la stabilité de la nouvelle monnaie. Les pays de la zone euro ont aussi renforcé leurs institutions financières et bancaires, créant ainsi un environnement de confiance pour les citoyens et les investisseurs.

Leçon à retenir : L'introduction d'une monnaie commune nécessite une coordination macroéconomique, des réformes structurelles et des mécanismes de convergence avant la mise en œuvre.

L'adoption du dollar singapourien (1967)

Singapour a opté pour une nouvelle monnaie, le dollar singapourien, en 1967, après avoir abandonné la livre malaisienne. La réussite de cette initiative réside dans l'instauration de politiques économiques solides, associées à une gestion monétaire rigoureuse et une politique de réserves de change efficaces. La crédibilité du dollar singapourien a été renforcée par des institutions financières robustes et une économie bien gérée.

Leçon à retenir : La stabilité monétaire peut être assurée par une politique économique prudente et une gestion transparente des réserves.

L'expérience de l'Équateur avec le dollar américain (2000)

L'Équateur a décidé de dollariser son économie en 2000, après une grave crise monétaire et une hyperinflation. Bien que la dollarisation ne soit pas sans défis, elle a permis à l'Équateur de stabiliser son économie, d'attirer des investissements étrangers et de restaurer la confiance des consommateurs. Le pays a échappé à l'hyperinflation et a connu une croissance économique solide après la dollarisation, en partie grâce à la stabilité du dollar américain.

Leçon à retenir : Parfois, l'adoption d'une monnaie forte et stable peut être une solution pour stabiliser une économie fragile, mais cela exige une gestion rigoureuse de la transition et des ajustements structurels.

Le cas de la Tanzanie (1990)

La Tanzanie a entrepris des réformes économiques dans les années 1990, y compris l'introduction de la monnaie tanzanienne, le shilling, qui a connu un succès relatif en stabilisant l'économie après des décennies de régime socialiste. La Banque de Tanzanie a adopté des politiques monétaires strictes et a maintenu des réserves en devises adéquates. Les réformes ont permis de réduire l'inflation et de créer un environnement propice à l'investissement.

Leçon à retenir : La gestion rigoureuse des politiques monétaires et une politique d'accumulation de réserves en devises peuvent être des éléments clés pour assurer le succès d'une nouvelle monnaie.

Enseignements à tirer :

Ces expériences internationales en matière d'introduction monétaire, qu'elles concernent des systèmes de monnaie unique comme l'euro, des initiatives de dollarisation comme celle de l'Équateur, ou encore des réformes monétaires régionales comme celle du franc CFA, démontrent que la réussite de telles initiatives repose sur des facteurs clés de succès qui incluent :

- Une gestion rigoureuse des politiques économiques et monétaires,

- Des réserves de change suffisantes,
- Une coordination régionale solide,
- Et surtout la crédibilité des institutions financières et monétaires.

Ces éléments ont permis à ces pays ou régions de stabiliser leurs économies et de renforcer la confiance des citoyens et des investisseurs dans leur monnaie.

4- Principales recommandations pour la création d'une nouvelle monnaie

Créer une monnaie, ce n'est pas seulement imprimer des billets ou changer le nom d'une devise. C'est toucher au cœur du contrat social et économique d'un pays. C'est aussi poser un acte fort de souveraineté, mais à condition que cette souveraineté repose sur des bases solides. L'histoire du Zimbabwe au Venezuela, en passant par l'Argentine ou même le Mali nous apprend que la monnaie n'est pas qu'un outil technique : c'est un miroir de la santé économique d'un État.

À partir de cette réalité, voici les grandes recommandations pour qu'un projet monétaire, qu'il soit national ou régional (avec l'AES), ne soit pas un saut dans le vide, mais un levier de transformation économique durable.

Renforcer les bases économiques avant toute réforme

Avant même de parler de billets ou de banques centrales, il faut revenir aux fondamentaux :

- Assainir les finances publiques : pas de réforme monétaire crédible si l'État continue de creuser le déficit pour des dépenses de fonctionnement.
- Réduire la dépendance aux matières premières : miser uniquement sur l'or ou le coton, c'est jouer avec le feu. Une économie diversifiée est plus résiliente.
- Maîtriser l'inflation et stabiliser les prix : car une nouvelle monnaie ne pourra inspirer confiance si elle s'effondre dès sa naissance.

Un économiste résumait ainsi la chose : “Une monnaie ne se crée pas pour résoudre un problème budgétaire, mais parce qu’on a d’abord réglé les problèmes budgétaires.”

Accroître les réserves de change et asseoir la crédibilité

Aucune monnaie ne tient debout sans une couverture solide en devises. Pour éviter les dévaluations brutales ou les paniques financières, il faut :

- Mettre en place un plan d’accumulation des réserves, avec une meilleure traçabilité des recettes d’or et d’exportation.
- Sécuriser les flux de devises, notamment en luttant contre la fuite des capitaux ou les exportations non rapatriées.
- Assurer l’indépendance de la Banque centrale dès le départ, avec un mandat clair centré sur la stabilité des prix.

Au Zimbabwe, l’absence de garde-fous institutionnels a suffi pour que le dollar zimbabwéen s’envole à 231 millions pour 1 dollar US en 2008.

Éviter toute précipitation ou approche idéologique

Changer de monnaie ne peut pas être une réponse symbolique à une crise politique. Il faut du temps, de la pédagogie, et de la méthode :

- Prévoir une transition par paliers, avec des scénarios d’ajustement en cas de turbulences.
- Mettre en place une stratégie de communication grand public, pour rassurer la population et les entreprises.
- Ne pas abandonner brutalement l’ancienne monnaie (comme le FCFA) sans plan de repli, sans avoir testé les mécanismes de substitution.

Instaurer un cadre institutionnel robuste

- Créer une Banque centrale indépendante et crédible, dotée de professionnels reconnus et protégée de toute ingérence politique.

- Prévoir une gouvernance transparente avec des rapports publics réguliers, l'implication de la société civile, et des contrôles parlementaires.
- Si monnaie de l'AES : prévoir une coordination étroite entre les 3 États sur les budgets, les déficits, les emprunts extérieurs.

On n'achète pas la confiance. Elle se construit dans la durée. Et une monnaie sans confiance ne vaut rien, même bien imprimée.

Envisager une dollarisation temporaire… si nécessaire

Dans le cas d'une sortie soudaine du FCFA (par exemple si l'ECO est lancé sans l'AES), une dollarisation de transition peut s'envisager :

- Utiliser temporairement une devise étrangère de référence (euro, dollar ou même ECO), à l'image de l'Équateur ou du Kosovo.
- Cela permet de préserver la stabilité des prix, de rassurer les investisseurs et de gagner du temps pour construire une vraie monnaie nationale solide.
- Mais cette option doit rester transitoire et encadrée, car elle prive le pays de sa politique monétaire propre.

Faire de la diplomatie un levier de stabilité

Une monnaie, c'est aussi un message envoyé au monde. Pour qu'il soit entendu :

- Négocier le soutien des grandes institutions (FMI, Banque mondiale, BAD) pour sécuriser la transition.
- Obtenir des accords monétaires et commerciaux bilatéraux avec des pays partenaires pour faciliter la circulation et la reconnaissance de la nouvelle monnaie.
- Maintenir le dialogue économique régional, même en cas de désaccord politique (notamment avec la CEDEAO ou l'UEMOA).

Consolider le secteur bancaire et financier

- Préparer les banques commerciales à la transition : adapter les systèmes d'information, former les agents, anticiper les effets sur l'épargne et le crédit.

- Garantir la liquidité du système bancaire, éviter les paniques de retrait ou la désintermédiation.
- Mettre en place une surveillance prudentielle renforcée, pour éviter les abus ou les dérapages post-transition.

La création d'une monnaie est un acte de souveraineté, mais c'est surtout une épreuve de vérité économique et institutionnelle. Ce projet ne peut réussir que si les bases sont solides, si les risques sont anticipés, et si les populations y adhèrent pleinement.

Il ne suffit pas de vouloir sa propre monnaie pour qu'elle vaille quelque chose. Il faut qu'elle soit adossée à une économie dynamique, à une gouvernance crédible… et à une vision partagée de l'avenir.

Conclusion : Quelle voie pour le Mali ?

Le débat sur l'avenir monétaire du Mali mérite d'être abordé avec pragmatisme et lucidité. L'aspiration à une souveraineté monétaire est légitime, notamment dans un contexte de recomposition géopolitique régionale. Mais cette souveraineté, en soi, ne garantit ni stabilité ni prospérité. Elle impose au contraire des exigences élevées : une gestion macroéconomique rigoureuse, des institutions crédibles, et une capacité d'anticipation face aux chocs externes.

Le choix entre le maintien dans le FCFA, l'adhésion à l'ECO, la création d'une monnaie nationale ou d'une devise commune à l'Alliance des États du Sahel (AES) ne doit pas être dicté par l'émotion ou le symbole. Il doit reposer sur une évaluation sérieuse des bénéfices attendus, des risques systémiques, et des capacités nationales. Le cas de pays ayant tenté une transition monétaire sans préparation suffisante, parfois au prix d'une hyperinflation ou d'une perte de confiance, doit servir de leçon.

Le Mali, avec une économie encore peu diversifiée, une forte dépendance aux importations et des réserves de change vulnérables, ne peut se permettre une aventure monétaire improvisée. La priorité est de bâtir un socle économique solide, renforcer les recettes fiscales, soutenir les filières exportatrices, et assainir les finances publiques.

Dans ce contexte, la voie raisonnable est celle d'une approche progressive et concertée, combinant ambition et réalisme. L'enjeu n'est pas seulement de changer de monnaie, mais de transformer l'économie malienne en profondeur, pour que, le moment venu, toute réforme monétaire repose sur des bases solides et durables.

Alors que le Mali réfléchit à son avenir monétaire traditionnel, une autre révolution financière se profile à l'horizon : celle des cryptomonnaies. Cette innovation technologique et financière soulève des questions capitales pour les banques centrales, entre risques à maîtriser et opportunités à saisir.

V- Cryptomonnaies : Menace ou opportunité pour les banques centrales

Ce sous-chapitre examine l'émergence et l'expansion des cryptomonnaies, en s'attardant sur les implications qu'elles soulèvent pour les banques centrales, avec un focus particulier sur les défis et perspectives pour la BCEAO dans l'espace UEMOA. L'essor rapide des actifs numériques modifie les repères classiques du système monétaire et financier international. Cette dynamique soulève des interrogations profondes quant au rôle, aux outils et à la souveraineté des autorités monétaires traditionnelles.

1- Rappel historique et principes fondamentaux

La genèse des cryptomonnaies remonte à 2008, avec la publication du livre blanc du Bitcoin, signé sous le pseudonyme de Satoshi Nakamoto. Le Bitcoin, mis en service en 2009, introduit l'idée d'une monnaie numérique fonctionnant sans banque centrale, ni autorité de contrôle, et reposant sur une technologie décentralisée : la blockchain.

La cryptomonnaie est ainsi une forme de monnaie numérique, qui utilise des protocoles cryptographiques pour sécuriser les échanges, vérifier les transactions et réguler la création monétaire. Le fonctionnement repose sur un registre distribué – la blockchain – partagé par un réseau d'ordinateurs (nœuds), assurant transparence, immutabilité et résilience.

Les caractéristiques qui distinguent les cryptomonnaies sont les suivantes :

- **Décentralisation** : Absence d'une autorité unique. Les opérations sont validées collectivement par les membres du réseau.
- **Sécurité** : L'utilisation de la cryptographie asymétrique et de mécanismes de consensus (Proof of Work, Proof of Stake) garantit l'intégrité des transactions.
- **Transparence** : Toutes les opérations sont enregistrées publiquement sur la blockchain, bien que les utilisateurs soient identifiés par pseudonymes.
- **Accessibilité** : Les transactions sont rapides, peu coûteuses et accessibles depuis un téléphone mobile ou un ordinateur, indépendamment du lieu ou du statut bancaire de l'utilisateur.

Après le Bitcoin, plusieurs cryptomonnaies ont vu le jour, chacune apportant des innovations : Litecoin (2011), Ethereum (2015) avec ses contrats intelligents (smart contracts), puis une explosion de projets via les ICOs (Initial Coin Offerings) à partir de 2017.

La crise financière mondiale de 2008 a favorisé la naissance et la diffusion des cryptomonnaies, en accentuant la défiance vis-à-vis des institutions financières traditionnelles. L'idée d'un système monétaire plus transparent, moins dépendant des banques commerciales, a séduit une partie des populations, notamment dans les pays à forte instabilité monétaire. Ci-dessous, les principales étapes de l'évolution des cryptomonnaies :

Bitcoin (2009) : Le 3 janvier 2009, le premier bloc de Bitcoin, connu sous le nom de "genesis block", est miné par Nakamoto. Bitcoin devient ainsi la première cryptomonnaie, et le concept de la blockchain voit le jour. La blockchain permet de consigner les transactions de manière transparente et immuable, éliminant le besoin d'une autorité centrale.

Premières transactions : La première transaction en Bitcoin notable a lieu en 2010 lorsqu'un programmeur achète deux pizzas pour 10 000 bitcoins (BTC), marquant ainsi la première utilisation réelle de Bitcoin pour un bien ou service tangible.

Apparition d'autres cryptomonnaies : Au fur et à mesure que Bitcoin gagne en popularité, d'autres cryptomonnaies émergent. En 2011, le Litecoin (LTC) est lancé par Charlie Lee comme une "version allégée" de Bitcoin. Il est conçu pour avoir des transactions plus rapides.

Lancement d'Ethereum (2015) : Ethereum, créé par Vitalik Buterin, introduit une blockchain plus versatile, permettant de créer des *contrats intelligents* (smart contracts). Ces contrats sont des programmes qui s'exécutent automatiquement selon les termes prédéfinis. Ethereum ouvre la voie aux applications décentralisées (DApps) et à l'émergence d'un écosystème complet de finance décentralisée (DeFi).

Boom des ICOs (2017) : Le concept de *Initial Coin Offering* (ICO), ou levée de fonds via l'émission de tokens, devient populaire en 2017, permettant aux entreprises de lever des fonds pour des projets basés sur la blockchain. Cet engouement mène à une explosion des cryptomonnaies, mais aussi à des cas de fraude, ce qui attire l'attention des régulateurs.

Adoption accrue et réglementation (2020-présent) : À partir de 2020, l'intérêt institutionnel pour les cryptomonnaies s'accroît, notamment avec l'implication de grandes entreprises et d'investisseurs institutionnels. En 2021, le Salvador devient le premier pays à adopter le Bitcoin comme monnaie légale. La réglementation des cryptomonnaies devient un sujet important pour les gouvernements, cherchant à encadrer leur utilisation pour protéger les investisseurs.

2- Les cryptomonnaies : Défis pour les banques centrales :

L'apparition et la démocratisation des cryptomonnaies représentent un véritable défi pour les banques centrales, qui se retrouvent confrontées à des instruments monétaires qu'elles ne contrôlent pas, mais dont l'usage croît de manière exponentielle. Voici les principaux enjeux :

- Perte d'influence sur la politique monétaire : L'usage de monnaies parallèles échappant à toute régulation rend plus difficile la gestion des agrégats monétaires, la fixation des taux directeurs et le pilotage de l'inflation.

- Risque pour la stabilité financière : La volatilité des cryptomonnaies et l'exposition croissante des agents économiques à ces actifs peuvent amplifier les chocs financiers. En cas de crise, les banques centrales pourraient perdre leur capacité d'intervention rapide.
- Lutte contre le blanchiment d'argent et le financement du terrorisme : L'anonymat relatif de certaines cryptomonnaies facilite les flux financiers illicites. Les autorités doivent adapter leurs dispositifs de surveillance et renforcer la coopération internationale.
- Concurrence avec les monnaies fiduciaires : À mesure que l'acceptation des cryptomonnaies progresse, le risque d'une désintermédiation accrue du système financier se précise, menaçant la fonction d'émission et de régulation des banques centrales.
- Inadéquation réglementaire : La régulation reste largement fragmentée à l'échelle mondiale. Les banques centrales doivent composer avec un écosystème transnational, mouvant, et technologiquement complexe.
- Souveraineté monétaire : Dans les pays à monnaie faible ou peu crédible, l'usage de cryptomonnaies peut entraîner une substitution monétaire, réduisant la portée des politiques publiques nationales.

3- Enjeux des cryptomonnaies pour la BCEAO :

3.1- Les prises de position de la BCEAO

Il y a très peu d'écrit sur les enjeux de la cryptomonnaie pour la BCEAO. Elle a, à travers son centre de formation COFEB, publié quelques réflexions sur les cryptomonnaies et leurs implications pour l'Union. Dans une note parue en novembre 2021, M. Gbêmèho Mathieu Trinnou met en lumière les obstacles techniques à la création de cryptomonnaies dans l'espace UEMOA, notamment les besoins élevés en connectivité, électricité et équipements informatiques. Il mentionne également l'existence de projets comme Akoin ou UbuntuCoin, tout en appelant à une intensification des campagnes de sensibilisation sur les risques liés à ces monnaies.

La BCEAO semble également privilégier la piste des monnaies numériques de banques centrales (MDBC), en engageant des travaux exploratoires sur leur conception. L'objectif serait de préserver la stabilité financière tout en modernisant les moyens de paiement.

Une autre publication du COFEB (non signée) relativise les effets des cryptomonnaies sur la stabilité financière, arguant que leur faible lien avec l'économie réelle limite les risques immédiats. Elle souligne cependant la nécessité de surveiller l'évolution du phénomène, en particulier sous l'angle de la protection des épargnants et de la lutte contre le blanchiment.

3.2. Limites de ces positions et perspectives

Plusieurs éléments permettent de nuancer l'approche actuelle de la BCEAO :

- Sous-estimation du rythme d'adoption : Bien que peu présentes dans les canaux bancaires formels, les cryptomonnaies connaissent une forte diffusion informelle en Afrique. Selon le Global Crypto Adoption Index de Chainalysis (2022), trois pays africains figurent dans le top 20 mondial : Nigeria, Kenya, Maroc. L'UEMOA, bien que moins exposée, n'est pas à l'abri d'une adoption croissante.
- Accessibilité accrue via mobile : Contrairement aux idées reçues, l'utilisation des cryptomonnaies ne nécessite pas une infrastructure lourde. Un smartphone et une connexion internet suffisent. L'UEMOA ne devrait pas restée longtemps à la marge de cette innovation financière. Il existe plusieurs plateformes, accessibles dans la zone UMOA, permettant l'achat des cryptomonnaies et des cryptoactifs, on peut citer sans être exhaustif Binance, Coinbase, …
- Diversité technologique : Si le minage de certaines cryptomonnaies exige de grandes ressources énergétiques, des alternatives comme la preuve d'enjeu (Proof of Stake) réduisent considérablement la consommation d'énergie. Cela ouvre des perspectives d'innovation plus adaptées au contexte africain.
- Régulation proactive et cybersécurité : Les risques de cybercriminalité sont réels, mais ils peuvent être encadrés par

une régulation adaptée, des partenariats technologiques, et un renforcement de l'éducation numérique. L'innovation peut aussi se tourner vers la sécurité.

- Défis et opportunités des MDBC : L'exemple du Nigeria avec l'eNaira et des Bahamas avec le Sand Dollar montre que les banques centrales africaines peuvent se positionner comme actrices de la transformation numérique. Une MDBC bien conçue, répondant aux besoins locaux, pourrait renforcer l'inclusion financière tout en préservant la souveraineté monétaire.

Selon le site www.weforum.com, en 2022, environ 87 pays explorent activement les monnaies numériques de banque centrale. Parmi eux, 36 ont lancé des projets pilotes et 21 pays ont lancé des programmes de développement, comme illustré par le graphique ci-dessous :

FIGURE 1 | Exponential growth in CBDC exploration

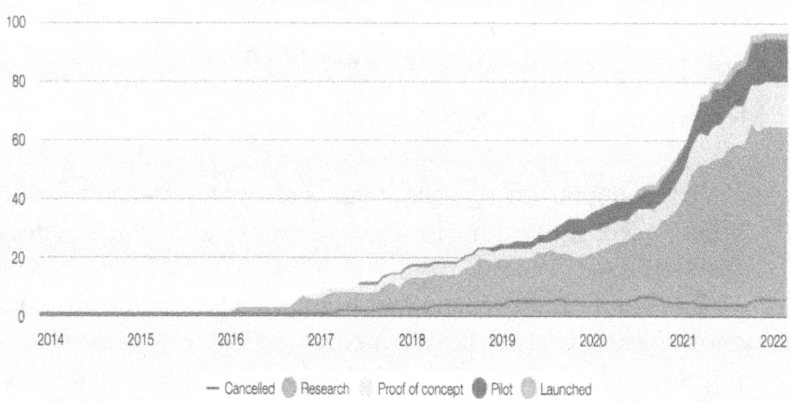

Notes: 1. The chart shows the status of CBDCs worldwide by month. **2.** Proof of concept = advanced research stage. **3.** Central bank digital currencies are being explored in more than 100 countries.

Source: CBDC Tracker, *Today's Central Bank Digital Currencies Status* [Interactive map], cbdctracker.org.

La BCEAO gagnerait à adopter une posture plus proactive : créer une cellule d'observation dédiée aux cryptoactifs, encourager les expérimentations encadrées, coopérer avec d'autres banques centrales africaines, et inclure ces thématiques dans la formation des cadres et dans les dialogues avec les acteurs privés. Il ne s'agit pas de promouvoir les cryptomonnaies à tout prix, mais de se préparer à un monde où elles coexisteront, parfois en tension, avec les monnaies officielles.

La question n'est pas de savoir si les cryptomonnaies vont impacter l'UEMOA, mais plutôt à quel rythme, et dans quelle mesure l'Union est prête à y faire face.

4- Recommandations pour l'UEMOA face à la montée des cryptomonnaies

Aujourd'hui, aucune institution de l'UEMOA ne peut dire avec certitude combien de personnes détiennent ou utilisent des cryptomonnaies dans la région. Pourtant, on sait que certains jeunes investisseurs, commerçants, et même des diasporas utilisent déjà des plateformes comme Binance, Yellow Card, ou encore Paxful, souvent à travers des groupes WhatsApp, Telegram ou des intermédiaires informels. Les textes réglementaires, notamment ceux sur le change, peuvent ralentir ces usages, mais ne peuvent pas les empêcher. Il est temps de sortir du déni et d'agir avec méthode.

4.1- Mesures urgentes à mettre en œuvre

Mettre à jour le cadre réglementaire

- Adopter une loi régionale sur les cryptomonnaies, avec un volet spécifique sur les plateformes d'échange (trading, transferts).
- Imposer l'enregistrement obligatoire des plateformes opérant dans l'espace UEMOA, même celles qui ne sont pas physiquement installées dans la région, en s'inspirant du modèle kenyan ou sud-africain.
- Renforcer la collaboration avec les organes de supervision africains et internationaux pour harmoniser les règles, notamment sur les stablecoins.

Renforcer la lutte contre le blanchiment et les usages illicites

- Développer un système d'alerte et d'analyse des transactions blockchain, basé sur les expériences du Nigeria ou du Ghana.

- Exiger des fournisseurs de services crypto qu'ils appliquent des protocoles KYC (vérification d'identité), comme cela se fait dans le secteur bancaire.

Informer et former

- Intégrer les cryptomonnaies et leurs risques dans les programmes d'éducation financière (ex. : cours du COFEB, formations des IMF, campagnes de sensibilisation à la BCEAO).
- Organiser des sessions de formation pour les banques, les SFD et les régulateurs nationaux, afin de comprendre les enjeux technologiques et les impacts possibles sur les dépôts et les transferts.

4.2- Actions stratégiques à moyen et long terme

Développer une Monnaie Digitale de Banque Centrale (MDBC)

- S'inspirer des expériences de l'eNaira au Nigeria (inclusion financière, micropaiement, transparence) et du Sand Dollar des Bahamas (utilisable sans internet dans les zones reculées).
- Lancer une MDBC UEMOA test dans une ville pilote comme Abidjan ou Dakar, pour expérimenter son usage dans les paiements de petits commerçants et les transferts sociaux.
- Concevoir une MDBC interopérable avec Orange Money, Wave, et les banques locales, afin de ne pas créer un système parallèle, mais unifié.

Encadrer les stablecoins plutôt que les bannir

- Évaluer la faisabilité d'un stablecoin régional adossé au franc CFA, comme solution pour les transferts de fonds intra-africains et les échanges commerciaux numériques.
- Autoriser, sous conditions, les banques et fintechs à proposer des services autour de ces stablecoins, dans le cadre d'une sandbox réglementaire.

Mettre en place un observatoire régional

- Créer un Observatoire UEMOA des cryptomonnaies et de la blockchain, chargé de produire des alertes, notes de suivi, et analyses d'impact.
- Collaborer avec les universités , des incubateurs tech et des start-ups blockchain locales pour stimuler la recherche appliquée.

Ne pas freiner l'innovation, mais l'encadrer

Le réflexe premier des institutions est souvent de dire « non » face à l'inconnu. Or, une interdiction sans alternative crée un marché souterrain, encore plus difficile à contrôler. L'UEMOA gagnerait à changer de posture, en adoptant une stratégie à deux volets :

- Tester d'abord, interdire si nécessaire, mais après avoir expérimenté.
- Encadrer l'innovation, en laissant aux entrepreneurs locaux la possibilité d'explorer les usages utiles de la blockchain (cadastre, traçabilité agricole, microfinance numérique).

Le numérique avance. Il ne demande pas la permission. C'est à la BCEAO et à la Commission de l'UEMOA de prendre les devants. Sinon, les acteurs non régulés occuperont l'espace.

Après avoir exploré les enjeux monétaires et les questions de souveraineté économique, il est essentiel d'examiner plus en détail le fonctionnement concret du système bancaire malien. Comprendre ses dynamiques actuelles et les défis qu'il rencontre permettra de mieux saisir les conditions dans lesquelles s'inscrit toute évolution monétaire ou financière.

Chapitre 2 : Dynamiques du système bancaire malien : Une croissance sous surveillance

I- Mutation structurelle du paysage bancaire malien

1- Un système bancaire en mutation

Au 31 décembre 2024, le système bancaire malien compte 14 établissements, dont une succursale étrangère. Il rassemble à la fois des institutions nationales bien ancrées et des filiales de grands groupes panafricains et internationaux. À ce réseau s'ajoutent trois établissements financiers spécialisés, parmi lesquels figure une succursale dédiée au crédit-bail.

Ce paysage s'est profondément transformé au cours des deux dernières décennies, notamment avec deux fusions-absorptions majeures : celle de la BDM avec la Banque Malienne de Crédit et de Dépôts (2002), puis celle de la BMS avec la Banque de l'Habitat du Mali (2016). À noter que cette dernière était la seule banque spécialisée avant sa transformation.

Quant à la BNDA, longtemps perçue comme une banque agricole, elle s'est progressivement diversifiée à partir des années 2000, tout en maintenant le secteur rural comme cœur de métier. Aujourd'hui, la BNDA est l'une des rares banques agricoles encore actives en Afrique de l'Ouest, un fait qui témoigne d'une certaine résilience, mais surtout de la vision stratégique de ses dirigeants et de la constance de ses actionnaires institutionnels.

Dans les années à venir, le paysage bancaire malien pourrait s'élargir avec l'arrivée de nouveaux acteurs. En effet, plusieurs groupes bancaires africains ont déjà exprimé leur intérêt pour le marché malien, notamment Bridge Bank (Côte d'Ivoire), Afriland First Bank (Cameroun) et Vista Bank Group (Burkina). Cette dynamique traduit l'attractivité croissante du secteur financier malien, malgré un environnement encore marqué par des défis sécuritaires et économiques

Le paysage bancaire du Mali est particulièrement marqué par la prédominance des groupes bancaires panafricains notamment marocains. En effet, la quasi-totalité des banques est majoritairement détenue par des acteurs étrangers.

1.1- Dominance des groupes bancaire étrangers au Mali.

Le paysage bancaire malien est caractérisé par la dominance des groupes bancaires étrangers. Il n'y a que deux banques, la BNDA et la BMS qui ne sont pas détenues par ces groupes. L'Etat du Mali reste néanmoins présent dans les 3 principales banques du pays en termes de taille de bilan (BDM, BMS et BNDA). La BMS est la seule banque détenue à 100% par les acteurs locaux et la BNDA est la seule qui est majoritairement détenue par les institutionnels européens (Français et Allemand) avec cependant une majorité relative de l'Etat. Les autres sont détenues par 11 groupes bancaires. On peut les diviser 3 groupes :

Les groupes maghrébins :

- BMCE- Bank of Africa- Maroc (BDM, BOA)
- Attijariwafa Bank-Maroc (BIM)
- BCP-Maroc (Banque Atlantique)
- BSIC (Libye)
- Libyan Foreign Bank- BCS
- BCI-Mauritanie

Les groupes Panafricains

- ETI-Ecobank
- UBA

Les groupes sous-régionaux

- Coris Bank
- Orabank
- Atlantic Financial Group (Ex-BICIM-BNP)

On constate une forte présence des banques marocaines. En effet, les groupes bancaires marocains, tels qu'Attijariwafa Bank, BMCE Bank of Africa (BOA) et Banque Centrale Populaire (BCP), ont connu une progression significative en Afrique subsaharienne, en particulier dans les pays de l'Union Économique et Monétaire Ouest-Africaine. Ces Groupes marocains ont comme stratégie d'expansion, l'acquisition des banques déjà installées ou la prise de participation dans les groupes bancaires de la sous-région, facilitant ainsi leur intégration dans le tissu économique des pays d'accueil. La stratégie vise également à diversifier leurs activités au-delà des frontières nationales. Cette expansion est motivée par les opportunités de croissance en Afrique subsaharienne et par la saturation du marché domestique marocain.

Les investisseurs marocains figurent parmi les principaux acteurs économiques au Mali. En dehors du secteur bancaire, leur présence est notable dans d'autres domaines clés tels que les télécommunications, les matériaux de construction et la gestion de l'environnement. Cela se traduit par des entreprises majeures comme Sotelma-Malitel dans les télécoms, les Ciments d'Afrique (CIMAF) dans le secteur du ciment, et OZONE dans la gestion des déchets et l'environnement même si ce dernier a perdu son contrat d'assainissement de la ville de Bamako en 2021.

Le retrait de BNP Paribas via sa filiale BICIM, effective en 2023, illustre les limites perçues du marché malien. Officiellement, les raisons invoquées tournent autour d'une faible rentabilité, des désaccords avec certains partenaires locaux et d'une volonté stratégique de recentrage. Ce retrait concerne aussi d'autres pays comme le Burkina Faso, la Guinée, le Gabon et la Tunisie

1.1.1- Quels risques pour l'économie malienne ?

Cette dominance étrangère, bien que source de financement et de technologies nouvelles, n'est pas sans conséquences :

Sous-financement de l'économie locale : Les groupes bancaires étrangers pourraient prioriser les investissements ou le financement d'entreprises et de secteurs qui ne sont pas alignés avec les priorités économiques du Mali, ce qui pourrait limiter l'accès au crédit pour les PME et autres secteurs stratégiques locaux. Cela pourrait freiner le développement économique et l'inclusion financière au niveau national.

Vulnérabilité aux chocs économiques : Une dépendance accrue à l'égard des banques étrangères expose le Mali à des risques en cas de crises économiques ou financières. Les décisions prises par ces banques pourraient ne pas toujours s'aligner avec les intérêts économiques maliens.

Risque de conflits d'intérêts : Les liens étroits entre les banques marocaines et les entreprises marocaines peuvent créer des conflits d'intérêts, où les priorités de développement économique du Mali pourraient être subordonnées aux intérêts marocains.

Impact sur l'emploi local : La domination des banques marocaines pourrait limiter la création d'emplois dans le secteur bancaire local, car les décisions stratégiques et opérationnelles sont souvent centralisées au Maroc. Cela pourrait freiner le développement d'une expertise locale dans le secteur financier

Risque de dépendance : Une trop grande dépendance vis-à-vis des banques étrangères peut poser des risques, surtout en cas de crises économiques ou politiques. Le Mali doit veiller à maintenir un équilibre entre la présence de banques étrangères et le développement des banques locales.

1.1.2- Fintechs marocaines : omniprésence et dépendance technologique

L'influence marocaine va bien au-delà des banques. Dans le domaine de la monétique et des services financiers digitaux, des acteurs comme HPS, M2M Group, H2M ou Paylogic dominent le marché malien. Cartes bancaires, TPE, GAB, plateformes de paiement mobile : tout ou presque est géré depuis l'étranger.

L'économie malienne, et en particulier son système financier, tirerait un grand bénéfice d'un transfert effectif de compétences dans les domaines de la monétique et des plateformes digitales. Pour favoriser ce transfert de compétences au Mali dans ce contexte, plusieurs pistes concrètes peuvent être envisagées :

- Intégrer des clauses de transfert de compétences dans les contrats

Chaque contrat signé entre une banque ou entreprise malienne et une fintech étrangère (marocaine ou autre) devrait comporter une clause obligatoire de transfert de compétences. Cette clause pourrait inclure :

La formation de formateurs maliens (approche “Train the Trainers”) pour assurer une transmission durable du savoir ;

Le co-développement de solutions avec des équipes techniques locales, afin d’associer les talents maliens dès la conception ;

L’obligation de livrer une documentation technique complète et d’organiser des sessions formelles de transfert de connaissance à la fin de chaque projet.

Ces exigences doivent être intégrées dès l’élaboration du cahier des charges ou de l’appel d’offres, afin d’éviter toute dépendance unilatérale.

Illustration concrète :

En 2025, j’ai eu l’occasion de participer à un projet de changement de core banking system (logiciel bancaire) dans une banque malienne. Cinq sociétés internationales spécialisées ont répondu à l’appel d’offres, chacune proposant une équipe projet d’au moins dix experts. Ce qui m’a marqué, c’est qu’aucun membre de ces équipes n’était malien, ni même basé localement. Cela soulève une question fondamentale : comment pouvons-nous espérer développer des compétences nationales ?

- Développer des partenariats universitaires et professionnels

Les fintechs opérant au Mali devraient être encouragées à collaborer avec les universités et grandes écoles maliennes afin de participer activement à la formation de la future génération de talents. Cela pourrait se traduire par :

La co-construction de cursus spécialisés (ex. : fintech, monétique, cybersécurité bancaire) avec des institutions comme l’ENI, l’Université de Bamako, ou des écoles privées ;

La mise en place de programmes de stages pour les étudiants maliens au sein des sièges ou des représentations locales de ces entreprises.

Exemple : la création d'un Master "Systèmes de Paiements et Monétique" en partenariat entre une fintech, l'ENI, et un acteur bancaire malien.

- Favoriser la création de filiales locales avec des fonctions R&D

Plutôt que de limiter leur présence à des prestations externes ou à de simples intégrations techniques, les fintechs étrangères devraient être incitées à implanter des structures locales pérennes comprenant :

Des équipes techniques maliennes recrutées et formées sur place ;

Des programmes de formation continue interne pour renforcer les compétences locales ;

Un centre R&D localisé, capable de proposer des solutions adaptées aux réalités du marché malien.

- Mettre en place des programmes publics dans le domaine du digital et du numérique

L'État malien, en collaboration avec la BCEAO, l'APBEF et les ministères concernés, peut jouer un rôle moteur à travers :

La subvention de formations spécialisées en monétique, sécurité informatique et fintech ;

La création d'un fonds dédié au renforcement des compétences digitales dans la finance ;

Des campagnes ciblées pour attirer les meilleurs talents vers ces métiers d'avenir.

- Soutenir l'émergence de fintechs locales

Enfin, il est essentiel de renforcer l'écosystème fintech local afin de le rendre plus compétitif et complémentaire aux acteurs étrangers. Cela passe par :

Un soutien actif aux fintechs maliennes : accès facilité au financement, incubation, accompagnement technique et réglementaire ;

La promotion de collaborations ou de co-créations entre fintechs locales et étrangères, afin d'accélérer le transfert de technologies et l'adaptation aux besoins du marché malien.

En plus de cette hégémonie des groupes marocains, un autre constat me frappe particulièrement : de nombreux grands groupes bancaires de l'Afrique de l'Ouest ont été créés par des entrepreneurs ivoiriens, burkinabés ou nigérians, qui ont su saisir les opportunités économiques, profiter d'un climat des affaires favorable et exploiter leurs réseaux régionaux pour bâtir et développer leurs institutions financières. En revanche, les Maliens se montrent beaucoup plus réservés lorsqu'il s'agit de lancer des banques à grande échelle. Il est donc opportun voire indispensable d'encourager la création de banque par les banquiers locaux et renforcer de banques locales pour réduire la dépendance envers les banques étrangères.

2- Vers une nouvelle génération de banques maliennes

2.1- Vers une renaissance des banques 100 % maliennes

Dans la dynamique régionale ouest-africaine, de nombreux groupes bancaires majeurs ont été fondés et développés par des entrepreneurs locaux issus de pays voisins, illustrant la capacité d'initiative et d'innovation dont ces acteurs ont su faire preuve.

Par exemple, en Côte d'Ivoire, plusieurs institutions importantes ont vu le jour : Banque Atlantique, un groupe panafricain fortement ancré dans la sous-région, mais aussi Bridge Bank, Mansa Bank ainsi que Cofina, un groupe de microfinance. Ces établissements témoignent d'une volonté affirmée d'élargir l'accès au financement tout en construisant des marques solides à l'échelle régionale.

Au Burkina Faso, la création de Coris Bank International a marqué une étape majeure, avec une expansion rapide dans plusieurs pays d'Afrique de l'Ouest. À côté, le groupe Vista Bank illustre aussi la capacité burkinabé à structurer des groupes financiers compétitifs.

Du côté du Nigeria, des groupes comme United Bank for Africa (UBA), First Bank of Nigeria et Access Bank démontrent une puissance financière croissante et un rayonnement régional impressionnant, contribuant activement à l'intégration économique du continent.

Enfin, le Togo peut également se targuer de la naissance d'Ecobank, un groupe panafricain majeur qui a su s'imposer sur de nombreux marchés, jouant un rôle crucial dans la bancarisation de l'Afrique subsaharienne.

À l'inverse, le Mali, malgré un tissu économique dynamique et un secteur bancaire en développement, reste en retrait en termes de création de grandes institutions financières à l'initiative d'entrepreneurs maliens. Il convient de rappeler que le groupe Bank of Africa (BOA), aujourd'hui un acteur panafricain majeur, a pris ses racines à Bamako. Ce groupe s'est développé pour s'implanter dans de nombreux pays africains, démontrant ainsi qu'une banque malienne peut conquérir des marchés au-delà des frontières nationales.

Ce constat invite à réfléchir aux freins spécifiques qui limitent aujourd'hui l'émergence de banques maliennes indépendantes. Parmi ceux-ci figurent un environnement réglementaire de plus en plus complexe pour l'obtention de l'agreement bancaire, un accès limité au capital, une forte concurrence des banques régionales déjà implantées, ainsi que les défis sécuritaires et politiques qui peuvent freiner l'initiative privée. À cela s'ajoute le facteur le plus important : le manque d'initiative et de prise de risque de la part des acteurs locaux dans domaine bancaire, qui contribue à accentuer la dépendance vis-à-vis des établissements extérieurs.

Pourtant, le Mali dispose d'atouts non négligeables : une croissance démographique rapide, une urbanisation croissante, et un marché financier en pleine mutation qui offre de nouvelles opportunités d'accès aux services financiers, en particulier pour les petites et moyennes entreprises avec un potentiel de développement énorme.

Soutenir la renaissance des banques 100 % maliennes nécessite donc une action coordonnée : mettre en place un cadre réglementaire incitatif au niveau national, faciliter l'accès aux capitaux, renforcer les compétences des acteurs locaux et encourager la coopération régionale. Des initiatives locales prometteuses, à l'image de certaines fintechs comme SAMA Money, ainsi que la présence de cadres maliens aux postes de responsabilité au sein de banques nationales et régionales, témoignent d'un potentiel réel qui ne demande qu'à être pleinement valorisé.

Libérer ce potentiel serait un levier essentiel pour renforcer la souveraineté économique et financière du Mali, tout en dynamisant l'ensemble du secteur bancaire ouest-africain.

Après avoir insisté sur la nécessité de renforcer la création de banques maliennes, il est tout aussi important de se pencher sur l'expansion régionale des grandes banques existantes. Cette étape est indispensable pour qu'elles gagnent en influence et en compétitivité à l'échelle sous-régionale, voire africaine.

2.2- Expansion des banques du Mali dans la sous-région :

La BOA Mali, créée en 1982, a été la première banque malienne à amorcer une expansion géographique, à travers la création de sa holding African Financial Holding en 1988. Aujourd'hui, le groupe est présent dans près de 20 pays essentiellement en Afrique.

À leur tour, les principales banques du pays, notamment la Banque de Développement du Mali (BDM) et la Banque Malienne de Solidarité (BMS), qui occupent les premiers rangs en termes de taille de bilan, ont initié leur développement régional en ouvrant des filiales ou des succursales en Côte d'Ivoire, au Burkina Faso, en Guinée-Bissau, au Sénégal, ainsi qu'en France.

Pourquoi cette stratégie ?

La sous-région offre un potentiel supplémentaire : Les besoins de financement sont énormes dans tous les secteurs d'activités (agriculture, énergie, habitat, l'éducation, la santé, transport, tourisme...). Une manière de lisser les risques en diversifiant les zones d'activité afin de ne pas concentrer l'exposition sur un seul marché vulnérable aux aléas climatiques et sécuritaires. Les Défis et opportunités liés à l'expansion régionale :

Défis :

- Gestion des risques politiques et économiques spécifiques à chaque pays.
- Renforcement de la concurrence sur les marchés bancaires locaux.
- Adaptation aux divergences réglementaires et juridiques entre les différentes juridictions.

Opportunités :

- Accès à des marchés en forte croissance au sein de l'UEMOA, où la demande pour les services financiers est en nette progression.
- Possibilité de participation aux projets de développement économique et d'intégration régionale.

A date, la BNDA qui est la 3e banque du pays, en termes de total bilan, est la seule à n'être pas liée à un groupe bancaire. Pourquoi devrait-elle entamer son expansion régionale ?

Renforcer sa compétitivité face aux groupes bancaires présents : Aujourd'hui, la quasi-totalité des banques concurrentes au Mali sont intégrées à des groupes bancaires régionaux ou internationaux, ce qui leur permet de bénéficier d'une capacité de financement plus importante, d'un meilleur accès aux innovations financières et d'une meilleure gestion des risques. L'absence de réseau régional risque d'isoler la BNDA et de réduire progressivement sa compétitivité si elle reste uniquement concentrée sur le marché malien.

Diversifier ses risques géographiques : Une implantation dans les pays de la sous-région permettrait à la BNDA de lisser ses risques en ne dépendant plus uniquement de la conjoncture malienne.

Capitaliser sur son expertise agricole : La BNDA est historiquement spécialisée dans le financement agricole et rural, un segment encore sous-financé dans beaucoup de pays de la région. La BNDA pourrait exporter son savoir-faire pour se positionner comme un acteur de référence du financement agricole dans l'UEMOA.

Pourquoi la BNDA doit franchir le cap ?

La BNDA a une expertise unique dans le financement agricole, un savoir-faire encore rare même au sein de l'UEMOA. Elle pourrait devenir un acteur régional de référence pour la transformation du secteur rural dans plusieurs pays de la zone.

L'expansion régionale ouvre de nouvelles opportunités de croissance et d'influence pour les grandes banques maliennes. Néanmoins, il demeure essentiel de garder à l'esprit leur rôle capital au sein du système financier national. Ces établissements, qualifiés de banques systémiques, constituent des piliers dont la solidité et la stabilité doivent être constamment surveillées pour garantir la résilience de l'ensemble du secteur.

3- Les banques systémiques : des piliers sous surveillance

Les 3 principales banques du Mali, en termes de total bilan, à savoir la Banque Malienne de Solidarité (BMS), la Banque de Développement du Mali (BDM) et la Banque Nationale de Développement BNDA sont les 3 établissements bancaires d'importance systémique EBIS nationaux du Mali depuis 2022.

La BCEAO définit un établissement bancaire d'importance systémique (EBIS) comme un établissement dont la défaillance, en raison de sa taille, de sa complexité, du volume de ses activités ou de son interconnexion systémique, serait susceptible de compromettre la stabilité du système financier et de nuire à l'activité économique de l'Union Monétaire Ouest-Africaine. Chaque année, la BCEAO publie la liste actualisée des EBIS au sein de l'Union, en distinguant les établissements à portée nationale et ceux à portée régionale.

Ces établissements ont des obligations spécifiques auprès de la Banque Centrale des États de l'Afrique de l'Ouest qui les distinguent des autres banques.

Réglementation Prudentielle Renforcée :

Les EBS sont soumis à une réglementation prudentielle plus stricte, visant à garantir leur solvabilité et leur liquidité. Cela inclut des exigences de capital plus élevées et des ratios de liquidité spécifiques pour assurer la stabilité du système financier.

Surveillance Accrue :

La BCEAO exerce une surveillance renforcée sur les EBS, incluant des audits réguliers et des évaluations de risque approfondies. Cette surveillance vise à détecter et à prévenir les risques systémiques qui pourraient affecter l'ensemble du système bancaire

Elaboration des plans préventifs de redressement :

Les EBS doivent élaborer annuellement des Plans Préventifs de Redressement pour faire face à d'éventuelles crises financières. Ces plans doivent être soumis à l'approbation de la BCEAO, qui évalue leur efficacité et leur adéquation aux risques identifiés.

II- L'Évolution des activités bancaires au Mali : Entre crises et opportunités

1- Evolution des encours de crédits accordés à la clientèle :

Le diagramme, ci-dessous, montre les encours de crédits à la clientèle du système bancaire malien de 2021 à 2024, exprimés en milliards de FCFA.

Figure 2 : Evolution des encours de crédits accordés à la clientèle

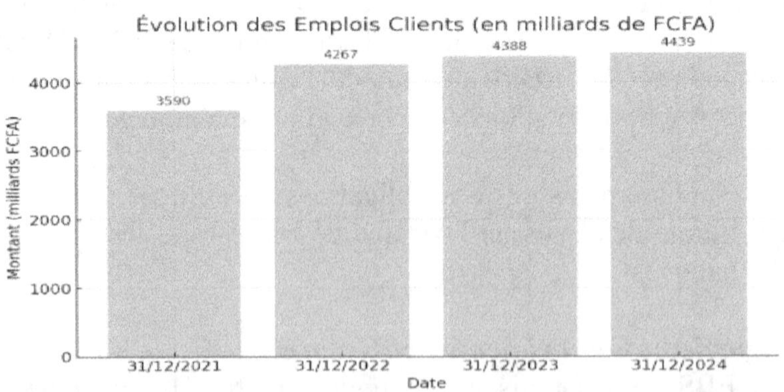

Source : BCEAO/APBEF Mali

Il met en lumière l'évolution des crédits accordés à la clientèle entre 2021 et 2024. On observe une progression continue, mais avec des rythmes bien différents selon les années.

2024 : un léger mieux, mais la prudence reste de mise

En 2024, les crédits progressent timidement pour atteindre 4 439 milliards FCFA, soit une croissance d'à peine 1,2 %. Ce chiffre traduit une situation toujours tendue, entre restrictions monétaires, hausse du coût des importations (notamment les produits alimentaires et les engrais), et incertitudes économiques persistantes.

On assiste à l'histoire d'une économie malienne résiliente, capable de rebondir après les chocs, mais aussi confrontée à des réalités dures : accès au financement restreint, politiques monétaires serrées, contexte géopolitique complexe. Si les banques ont su répondre présent en 2022, elles ont ensuite dû lever le pied face à un environnement plus risqué.

2023 : un coup de frein dans un contexte incertain

L'année suivante, 2023, marque un net ralentissement. Les encours de crédits progressent à peine, passant à 4 388 milliards de FCFA, soit une croissance de seulement 2,8 %, alors que le PIB du pays a crû de 5 %. Deux raisons principales expliquent ce tassement :

- D'un côté, la BCEAO a adopté une politique monétaire plus stricte pour contenir l'inflation. Les taux ont été relevés, l'accès à la liquidité est devenu plus difficile. Cette stratégie, qui a permis de faire chuter l'inflation de 9,7 % à 2,2 %, a cependant freiné la capacité des banques à prêter.
- De l'autre, les banques elles-mêmes ont fait preuve de prudence. Dans un environnement incertain, marqué par des chocs internes et externes, elles ont resserré les conditions d'octroi de crédit. Moins de risques, moins de financements.

Ce double effet a pesé sur le dynamisme du crédit, bien en deçà de la moyenne régionale de l'UEMOA, qui enregistrait, elle, une croissance de 9,4 %.

Une année 2022 dynamique, malgré l'embargo

L'année 2022 a été marquée par une forte hausse des crédits, qui passent de 3 590 à 4 267 milliards de FCFA, soit près de 19 % de croissance. Ce chiffre est d'autant plus remarquable qu'il survient dans un contexte difficile : le Mali faisait face à des sanctions économiques imposées par la CEDEAO et l'UEMOA.

Pourtant, l'économie a montré une belle capacité de résistance. La reprise post-COVID a redonné de l'élan à plusieurs secteurs, et la campagne cotonnière a battu des records, avec une production de plus de 770 000 tonnes. Cette performance a mobilisé d'importants financements bancaires, notamment pour la CMDT et l'ensemble de la chaîne du coton. Malgré les contraintes extérieures, les banques ont donc continué à jouer leur rôle de soutien à l'économie nationale.

2- Evolution des dépôts de la clientèle :

La figure suivante représente l'évolution des ressources clients dans le système bancaire malien sur quatre années consécutives de 2021 à 2024), exprimées en milliards de FCFA.

Figure 3 : Evolution des dépôts de la clientèle

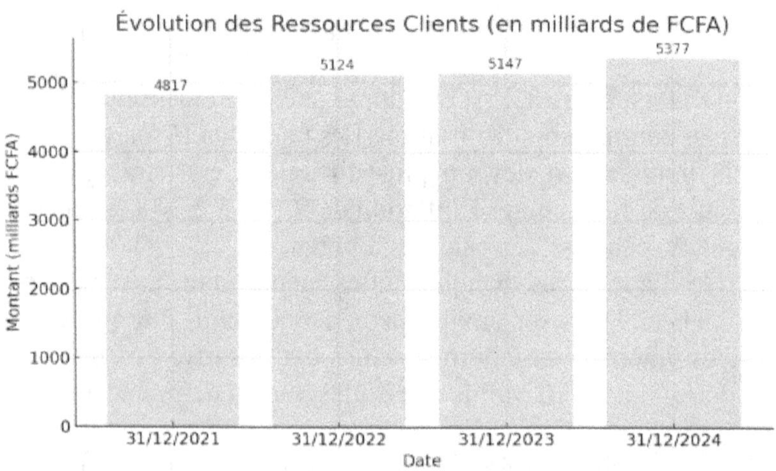

Source : BCEAO/APBEF Mali

À première vue, la tendance est à la hausse, mais quand on regarde de plus près, on voit que **le rythme de progression n'a rien de régulier**. Il y a des années où les dépôts grimpent franchement, et d'autres où ils peinent à décoller.

2024 : un petit rebond, à confirmer

Les chiffres de fin 2024 montrent un léger mieux. Les dépôts atteignent 5 377 milliards FCFA. C'est un signe positif, mais encore fragile. On sent que la confiance revient doucement, mais elle reste suspendue à l'évolution du climat économique et politique du pays.

2023, une année de doute et de prudence

La quasi-stagnation des dépôts entre 2022 et 2023, avec une croissance de seulement 0,4% s'explique par trois faits majeurs :

L'impact de l'inflation sur le pouvoir d'achat des ménages : Malgré les mesures prises par les autorités monétaires pour maitriser l'inflation, au Mali les principaux produits de premier nécessité sont restés à des prix assez élevés. Cela a impacté négativement la capacité d'épargne des ménages. Les incertitudes monétaires : les rumeurs sur la création d'une monnaie locale malienne ont longtemps persisté. Craignant une dépréciation de la future monnaie compte tenu du contexte économique et politique compliqué, certains grands opérateurs économiques ont transféré des fonds vers les pays de la sous-région notamment vers la Côte d'Ivoire.

La tension de trésorerie de la place du Mali à jouer sur la structure des dépôts. En effet, les dépôts rémunérés ont augmenté de 3,8% au détriment des dépôts ordinaires qui baisse de 1,6%. Conscients de la crise de la liquidé que traversent les banques, les clients exigent de plus en plus des rémunérations de leurs dépôts.

Une reprise encourageante après la tempête en 2022 :

L'année 2022 a été plutôt bonne. Les dépôts ont augmenté de manière significative, passant de 4 817 à 5 124 milliards de FCFA, soit une progression de 6,4 %. Cette embellie a suivi la levée des sanctions de la CEDEAO et de l'UEMOA, qui avaient mis un sérieux coup de frein à l'activité quelques mois plus tôt. À cela s'ajoute une bonne campagne agricole, notamment dans le secteur du coton.

Tableau 10 : Ressources rémunérées et non rémunérées des banques du Mali

	RESSOURCES CLIENTS en milliard de FCFA			
	31/12/2021	31/12/2022	31/12/2023	31/12/2024
Dépôts rémunérés	1908	1933	2007	2086
Dépôts non rémunérés	2910	3191	3139	3290
Total	4818	5124	5146	5376

Source BCEAO/APBEF Mali

3- Taux de dégradation brut :

Le diagramme, ci-dessus, montre une évolution préoccupante du taux brut de dégradation des banques maliennes. Ce taux, qui mesure la part des crédits devenus douteux dans le portefeuille total des banques, est passé de 9,7 % fin 2021 à 11,7 % fin 2024. Une hausse constante, année après année, qui met en lumière une dégradation continue de la qualité des actifs bancaires.

Mais ce chiffre devient encore plus parlant lorsqu'on le compare à la moyenne de l'UEMOA. Selon les chiffres de la BCEAO, le taux brut de dégradation dans l'Union était de 9,7 % en 2022 et est même descendu à 8,7 % en 2023. Le contraste est net : le Mali est désormais près de 3 points au-dessus de la moyenne régionale.

Figure 4 : Taux de dégradation brut du portefeuille des Banques

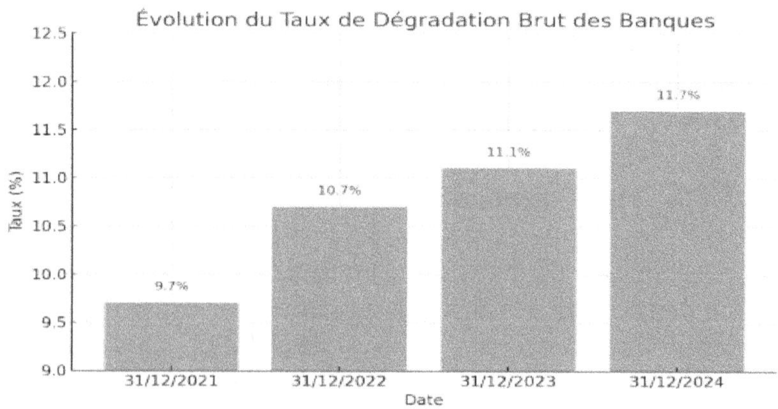

Source : BCEAO/APBEF Mali

Les causes de l'augmentation des créances douteuses sont multiples, on peut citer principalement :

Les effets des sanctions imposées par la CEDEAO cumulées avec Les perturbations économiques dues à la crise mondiale (COVID-19) ainsi que les conséquences des tensions géopolitiques, notamment le conflit russo-Ukrainien, ont fortement impacté l'économie malienne. Ces facteurs ont affecté la capacité de remboursement des emprunteurs.

La crise énergétique : Le Mali traverse une crise énergétique inédite. Le délestage a atteint des niveaux records atteignant par endroit 20 heures d'interruption. Elle est la conséquence d'un problème structurel de rentabilité et de gouvernance depuis plusieurs décennies au niveau de la société Energie du Mali avec ses dettes colossales. Cette crise a également impacté plusieurs entreprises et industries maliennes. En effet, elle a entrainé une :

Hausse des coûts de production : L'augmentation des prix de l'énergie, exacerbée par le conflit russo-ukrainien, a entraîné une hausse des coûts pour les entreprises, notamment dans les secteurs industriels et de transformation.

Interruption des activités : Des pénuries d'énergie et des coupures fréquentes ont perturbé le fonctionnement normal des entreprises. Cette instabilité a provoqué des baisses de production, voire des arrêts temporaires d'activité dans certains secteurs, affectant directement les revenus des entreprises.

On peut également signaler le passage de la Commission bancaire dans presque toutes les banques du Mali, cela a conduit à plus de déclassement des créances en créance en souffrance.

4- Titres de placement et d'investissement :

Les banques maliennes, à l'instar de celles de l'UEMOA, ont une appétence élevée pour les titres de placement et d'investissement, en particulier les titres souverains des pays de l'Union. La tendance des 4 dernières années est décrite dans le tableau ci-dessous :

Tableau 11 : Encours de titres de placements et d'investissement des banques du Mali

En milliard FCFA	31/12/2021	31/12/2022	31/12/2023	31/12/2024
Titres de placement et d'investissement	2 017	2 414	2 646	3017
Variation		20%	10%	14%

Source : BCEAO/APBEF Mali

Elles ont progressivement augmenté leur achat d'obligations et de bons du Trésor émis par les États membres. Cette politique de détention de titres souverains s'explique par :

Un rendement attractif : Les titres souverains de l'UEMOA offrent des taux d'intérêt attractifs comparés aux opportunités d'investissement dans d'autres classes d'actifs. Ils bénéficient également d'une garantie de remboursement plus forte.

Une liquidité des actifs : Les banques sont aussi attirées par des titres souverains pour respecter les ratios de liquidité imposés par les normes prudentielles. Ils sont, en effet, considérés comme des actifs liquides de haute qualité. La Banque Centrale des États de l'Afrique de l'Ouest a mis en place des mécanismes favorisant le refinancement des titres publics. Ce qui encourage les banques à en détenir davantage.

Un faible risque de défaut : En raison de l'incertitude économique et du risque de défaut plus élevé dans certains secteurs privés, les banques préfèrent investir dans ces actifs jugés moins risqués.

La politique est favorisée par le fait que le marché des titres publics dans l'UEMOA a connu une expansion notable. La fréquence des émissions d'obligations et de bons du Trésor par les différents pays est de plus en plus rapide, parce que les États de l'UEMOA ont besoin de ressources pour financer leurs dépenses publiques en raison des déficits budgétaires.

Cet engouement des banques pour ces titres n'est pas sans conséquence pour l'économie réelle malienne et celle des pays de l'UEMOA. La principale conséquence est ''l'effet d'éviction'' qui se manifeste par l'allocation d'une partie importante des ressources aux titres publics. Ce qui peut limiter la capacité des banques à financer les acteurs économiques privés.

Je recommande aux autorités de régulations de prendre des mesures prudentielles suivantes :

- Limitation de l'exposition aux titres souverains : Imposer des plafonds sur la proportion des actifs que les banques peuvent détenir sous forme de titres d'État, afin de libérer davantage de ressources pour le financement du secteur privé.

- Ratios de liquidité : Adapter les exigences de liquidité pour encourager les banques à maintenir un équilibre entre les investissements dans les titres publics et le crédit accordé au secteur privé.

5- Evolution du Total Bilan :

Entre 2021 et 2024, le total bilan des banques maliennes a connu une croissance globale, passant de 6 954 à 8 834 milliards FCFA, soit une progression de 27 % sur la période. Toutefois, cette évolution cache des dynamiques contrastées. En 2022, le secteur bancaire malien a affiché une croissance robuste de 16 %, en ligne avec la tendance observée dans l'ensemble de l'UEMOA (+16,2 %). Cette progression s'expliquait par une reprise post-sanctions régionales et un retour progressif de la confiance des agents économiques.

Mais dès 2023, la situation se tend : la croissance ralentit fortement au Mali (+2 %), alors que la dynamique reste bien plus soutenue dans l'Union (+8,9 %). Ce décrochage traduit les effets combinés d'un climat économique national dégradé, de tensions sur la liquidité bancaire, et d'un contexte d'incertitude politique et énergétique. En 2024, le total bilan repart à la hausse (+7 %), retrouvant un rythme proche de la moyenne régionale.

Tableau 12 : Total bilan des banques du Mali

	TOTAL BILAN *(en milliards de FCFA)*			
	31/12/2021	31/12/2022	31/12/2023	31/12/2024
TOTAL	6 954	8 094	8 290	8 834
Variation		16%	2%	7%

Source : BCEAO/APBEF Mali

6- Une rentabilité en dents de scie, mais globalement en progression

Entre 2021 et 2024, le résultat net agrégé des banques maliennes est passé de 59 à 114 milliards de FCFA, soit une hausse globale de 93 % en quatre ans. Derrière cette performance, les chiffres racontent une histoire contrastée, marquée par des pics, des ralentissements et un contexte économique sous tension.

2022 : une année euphorique malgré les vents contraires

En 2022, les banques enregistrent une hausse spectaculaire de leur bénéfice net de 67 %, atteignant 99 milliards FCFA. Ce bond traduit la capacité de rebond du secteur après la double secousse de la pandémie et des sanctions régionales. La reprise économique, notamment portée par une campagne agricole exceptionnelle, et la mobilisation active des ressources ont permis de relancer les marges et la rentabilité. Le climat post-sanctions a favorisé une dynamique nouvelle, avec un retour progressif de la confiance.

2023 : une pause brutale, sous surveillance accrue

L'année suivante marque un net ralentissement. Le résultat net recule à 93 milliards, soit une baisse de 6 %. Plusieurs facteurs expliquent ce repli :

- La politique monétaire restrictive de la BCEAO a relevé le coût des ressources, réduisant la marge nette d'intermédiation.
- La hausse continue des créances douteuses a également pesé sur les performances.
- Surtout, dans un contexte d'incertitude, les banques ont adopté une posture plus prudente, limitant l'expansion du crédit.

Aussi, le passage de la commission bancaire pour auditer l'exercice 2023 dans presque toutes les banques du Mali, a augmenté le niveau de déclassement et de provisionnement.

2024 : un retour progressif à la croissance

Malgré un environnement toujours complexe, les banques parviennent à améliorer leur résultat net de 22 %, atteignant 114 milliards FCFA. Ce redressement s'appuie sur : Une meilleure maîtrise des risques, des reprises de provisions, une reprise modérée du crédit, et surtout une politique de placement accrue sur les titres souverains de l'UEMOA.

Les banques maliennes sortent d'une période éprouvante, mais restent debout. La rentabilité progresse, mais au prix d'une prudence accrue, de contrôles renforcés, et parfois de sacrifices à court terme pour préserver la solidité des bilans. L'intervention de la Commission Bancaire a servi de rappel : dans un contexte incertain, la transparence, la discipline comptable et la gouvernance bancaire sont plus que jamais essentielles.

Tableau 13 : Evolution du résultat net des banques du Mali

	RESULTAT NET *(en milliards de FCFA)*			
	31/12/2021	**31/12/2022**	**31/12/2023**	**31/12/2024**
TOTAL	59	99	93	114
Variation		67%	-6%	22%

Source : BCEAO/APBEF Mali

7- Les immobilisations hors exploitation (IHE), une limite longtemps problématique :

Dans l'Union Économique et Monétaire Ouest-Africaine, la réglementation bancaire fixe une limite maximale de 15 % des fonds propres nets pour les immobilisations hors exploitation (IHE) des établissements de crédit. Cette règle vise à éviter que les banques n'immobilisent une part excessive de leurs ressources dans des actifs non productifs, au détriment du financement de l'économie.

En 2021 et 2022, 6 banques sur 14 dépassaient cette limite prudentielle. Parmi elles figuraient des institutions de premier plan. Ces excès d'immobilisations posaient un risque de déséquilibre dans les bilans, en immobilisant des ressources qui auraient pu financer l'économie réelle.

Conscientes du poids des IHE dans la solidité des bilans bancaires, les autorités maliennes ont mis en place un mécanisme structurel : la création de la SGIH (Société de Gestion des Immobilisations Hors exploitation). Cette structure a pour mission de racheter les excès d'immobilisations non stratégiques détenues par les banques. Ce dispositif permettra à plusieurs banques de se désengager d'actifs non rentables ou peu liquides et d'assainir leur bilan.

Dès 2023, le nombre d'établissements en dépassement a été réduit à trois. Et selon les données de l'APBEF, l'ensemble des banques respectaient la norme réglementaire dès fin 2024 — un progrès notable en matière de discipline prudentielle.

8- Une bancarisation en forte progression : le Mali rattrape son retard

Longtemps considéré comme l'un des pays les moins bancarisés de l'UEMOA, le Mali a amorcé un redressement impressionnant de son taux de bancarisation strict (TBS) au cours des cinq dernières années.

De lanterne rouge à sérieux prétendant :

En 2019, avec un TBS de seulement 14,24 %, le Mali ne devançait que le Niger au sein de l'Union. Les services bancaires formels étaient encore largement inaccessibles pour une majorité de la population. Mais en l'espace de cinq ans, le paysage s'est profondément transformé : le TBS atteint 25,2 % en 2023, se rapprochant quasiment de la moyenne régionale de 25,6 %.

Un positionnement presque sur le podium régional

En 2023, le Mali se classe désormais juste derrière le Bénin, la Côte d'Ivoire et le Togo, laissant derrière lui des pays comme le Burkina Faso, le Sénégal ou encore la Guinée-Bissau. Ce repositionnement témoigne d'un rattrapage réel, porteur d'espoir pour l'inclusion financière.

La courbe comparant l'évolution du Taux de Bancarisation Strict (TBS)[3] du Mali à celle de la moyenne de l'UEMOA entre 2019 et 2023 est indiquée ci-dessous :

---

[3] Le taux de bancarisation strict (TBS) est un indicateur qui mesure la proportion de la population disposant d'un compte bancaire ouvert dans un établissement de crédit :
Nombre de personnes titulaires d'un compte bancaire/Population totale adulte

Figure 5 : Evolution du Taux de Bancarisation Strict (TBS) du Mali vs UEMOA – **2019 à 2023**

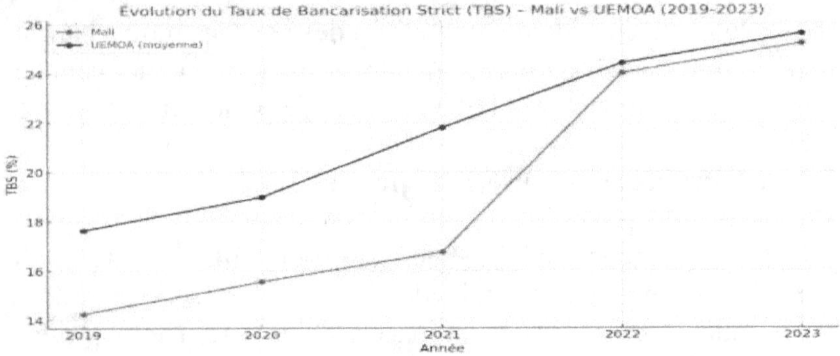

Cette forte amélioration s'explique par le fait que les banques ont adopté des stratégies commerciales plus offensives, marquées par un déploiement d'agences afin de toucher une clientèle jusque-là exclue du circuit formel. Elles ont également simplifié leurs offres, en proposant des frais plus accessibles et des produits mieux adaptés, tels que des comptes sans exigence de solde minimum ou des microcrédits adossés à l'épargne, facilitant ainsi l'entrée de nouvelles franges de la population dans le système bancaire. Le tableau ci-dessous indique la situation des différents pays en 2019 et 2023.

Tableau 14 : Taux de Bancarisation Strict (TBS) – 2019 à 2023

Pays	2019	2020	2021	2022	2023
Bénin	24,03 %	31,19 %	34,73 %	35,7%	36,6
Burkina Faso	20,38 %	20,63 %	21,25 %	21,8%	22,8%
Côte d'Ivoire	19,08 %	20,45 %	26,11 %	29,5%	31,2%
Guinée-Bissau	15,67 %	15,97 %	15,58 %	16,4%	15,2%
Mali	14,24 %	15,55 %	16,75 %	24 %	25,20 %
Niger	8,24 %	7,30 %	8,40 %	8,7%	8,5%
Sénégal	18,56 %	19,60 %	18,93 %	22,5%	22,4%
Togo	25,12 %	26,95 %	30,09 %	29,8%	30,2%
UEMOA	17,64 %	18,98 %	21,80 %	24,40 %	25,60 %

Source BCEAO

Après avoir analysé l'évolution des activités bancaires au Mali, marquée par des périodes de crise mais aussi d'importantes opportunités, il est nécessaire de s'intéresser au cadre réglementaire qui encadre ces transformations. La modernisation des lois bancaires constitue, en effet, un levier clé pour accompagner cette dynamique et renforcer la stabilité du secteur.

III- Un cadre réglementaire en mutation : Modernisation des lois bancaires :

Du fait de l'appartenance du Mali à l'UMOA, les évolutions réglementaires et prudentielles des établissements de crédits et des compagnies financières sont édictées par la BCEAO. En effet, elle a pour principaux rôles :

- Définir et mettre en œuvre la politique monétaire au sein de l'UMOA ;
- Veiller à la stabilité du système bancaire et financier de l'UMOA ;
- Promouvoir le bon fonctionnement et assurer la supervision et la sécurité des systèmes de paiement dans l'UMOA ;
- Mettre en œuvre la politique de change de l'UMOA dans les conditions arrêtées par le Conseil des Ministres ;
- Gérer les réserves officielles de change des Etats membres de l'UMOA.

Ces dernières années, le cadre réglementaire et prudentiel du secteur bancaire ouest-africain a connu d'importantes évolutions : relèvement du capital social minimum des banques, réforme de la norme de division des risques, révision de la loi portant réglementation bancaire, actualisation du plan comptable bancaire (passage de la version de 1996 à celle de 2018), sans oublier l'adoption du règlement relatif aux relations financières extérieures ainsi que la perspective d'une convergence vers les normes IFRS 9.

1- Capital social minimum :

Le gouverneur de la BCEAO, dans un communiqué daté du 05/01/2024, a annoncé que le conseil des Ministres de l'UEMOA a décidé de relever le capital social minimum des banques 10 à 20 milliards de FCFA et de maintenir celui des établissements financiers à 3 milliards FCFA.

Dans le passé, le capital minimum des banques dans l'UMOA a évolué comme suit :

Il est passé de 300 millions FCFA dans les années 1960 à 1 milliard de FCFA dans les années 80. À partir du 1er janvier 2008, il a été porté à 10 milliards de FCFA. Cette augmentation a été réalisée en deux étapes : 5 milliards de FCFA étaient requis au plus tard le 31 décembre 2010, et 10 milliards de FCFA devaient être atteints au plus tard le 1er juillet 2017.

La mesure du relèvement du capital vise à promouvoir un système bancaire solide, compétitive, résilient et capable de soutenir efficacement le financement de la croissance économique dans les pays membres de l'Union. La durée accordée pour la mise en œuvre de la décision est de trois ans. Par conséquent, d'ici le 31 décembre 2026, toutes les banques de l'Union devront se conformer à cette décision. Quelles implications pour les banques maliennes ?

Avec la perspective d'un doublement du capital social minimum à 20 milliards FCFA d'ici 2026, la question de la mise en conformité se pose de manière concrète pour les banques du Mali. Les données de l'APBEF à fin 2024 permettent d'évaluer de manière plus précise la trajectoire de chacune.

Des banques déjà largement au-dessus du seuil

Un noyau solide de grandes banques affiche des fonds propres très au-delà du nouveau seuil : certaines dépassent même les 150 milliards FCFA. Leur conformité au seuil réglementaire ne fait aucun doute. Pour elles, la contrainte réglementaire est déjà absorbée.

Des établissements en bonne voie grâce à une trajectoire claire

Plusieurs institutions, sans encore atteindre les niveaux les plus élevés, ont montré une progression constante et significative de leurs fonds propres sur les quatre dernières années. Certaines d'entre elles ont quasiment doublé leurs ressources propres depuis 2021. À ce rythme, une simple capitalisation des bénéfices ou une opération comptable suffira à franchir le seuil des 20 milliards avant 2026.

Des situations plus fragiles, mais rattrapables

Une autre catégorie d'établissements reste en deçà du seuil requis, bien qu'elle affiche des fonds propres compris entre 20 et 30 milliards à fin 2024. Dans la majorité des cas, la croissance est modérée mais régulière, ce qui laisse penser que la mise en conformité est possible, à condition de maintenir cette dynamique ou d'enclencher des augmentations de capital ciblées. Ce groupe aura probablement besoin de décisions stratégiques de leurs actionnaires d'ici 2026.

Des cas à surveiller de près

Un petit nombre d'acteurs présentent une situation moins confortable : fonds propres stagnants, en baisse ou très faibles. Pour ces derniers, il sera difficile d'atteindre les 20 milliards sans un soutien direct des actionnaires ou un repositionnement stratégique. Le contexte économique national pourrait compliquer davantage leurs perspectives. Ce sont donc ces établissements qui devront faire preuve du plus grand volontarisme.

Le cas particulier des succursales

Enfin, certains établissements ne sont pas des filiales mais des succursales de groupes bancaires étrangers. Dans ce cas, c'est la maison-mère qui porte la responsabilité du respect des exigences en capital, et non la succursale elle-même.

Le dédoublement à 20 milliards FCFA du capital social minimum ne représente donc pas une difficulté majeure pour la majorité du secteur bancaire malien. Beaucoup d'établissements sont déjà proches ou bien au-dessus du seuil, et les autres disposent encore d'une marge de manœuvre raisonnable pour s'y conformer. Reste à voir si les dynamiques observées en 2023 et 2024 pourront être maintenues dans un contexte économique pas assez favorable.

2- Réforme de la norme de division des risques

Je me souviens d'une anecdote marquante rapportée par l'ancien président de l'APBEF, Moussa A. Diallo. Un jour, alors qu'il échangeait avec le Gouverneur de la BCEAO, ce dernier lui aurait lancé cette question à la fois simple et lourde de sens : « Expliquez-moi comment la défaillance d'un seul client peut suffire à mettre en péril toute une banque ? »

Cette interpellation, à peine voilée, traduisait en réalité une profonde préoccupation du régulateur face à la concentration excessive des risques dans le portefeuille de certaines banques. Elle mettait en lumière une faille structurelle : lorsqu'une part trop importante du crédit est accordée à un nombre limité d'emprunteurs, la fragilité d'un seul dossier peut ébranler tout l'équilibre d'une institution.

Pendant longtemps, le système bancaire malien, à l'image de celui de l'ensemble de l'UMOA, a souffert d'une forte concentration des risques sur un nombre restreint de clients. En cause : la taille réduite du marché formel et une préférence marquée des banques pour les grandes entreprises jugées les plus solvables. Résultat, une part importante des encours était exposée à quelques dossiers seulement, augmentant les risques systémiques.

Pour corriger cette insuffisance, la norme maximale de concentration des risques, qui était fixée à 75% des fonds propres jusqu'en 2017, a été progressivement réduite. En 2023, elle a été abaissée à 25%, conformément aux exigences de la norme Bâloise en vigueur. Cette diminution a été réalisée selon un calendrier de mise en œuvre étalé sur cinq ans, conformément aux dispositions transitoires du dispositif prudentiel, ci-dessous :

Tableau 15 : Dispositions transitoires du dispositif prudentiel.

Division des risques	2018	2019	2020	2021	2022
Ratio maximal de concentration des grands risques	65%	55%	45%	35%	25%

Cette transition devait s'achever en 2022, mais la crise liée au COVID-19 a conduit la BCEAO à repousser l'entrée en vigueur du ratio cible de 25 % à 2023, afin de laisser aux banques le temps de s'adapter dans un contexte économique incertain dans l'UEMOA.

Un équilibre à trouver entre prudence et réalité du terrain

Dans l'esprit du régulateur, il ne s'agissait pas seulement d'aligner les normes de la région sur les standards internationaux, mais aussi de réduire la dépendance des banques à quelques gros emprunteurs. Toutefois, cette ambition se heurte à une réalité bien connue : le tissu économique formel dans l'UEMOA reste peu diversifié, ce qui limite les opportunités de crédit véritablement réparti.

Une mise en conformité encore difficile pour plusieurs banques

Malgré le calendrier étalé et les ajustements réglementaires, une part importante des banques maliennes ont peiné à respecter cette norme. Les données sur les trois dernières années de mise en œuvre montrent que le ratio de concentration n'est pas respecté dans plusieurs établissements.

On constate que sur les 3 dernières années de la phase transitoire seules 4 banques ont respecté la norme, traduisant la difficulté persistante à diversifier le portefeuille de crédit.

Tableau 16 : Respect de la norme de division des risques par les banques :

BANQUES	Norme de division des risques		
	31/12/2021	31/12/2022	31/12/2023
Norme	35% max.	35% max.	25% max.
Banque 1	Oui	Oui	Oui
Banque 2	Oui	Oui	Oui
Banque 3	Oui	Oui	Oui
Banque 4	Oui	Oui	Oui
Banque 5	Oui	Oui	Non
Banque 6	Non	Oui	Oui
Banque 7	Non	Oui	Oui
Banque 8	Non	Oui	Oui
Banque 9	Non	Non	Oui
Banque 10	Non	Non	Oui
Banque 11	Non	Non	Oui
Banque 12	Non	Non	Oui
Banque 13	Non	Non	Non
Banque 14	Non	Non	Non

Source : APBEF

3- Révision de la loi uniforme bancaire : un tournant stratégique pour les systèmes financiers de l'UEMOA

Adoptée le 16 juin 2023 par les ministres des Finances des États membres de l'Union Monétaire Ouest Africaine (UMOA), la nouvelle loi uniforme bancaire marque une inflexion majeure dans l'évolution du cadre réglementaire régional. Elle remplace la loi de 2007, dans un contexte profondément transformé par la digitalisation, l'ouverture à de nouveaux acteurs, la pression des normes internationales et la nécessité de renforcer la résilience du secteur bancaire.

Parmi les nombreuses dispositions introduites, certaines rompent clairement avec l'approche historique de plusieurs États, notamment en matière d'actionnariat bancaire.

- Un changement capital : la limitation de la participation des États

L'une des réformes les plus sensibles est celle qui limite à 10 % la participation maximale d'un État dans le capital social d'une banque. Derrière cette mesure se cache une volonté affirmée : réduire l'influence politique directe sur la gouvernance bancaire et renforcer l'indépendance des établissements de crédit.

L'État actionnaire, bien qu'ayant joué un rôle structurant dans la bancarisation des économies ouest-africaines, est perçu comme une source potentielle d'ingérence, avec le risque que des décisions stratégiques soient dictées par des considérations politiques plutôt que par des impératifs économiques.

Cette disposition aura un impact direct et concret au Mali, où trois des principales banques par le total bilan ont encore un fort ancrage public : La BMS est contrôlée à plus de 80 % par l'État et ses démembrements ; la BNDA à près de 47 % et la BDM à 19 %.

Selon les données de la Commission bancaire à fin 2023, l'actionnariat public représente encore 32 % du capital bancaire total au Mali, un taux parmi les plus élevés de l'Union, juste derrière la Côte d'Ivoire (32,9 %). La mise en œuvre de cette norme impliquera une restructuration progressive du capital, sans doute via l'ouverture à de nouveaux investisseurs ou des cessions partielles. Elle soulève aussi des questions légitimes : comment concilier désengagement public et souveraineté économique, notamment dans des pays où l'État a longtemps porté le développement du secteur bancaire ?

- Un élargissement du périmètre réglementaire

La nouvelle loi étend également son champ d'application à des entités jusque-là en marge du cadre bancaire classique. En plus des banques et établissements financiers, elle s'applique désormais : Aux établissements de monnaie électronique, Aux holdings bancaires, Aux compagnies financières, Et aux Fintechs (Emetteur de Monnaies Electroniques).

Ces dernières, en forte croissance, accèdent ainsi à une reconnaissance formelle, mais doivent aussi se conformer à des exigences de transparence et de structuration. À noter : elles ne pourront plus se constituer sous la forme de sociétés unipersonnelles, une mesure qui vise à limiter les risques de gouvernance faible ou de pilotage familial opaque.

- Une ouverture à la finance islamique et au financement participatif

Autre innovation notable : l'introduction de dispositions spécifiques encadrant la finance islamique et le financement participatif (crowdfunding). La loi répond ici à deux réalités :

Une demande croissante de produits conformes aux principes de la charia dans certains pays membres ;

Et le besoin de diversifier les mécanismes de financement, en particulier pour les PME, trop souvent exclues du crédit bancaire classique. Ces nouveaux outils financiers disposent désormais d'une base légale claire, qui devrait favoriser leur développement sous contrôle réglementaire.

- Gouvernance : Vers plus de professionnalisme et de responsabilité

La loi introduit un arsenal de mesures destinées à élever les standards de gouvernance :

Interdiction de cumuler les fonctions de directeur général et de président du conseil d'administration ;

Limitation du cumul des fonctions d'administrateur et de président dans plusieurs entités ;

Obligation pour les commissaires aux comptes de signaler directement à la Commission bancaire tout événement ou décision susceptible de compromettre la continuité d'exploitation ou la conformité aux exigences prudentielles.

Ces dispositions traduisent une volonté de professionnaliser la gouvernance, de limiter les conflits d'intérêts, et de responsabiliser davantage les organes de contrôle interne.

- Des sanctions plus claires, plus dissuasives

La nouvelle loi précise également le régime de sanctions applicable en cas de non-conformité aux normes prudentielles. Elle interdit notamment toute distribution discrétionnaire (dividendes, rachats d'actions…) si la banque concernée est en infraction, ou si cette distribution devait la faire passer en-dessous des seuils réglementaires.

Ce principe de précaution vise à préserver les fonds propres, même lorsque les actionnaires font pression pour obtenir un retour sur investissement.

- Une meilleure articulation avec les marchés financiers

La réforme prévoit également un alignement entre la réglementation bancaire et celle applicable au marché financier régional, notamment sur les questions de délit d'initié, de communication d'information financière et de sanctions pénales. L'objectif est d'assurer une cohérence réglementaire entre les deux sphères du système financier.

- Autres dispositions structurantes

Adhésion obligatoire à une organisation professionnelle (notamment pour les établissements de paiement et de monnaie électronique) ;

Renforcement des mécanismes de protection des déposants, pour renforcer la confiance du public ;

Définition claire des entités non assujetties, comme les institutions de microfinance (déjà encadrées par une autre législation) ou les institutions financières internationales ;

Renforcement du cadre LBC/FT (Lutte contre le blanchiment de capitaux et le financement du terrorisme), en ligne avec les recommandations du GAFI. Cette révision de la loi bancaire constitue un tournant majeur pour le secteur financier régional. Elle reflète une volonté de s'adapter aux réalités économiques, technologiques et géopolitiques contemporaines, tout en consolidant la stabilité du système bancaire. Mais comme toute réforme d'envergure, elle suscitera des tensions, notamment là où l'État est encore très présent dans les structures bancaires. La réussite de sa mise en œuvre dépendra largement de l'équilibre entre rigueur réglementaire, accompagnement institutionnel, et acceptabilité politique.

Recommandation :

Compte tenu de l'importance de la participation de l'Etat dans le capital des banques au Mali, il est essentiel de sensibiliser le Régulateur afin de rallonger la mesure de limitation à 10%, à défaut d'y renoncer. Cela permettrait d'éviter un retrait brusque qui pourrait être préjudiciable aux banques concernées. Les 3 principales banques du Mali en termes de total Bilan et de fonds propres seront concernées par cette mesure.

4- Révision du plan comptable bancaire (1996-2018) et perspective d'adoption des normes IFRS 9

Dans l'introduction du nouveau Plan Comptable Bancaire de l'UMOA (PCB) de 2018, la BCEAO motive sa décision comme suit ''*...Le Plan Comptable Bancaire de l'UMOA (PCB) entré en vigueur le*

1er janvier 1996, avait pour objectif essentiel, dans le respect des principes qui fondent le Traité de l'UMOA, de répondre aux besoins d'informations des principaux utilisateurs. Sa révision, intervenue en 2016 par Décision n°357-11-2016 du 15 novembre 2016 du Gouverneur de la BCEAO, répond à la nécessité de l'adapter aux profondes mutations réglementaires et de l'activité des établissements assujettis, en vue de renforcer la qualité de l'information financière produite, gage d'une supervision bancaire efficace…''.

Sept ans après son entrée en vigueur sur le plan international, les normes IFRS 9 semblent être la nouvelle cible de la BCEAO.

Je me souviens de cet échange en janvier 2025 avec Abdourahamane TOURE, consultant expert en banque, qui m'avait glissé, presque en guise d'avertissement :« La BCEAO a exigé que les états financiers de l'exercice précédent soient produits selon les normes IFRS. Préparez-vous, à l'entrée en vigueur. »

Pour rappel, le PCB actuel utilise la norme IAS 39 (International Accounting Standard 39).

Rappel sur les deux normes :

IAS 39 est une norme comptable internationale qui régit la comptabilisation et l'évaluation des instruments financiers, y compris les actifs financiers, les passifs financiers et les instruments dérivés. Elle définit les règles pour la classification, la reconnaissance initiale, la mesure ultérieure, la dépréciation, et la comptabilité de couverture.

La norme IAS 39, mise en place en 2001, a été critiquée après par plusieurs publications notamment le rapport de Larosière en 2009. Ce rapport a montré que l'évaluation à la "juste valeur" avait contribué à aggraver la crise financière. En effet, la "fair value" obligeait les banques à comptabiliser immédiatement leurs actifs à leur valeur de marché actuelle, sans leur permettre d'étaler les pertes sur une période plus longue.

La norme IFRS 9 est en vigueur depuis le 1er janvier 2018 tout comme le nouveau PCB de l'UMOA. Elle introduit un nouveau cadre pour la comptabilisation des instruments financiers, simplifiant la classification et l'évaluation des actifs financiers, et remplaçant le modèle de perte encourue par un modèle de perte de crédit attendue. IFRS 9 offre également plus de flexibilité pour la comptabilité de couverture et vise à aligner davantage la comptabilité sur la gestion des risques de l'entreprise.

Qu'est-ce que cela va changer pour les banques maliennes et celles de l'UMOA ?

La comparaison entre IAS 39 et IFRS 9 concerne principalement la manière dont les instruments financiers sont comptabilisés et évalués. Voici les principales différences :

Classification et évaluation des actifs financiers :

IAS 39 : Les actifs financiers étaient classés en quatre catégories :

- Actifs détenus jusqu'à leur échéance ;
- Actifs disponibles à la vente ;
- Prêts et créances ;
- Actifs détenus à des fins de transaction.

IFRS 9 : Les actifs financiers sont classés en trois catégories basées sur le modèle économique de l'entité et les caractéristiques des flux de trésorerie :

- Coût amorti ;
- Juste valeur par le biais des autres éléments du résultat global (FVOCI : Fair Value through Other Comprehensive Income) ;
- Juste valeur par le biais du résultat net (FVTPL : Fair Value Through Profit and Loss).

Dépréciation des actifs financiers :

IAS 39 : Utilisait un modèle de perte encourue, ce qui signifie que les pertes de crédit n'étaient reconnues que lorsqu'un événement de perte était identifié.

IFRS 9 : Introduit un modèle de perte de crédit attendue (ECL : Expected Credit Losses), qui exige la reconnaissance des pertes de crédit attendues dès l'initialisation de l'actif financier, même si aucune perte de crédit n'a encore eu lieu.

Couverture comptable :

IAS 39 : Les règles de couverture étaient complexes et rigides, avec des conditions strictes pour désigner une relation de couverture.

IFRS 9 : Offre plus de flexibilité pour l'application de la comptabilité de couverture, avec un alignement plus proche entre les activités de gestion des risques et la comptabilité.

Simplification :

IFRS 9 simplifie la comptabilisation des instruments financiers en éliminant certaines catégories d'actifs financiers et en améliorant la transparence avec le modèle ECL.

L'application du modèle des pertes de crédit attendues (Expected Credit Losses - ECL) selon IFRS 9 posera probablement plusieurs défis pour les institutions financières maliennes, on peut citer :

La collecte et gestion des données : Le modèle ECL exige une quantité importante de données historiques, actuelles et prévisionnelles. La collecte, la gestion et la mise à jour régulière de ces données peuvent être complexes et coûteuses, en particulier pour les institutions ayant des systèmes informatiques obsolètes.

La modélisation des pertes de crédit : La modélisation des ECL nécessite des modèles statistiques et des analyses prédictives sophistiquées pour estimer les pertes futures. Cela implique de prendre en compte des variables macroéconomiques, des scénarios multiples et des hypothèses complexes, ce qui peut nécessiter des compétences spécialisées.

Jugement et subjectivité : L'estimation des ECL repose sur des jugements importants, tels que l'évaluation des changements dans le risque de crédit, la sélection des scénarios économiques, et la détermination des pondérations. Ces jugements peuvent introduire une subjectivité, rendant les estimations vulnérables aux biais.

Complexité opérationnelle : La mise en œuvre du modèle ECL impose des changements importants dans les processus internes, les systèmes informatiques et les contrôles. L'intégration de ces changements dans les opérations quotidiennes, en particulier dans les petites institutions, peut être difficile.

Impact sur les états financiers : Le modèle ECL peut entraîner une volatilité accrue dans les états financiers en raison de la reconnaissance plus précoce des pertes de crédit. Cela peut affecter la perception des investisseurs et compliquer la gestion des résultats financiers.

Communication et transparence : Les entreprises doivent expliquer clairement les méthodologies et les hypothèses utilisées pour les ECL dans les notes annexes aux états financiers. Assurer une transparence suffisante tout en protégeant les informations confidentielles peut être délicat.

Les IFRS 9 représentent donc une évolution majeure par rapport à IAS 39 en rendant le cadre de classification plus basé sur le modèle économique et les flux de trésorerie, en anticipant les pertes de crédit et en rendant la comptabilité de couverture plus accessible et alignée sur la gestion des risques. Cependant, les difficultés de mise en œuvre sont à craindre dans la collecte des données, la complexité des modèles, la nécessité de jugements subjectifs, la mise en œuvre opérationnelle, et la gestion de la transparence et de la communication.

5- Modernisation du cadre des relations financières extérieures : Le Règlement n°06/2024/CM/UEMOA

Le 20 décembre 2024, le Conseil des ministres de l'UEMOA a adopté un texte particulièrement structurant :

Le Règlement n°06/2024/CM/UEMOA, remplaçant le règlement n°09/2010/CM/UEMOA, en vigueur depuis 2010. Derrière cette adoption discrète en apparence, se joue une réforme de fond des relations financières extérieures des États membres de l'Union, avec des implications concrètes pour les banques, les investisseurs, les opérateurs économiques et les régulateurs.

Le texte passe de 21 à 36 articles, signe d'un encadrement plus détaillé et adapté à une économie régionale de plus en plus intégrée au système financier mondial. Cette évolution vise à moderniser le régime de change de l'UEMOA, tout en assurant une meilleure conformité aux standards internationaux en matière de contrôle des flux, de prévention du blanchiment et de gestion des risques transfrontaliers.

Un cadre plus ouvert, mais plus encadré

- Libéralisation des mouvements de capitaux intracommunautaires

L'un des changements majeurs figure à l'article 3 : les transferts de capitaux entre États membres de l'UEMOA sont désormais libres. Cela marque un pas de plus vers l'approfondissement du marché commun régional, tout en soulignant une vigilance renforcée sur les aspects de lutte contre le blanchiment d'argent et le financement du terrorisme (LCB-FT).

- Nouvelles règles pour les investissements à l'étranger

Les résidents de l'Union peuvent désormais investir à l'étranger sans autorisation préalable, à une condition : que l'investissement soit financé au moins à 75 % par des ressources autres qu'un emprunt. Cela vise à éviter un endettement externe excessif tout en encourageant la diversification du portefeuille des investisseurs. La règle impose toutefois que toute liquidation d'un investissement non autorisé soit rapatriée dans l'espace UEMOA. Une disposition qui réaffirme l'objectif de préserver la disponibilité des devises dans la région.

Aussi, dans l'ancien règlement, tout investissement réalisé à l'étranger par un résident devait impérativement obtenir une autorisation préalable. Le règlement n°06/2024, introduit une approche plus souple : cette exigence reste en vigueur uniquement pour les montants supérieurs à 50 millions FCFA. En deçà de ce seuil, la procédure est allégée, ce qui ouvre de nouvelles perspectives aux PME désireuses de se développer à l'international.

Des mesures spécifiques pour l'or

Contrairement à d'autres produits, l'exportation et l'importation d'or, même temporaire (à des fins de traitement ou de transformation), requiert désormais une autorisation préalable.

Cette disposition répond à des enjeux bien connus dans certains pays de l'Union, dont le Mali, où l'or représente une ressource stratégique, mais parfois échappe à un contrôle rigoureux.

Accès autorisé aux instruments dérivés de change

Autre innovation : les intermédiaires agréés peuvent désormais recourir à des instruments dérivés de change pour se couvrir contre les risques de change dans leurs transactions avec des non-résidents. Une disposition technique, mais essentielle, pour accompagner la sophistication croissante des opérations financières régionales et offrir une meilleure protection aux opérateurs.

Assouplissements pour les Sociétés de Gestion et d'Intermédiation SGI

Les SGI disposent désormais de marges de manœuvre élargies pour transférer des titres étrangers détenus par des non-résidents, sans autorisation préalable dans certains cas. Ces ajustements visent à dynamiser les flux de capitaux sur le marché financier régional, tout en assurant la traçabilité des mouvements de titres.

Des compétences redistribuées entre BCEAO et Commission bancaire

La nouvelle réglementation précise également les modalités de sanction en cas d'infractions. Si la Commission bancaire conserve ses prérogatives disciplinaires générales, la BCEAO devient seule compétente pour traiter certaines violations relatives aux engagements extérieurs des banques.

Cette clarification vise à renforcer l'efficacité de la supervision sur les questions relevant strictement du contrôle des changes et des engagements internationaux.

Un impact mesuré sur les opérations courantes des banques… sauf pour l'or

En pratique, pour la majorité des banques opérant dans les transferts internationaux, le règlement n°06/2024 ne bouleverse pas fondamentalement les procédures de trade finance ni les obligations de rapatriement des recettes d'exportation. Les opérations structurées avec des partenaires dans la zone UEMOA ou hors zone devraient pouvoir se poursuivre dans un cadre plus sécurisé, mais relativement stable.

La seule rupture notable concerne le secteur aurifère, où le contrôle devient plus strict. Cette mesure vise à lutter contre les circuits informels et à maximiser les retombées économiques de l'or dans les économies nationales.

Vers une souveraineté maîtrisée sur les flux transfrontaliers

En somme, cette réforme s'inscrit dans une dynamique de libéralisation maîtrisée, où l'UEMOA cherche à fluidifier les échanges de capitaux tout en gardant la main sur les risques macroéconomiques et monétaires. Le nouveau texte reflète une volonté d'équilibre : accompagner l'ouverture croissante des économies régionales sans compromettre la stabilité du cadre monétaire commun.

6- Le Compte unique du trésor : Quand l'État centralise, les banques s'inquiètent

Parmi les grandes réformes impulsées par l'UEMOA pour moderniser les finances publiques, la mise en place du Compte Unique du Trésor (CUT) figure en bonne place. Inscrite dans les directives communautaires de 2009, cette réforme vise un objectif simple en apparence : centraliser l'ensemble des ressources financières de l'État dans un seul compte logé à la BCEAO.

Derrière cette idée, se cache une ambition profonde : améliorer la transparence des finances publiques, renforcer la prévisibilité budgétaire et optimiser l'utilisation des ressources de l'État. Le CUT offre aux autorités une vision consolidée et quotidienne de la trésorerie, facilitant ainsi les arbitrages entre dépenses, paiements et emprunts. En évitant la dispersion des fonds publics sur des milliers de comptes ouverts dans diverses banques commerciales, le dispositif ambitionne aussi de réduire le recours aux financements coûteux à court terme, parfois contractés alors que des liquidités dorment ailleurs dans le système.

- **Une architecture technique adossée à la BCEAO**

Techniquement, le Compte Unique du Trésor repose sur les infrastructures régionales : il est adossé au Système de Transfert Automatisé et de Règlement de l'UEMOA (STAR-UEMOA) et au Système Interbancaire de Compensation Automatisé (SICA-UEMOA). Depuis 2016, un compte dédié a été ouvert à la BCEAO pour accueillir les fonds publics.

La centralisation progressive des soldes publics s'inscrit donc dans une logique de renforcement de la gouvernance budgétaire, en ligne avec les recommandations internationales (FMI, Banque mondiale) et les pratiques modernes en matière de gestion de la trésorerie de l'État.

- **Le cas malien : lente montée en puissance et frein institutionnel**

Au Mali, la mise en œuvre du CUT a connu une montée en puissance progressive, mais heurtée. En 2019, la Direction nationale du Trésor et de la Comptabilité publique (DNTCP) recensait encore près de 4 300 comptes publics ouverts dans les banques commerciales. L'objectif, à travers le CUT, était clair : transférer progressivement les soldes de ces comptes vers le Trésor public, à partir de 2022, conformément aux engagements communautaires.

Mais le processus a été perturbé par des événements exogènes. Les sanctions économiques et financières décidées par l'UEMOA en 2021, à la suite des crises institutionnelles au Mali, ont compliqué les flux financiers entre l'État malien et la BCEAO, retardant de fait l'implémentation opérationnelle du CUT.

- **Un choc pour les banques commerciales : la fin d'un matelas de liquidité gratuite**

Pour les banques commerciales maliennes, le CUT est perçu

comme une réforme structurante… mais à double tranchant. En centralisant les soldes des comptes publics à la BCEAO, l'État retire une source importante de dépôts, historiquement logée dans les banques locales. Ces fonds publics représentaient pour certaines banques une part non négligeable de leur liquidité disponible, souvent mobilisée pour financer des prêts de court terme au secteur privé.

Le rapport du cabinet Ebarry (2011) et celui de la BCEAO (2013) avaient déjà anticipé cet effet d'éviction bancaire. Les simulations faisaient état d'une possible baisse de 15 à 25 % des dépôts dans plusieurs établissements, selon leur exposition aux comptes publics.

Cette baisse des ressources stables affectera : Le ratio de liquidité de certaines banques, leur capacité à financer l'économie en maintenant des conditions favorables et in fine, leur modèle économique, dans un environnement déjà marqué par la rareté du financement long terme.

- **Entre discipline budgétaire et ajustement bancaire**

D'un point de vue macroéconomique, le CUT reste une avancée incontestable. Il favorise la discipline budgétaire, améliore la traçabilité des fonds publics, et renforce l'efficacité de la politique monétaire régionale, en réduisant les fuites de liquidité dans le système bancaire.

Mais dans un pays comme le Mali, où l'État demeure un acteur économique central, sa centralisation financière redéfinit profondément les équilibres de place. Pour les banques, il faudra apprendre à composer sans la manne publique, en diversifiant leur base de dépôts et en innovant dans leur approche client.

La transition vers un CUT pleinement opérationnel au Mali dépendra donc à la fois : De la levée des obstacles politiques et institutionnels, notamment liés aux sanctions. Mais aussi de l'accompagnement technique pour éviter une déstabilisation de la liquidité bancaire à court terme

IV- Vers la création de la Banque Confédérale de l'AES : Une opportunité historique, mais des fondations à bien poser

L'annonce de la création de la Banque Confédérale pour l'Investissement et le Développement (BCID) au sein de l'Alliance des

États du Sahel (AES) constitue une avancée stratégique pour l'avenir économique du Burkina Faso, du Mali et du Niger. Dans un contexte de ruptures géopolitiques, de pression extérieure et de défis socioéconomiques majeurs, cette initiative marque une volonté affirmée des pays membres de reprendre en main leur destin financier. Elle s'inscrit dans une logique de souveraineté retrouvée, de coopération régionale resserrée, et de développement endogène.

Mais au-delà de l'élan politique, le succès de cette institution reposera sur sa capacité à bâtir des fondations solides et crédibles. Une banque de développement n'est pas un instrument symbolique ; c'est un outil stratégique qui exige rigueur, méthode et vision à long terme. Trop d'expériences africaines dans ce domaine ont été compromises par des choix précipités, des structures opaques ou des interférences politiques qui ont affaibli leur efficacité et terni leur image.

Il faudra donc veiller à plusieurs dimensions essentielles :

- Une gouvernance irréprochable, pensée dès l'origine pour protéger l'institution des cycles politiques, des influences partisanes ou des logiques clientélistes. Cela suppose des mécanismes de nomination fondés sur la compétence, des organes de contrôle réellement indépendants, et une culture de redevabilité à tous les niveaux (chacun doit rendre compte de ses actes, de ses décisions et de sa gestion).
- Un modèle économique viable, capable de mobiliser durablement des ressources internes et externes. Cela inclut une stratégie claire de capitalisation, des partenariats structurants avec les autres institutions régionales ou multilatérales, et une politique de gestion des risques adaptée aux réalités du Sahel.
- Une convergence juridique et financière entre les États membres, afin de créer un espace bancaire intégré, avec des normes communes et des règles harmonisées. Cette dimension technique, souvent négligée, est pourtant cruciale pour éviter les incohérences réglementaires et renforcer la fluidité des opérations transfrontalières.
- Un arrimage fort aux réalités économiques locales, avec une implication active des opérateurs privés, des banques nationales, des organisations professionnelles et des

collectivités territoriales. C'est à cette condition que la BCID pourra devenir un véritable levier de financement structurant pour l'agriculture, les infrastructures, l'industrialisation ou encore les PME.

Les risques sont connus, et les leçons du passé abondent. L'échec de nombreuses banques publiques africaines dans les décennies précédentes rappelle qu'une institution financière ne peut prospérer sans expertise, sans ressources humaines qualifiées, ni sans un socle de confiance bâti sur la rigueur, la transparence et les résultats tangibles. Le danger serait de faire de la BCID un outil de prestige politique, au détriment de son efficacité technique et financière. Les erreurs à éviter sont donc :

- Répéter les schémas de création institutionnelle sans moyens réels ni feuille de route claire ;
- Confondre outil politique et institution financière ;
- Négliger l'importance de l'expertise, de la formation et du capital humain ;
- Oublier que la crédibilité d'une banque commence par la confiance… et celle-ci se construit avec rigueur et résultats.

Si ces fondations sont solidement posées, la Banque confédérale de l'AES pourrait devenir un véritable catalyseur du développement régional, au service des populations. En somme, la BCID est une chance rare — peut-être unique — de refonder le financement du développement dans l'espace sahélien sur des bases régionales, autonomes et durables. Mais pour qu'elle joue ce rôle transformateur, il faudra une vision stratégique partagée, des moyens à la hauteur de l'ambition, et surtout, une volonté collective de bâtir une institution au service des peuples, et non des agendas.

V- BCEAO, Commission Bancaire et stabilité bancaire au Mali : entre soutien, contrôle et marginalisation silencieuse

1- La BCEAO, pourvoyeuse de liquidité… mais à quel prix ?

Depuis quelques années, les banques commerciales de l'UEMOA y compris celles du Mali ont pris l'habitude de se tourner massivement vers la BCEAO pour refinancer leurs activités. Cette dépendance croissante s'explique en partie par la détention importante de titres publics.

Le mécanisme central de cette relation est l'open market, à travers lequel la Banque Centrale injecte régulièrement des liquidités dans le système bancaire via des titres à court terme. Au Mali, cette dynamique est particulièrement marquée : entre 2020 et octobre 2024, le montant total refinancé par les banques maliennes auprès de la BCEAO est passé de 807 à plus de 1 380 milliards de FCFA, comme l'indique le tableau suivant. Le recours aux guichets hebdomadaires est de loin le plus utilisé, montrant la préférence pour une liquidité rapide et continue.

Tableau 17 : Encours refinancement des établissements de crédit du Mali

	2020	2021	2022	2023	oct-24
Guichet d'open market	766,2	664,5	1184,3	1071,4	1304,1
Injections hebdomadaire	517	447,5	942	1004,2	1277
Injections mensuel	249,2	217	242,3	67,2	27,1
Autres guichets	40,5	75,8	82	189,4	79,5
Total	806,7	740,3	1266,3	1260,8	1 383,6

Source BCEAO

Mais ce soutien n'est pas sans contrepartie. Cette « perfusion monétaire » installe progressivement une forme de dépendance structurelle, avec plusieurs effets pervers.

En raison de leur forte appétence pour les titres souverains, les banques ne peuvent plus compter uniquement sur les dépôts clientèles pour mener à bien leurs activités. En conséquence, elles ont recours, de manière significative, aux guichets de refinancement de la Banque Centrale.

Ce constat est valable pour tous les pays de l'UEMOA et le Mali ne fait pas exception. Sans remettre en cause ce levier de la politique monétaire, il est en train de créer une dépendance des banques aux opérations de la monnaie centrale. Cette dépendance des banques aux opérations d'open market de la Banque Centrale des États de l'Afrique de l'Ouest (BCEAO) pourrait avoir des conséquences négatives, tant pour le système bancaire que pour l'économie en général : Fragilité systémique, ‘’Procyclicité’’ des effets, inclusion financière.

- **Fragilité systémique :**

Lors de l’embargo de 2022, les banques maliennes se sont retrouvées brutalement rationnées par la BCEAO. La solidarité entre établissements a permis d’éviter une crise, mais a révélé la vulnérabilité d’un système trop centralisé.

Il est donc évident que les banques qui s'appuient fortement sur les opérations d'open market pour obtenir des liquidités peuvent se retrouver vulnérables en cas de fluctuations soudaines des conditions du marché. Cela peut entraîner une instabilité financière, car une dépendance excessive à la BCEAO pour le refinancement peut limiter leur capacité à gérer leurs propres liquidités créant ainsi une instabilité financière pouvant affecter leur solvabilité.

- **Des effets procycliques :**

En période d’euphorie, les injections de liquidités favorisent une expansion excessive du crédit. À l’inverse, en cas de resserrement, c’est l’investissement et la consommation qui s’en trouvent brutalement freinés

- **Faible inclusion financière :**

Le confort d’un accès aisé à la liquidité peut détourner les banques de segments moins rentables, notamment les populations non bancarisées ou les PME rurales, pourtant au cœur du développement inclusif.

Si les opérations de la BCEAO stabilisent à court terme le système financier malien, elles soulèvent aussi des interrogations à moyen terme : quelle autonomie réelle des banques ? Quelle stratégie pour se prémunir d’un choc externe, en l’absence d’un marché interbancaire régional dynamique ? Une gestion prudente de la trésorerie bancaire est donc nécessaire pour équilibrer ces éventuels impacts.

2- La Commission Bancaire : une surveillance renforcée, mais des signaux préoccupants

Au-delà du soutien de la BCEAO, le secteur bancaire malien est aussi scruté de près par la Commission Bancaire de l'UMOA (COBA). Et ces dernières années, les alertes se sont multipliées.

En 2023, la Commission a émis 43 injonctions dans l'Union, un record. Parmi les banques sanctionnées, six étaient maliennes. Leurs manquements sont graves : non-conformité aux règles LCB-FT, non-respect de pouvoir de décision sur les grands risques, faiblesse des dispositifs de gouvernance, insuffisance de contrôle interne…

Si ces rappels à l'ordre témoignent d'un renforcement bienvenu de la supervision bancaire, ils soulignent aussi la persistance de vulnérabilités importantes au Mali. Le fait que plusieurs banques systémiques soient concernées n'est pas anodin. Il y a là un risque latent de contagion, d'autant plus préoccupant que le contexte conjoncturel du pays reste compliqué.

Il est urgent que les conseils d'administration prennent la mesure des responsabilités qui leur incombent. La régulation ne doit pas rester perçue comme une contrainte, mais comme un pilier de confiance. La résilience du système financier malien dépend de cette exigence collective.

Le tableau, ci-dessous, indique la situation des injonctions sur les 5 dernières années :

Tableau 18 : Injonctions de la COBA de 2019 à 2023

Année	2019	2020	2021	2022	2023
Nombre d'injonctions	31	10	14	16	43

Source rapport annuel 2023 COBA

Encadré 2 : Présentation de la Commission Bancaire de l'UMOA : Extrait tiré du site https://www.bceao.int

''La Commission Bancaire de l'Union Monétaire Ouest Africaine (UMOA) a été créée par une convention signée par les Ministres des Finances des Etats membres de l'UMOA le 24 avril 1990 à Ouagadougou, dans le but de "contribuer à assurer une surveillance uniforme et plus efficace de l'activité bancaire et une intégration de l'espace bancaire dans l'UMOA".

Elle procède ainsi de la volonté des Autorités de l'Union de confier le contrôle de l'activité bancaire à une structure communautaire à laquelle ont été dévolus, par les Etats, les pouvoirs nécessaires à l'exercice de ses attributions. En application de la Réforme Institutionnelle de l'UMOA et de la BCEAO, adoptée par la Conférence des Chefs d'Etat et de Gouvernement de l'Union le 20 janvier 2007, une nouvelle Convention régissant la Commission Bancaire de l'UMOA a été signée par les Ministres des Finances des Etats membres le 6 avril 2007 à Lomé. La Commission Bancaire exerce les pouvoirs qui lui sont attribués dans l'annexe à la Convention sur le territoire de chacun des Etats membres. Ces pouvoirs se rapportent notamment :

- *à l'agrément et au retrait d'agrément des établissements de crédit,*
- *au contrôle des établissements de crédit et des systèmes financiers décentralisés,*
- *aux mesures administratives et sanctions disciplinaires à l'encontre des établissements assujettis ou des dirigeants responsables,*

à la nomination d'administrateur provisoire ou de liquidateur d'établissement de crédit.''

3- Protection des déposants : un filet de sécurité encore limité !

Face aux risques de faillite bancaire, les déposants peuvent heureusement compter sur un mécanisme régional de garantie. Depuis 2012, le Fonds de Garantie des Dépôts dans l'UMOA (FGD-UMOA) assure une couverture minimale en cas de défaillance d'un établissement.

Mais ce filet reste relativement modeste : 1 400 000 FCFA par déposant pour les banques, et 300 000 FCFA pour les SFD. Ces montants, bien qu'utiles pour protéger les petits épargnants, sont loin de suffire à couvrir les dépôts moyens dans les grandes villes ou les entreprises.

Le dispositif est encore jeune, mais sa crédibilité repose sur la capacité du FGD à intervenir rapidement en cas de crise, et à être perçu comme une institution efficace et indépendante. Une meilleure communication autour de son rôle, ainsi qu'un relèvement progressif des plafonds, pourraient renforcer la confiance du public.

Le fonds est alimenté par les contributions des établissements financiers adhérents. Ces contributions sont calculées en fonction du montant total des dépôts de chaque institution.

Son intervention se fait de la façon suivante : En cas de défaillance d'une banque, le FGD-UMOA indemnise les déposants jusqu'à concurrence du plafond fixé (5 millions de FCFA par personne et par établissement). Cette indemnisation intervient après la déclaration officielle de la défaillance par les autorités compétentes.

Le Processus est que lorsqu'une banque est déclarée en situation de cessation de paiement, le FGD-UMOA se charge de verser les indemnités aux déposants concernés. Le délai de remboursement est fixé à trois mois après la déclaration de défaillance, avec possibilité d'extension en fonction des circonstances.

4- Des systèmes de paiement plus performants encore perfectibles

L'une des avancées notables de la BCEAO est la modernisation progressive des systèmes de paiement au début des années 2000. Au fil des deux dernières décennies, la BCEAO a engagé une modernisation progressive des infrastructures de paiement de l'Union économique et monétaire ouest-africaine (UEMOA). Ces efforts ont permis de garantir la sécurité, la rapidité, la fiabilité des transactions financières les acteurs économiques et la réduction des coûts de transaction entre. Trois piliers ont ainsi structuré cette modernisation :

- STAR-UEMOA, le système de règlement brut en temps réel (RTGS), dédié aux transactions de gros montants (+50.000.000 FCFA),
- SICA-UEMOA, le système interbancaire de compensation automatisée, destiné aux paiements de détail et la compensation des chèques,
- GIM-UEMOA, le système régional de monétique, qui assure l'interopérabilité des cartes bancaires dans toute la zone.

Pour mesurer le chemin parcouru, il suffit de se replonger dans le contexte du début des années 2000. Jeune cadre de banque en 2003, je me souviens d'un cas concret : un opérateur malien du secteur pétrolier devait envoyer 300 millions FCFA à Lomé pour financer son approvisionnement. Il fallait alors trois à quatre jours pour que le transfert aboutisse, et les frais bancaires atteignaient jusqu'à 500 000 FCFA. L'homme d'affaires me lança un jour, un brin résigné :

« Vous êtes très chers, mais nous n'avons pas le choix... »

Ce témoignage, à la fois lucide et contraint, résume à lui seul l'inexistence d'un système régional et de l'inefficience d'un système de correspondance bancaire, coûteux et lent, dans un espace monétaire pourtant commun.

Vingt ans plus tard, le contraste est saisissant. Grâce aux évolutions des systèmes de paiement notamment STAR-UEMOA, un transfert entre deux pays de l'UEMOA ne prend plus que quelques minutes. Mieux encore, les frais sont aujourd'hui plafonnés à environ 5 000 FCFA, quel que soit le montant ou la destination dans la zone. Cette transformation spectaculaire reflète non seulement les progrès technologiques réalisés, mais aussi la volonté des autorités monétaires de bâtir un espace financier plus intégré, accessible et équitable.

Mais la véritable révolution en cours est celle de l'interopérabilité. Lancée en 2024 après plusieurs années de retard, la phase pilote du système de paiement instantané permettra, à terme, de transférer de l'argent en temps réel, de compte à compte, entre banques, fintechs et opérateurs de mobile money, 24h/24 et 7j/7.

Pour le Mali, c'est une chance à saisir. Dans un pays où les zones rurales restent sous-bancarisées, cette interconnexion pourrait booster l'inclusion financière, réduire les coûts et fluidifier les transferts régionaux.

5- Le plafond de verre : marginalisation des cadres maliens dans la gouvernance de la BCEAO :

Enfin, un constat dérangeant clôt ce tableau. Depuis 1962, la gouvernance de la BCEAO n'a jamais été confiée à un ressortissant malien, que ce soit au poste de Gouverneur ou de Vice-Gouverneur. Par des arrangements politiques, le poste de Gouverneur est systématiquement réservé à la Côte d'Ivoire, tandis que le siège de la Banque a été transféré à Dakar en 1976, renforçant le poids politique et symbolique du Sénégal et de la Côte d'Ivoire dans l'architecture monétaire régionale.

De leur côté, les fonctions de Vice-Gouverneur ont été exclusivement confiées à des cadres nigériens et burkinabè. Ce partage du pouvoir, verrouillé au profit de quelques États, marginalise de fait des pays comme le Mali, pourtant pleinement engagés et 3e ou 4e économie dans l'Union. Cela soulève des questions sur la légitimité, l'équité et l'inclusivité de la gouvernance de la BCEAO et soulève plusieurs problématiques :

Une sous-utilisation du capital humain malien : le Mali regorge de cadres compétents, issus aussi bien de la BCEAO elle-même que d'autres institutions financières nationales et internationales.

Un déséquilibre institutionnel latent : la répartition des responsabilités au sein de la BCEAO est censée refléter un certain équilibre régional.

Cette invisibilité persistante, qu'elle soit le fruit de rapports de force régionaux, d'un déficit de lobbying diplomatique ou de facteurs internes, mérite d'être interrogée. La réforme des mécanismes de gouvernance de la BCEAO devrait, dans un souci de légitimité et d'efficacité, intégrer une véritable politique de rotation et de représentativité équitable entre les États membres, afin que chaque pays puisse pleinement participer à la direction de l'institution qui façonne sa politique monétaire.

Le cas de la BCEAO n'est pas isolé : il illustre un mal plus profond, qui traverse l'ensemble des institutions régionales et internationales. La sous-représentation des cadres maliens dans les postes de décision ne tient pas uniquement à des logiques de rapports de force entre États membres. Elle révèle surtout une absence chronique de stratégie nationale de promotion des talents.

Contrairement à d'autres pays de l'UEMOA notamment le Sénégal et la Côte d'Ivoire– le Mali n'a jamais su (ou voulu) construire une politique active de placement de ses hauts fonctionnaires et experts dans les grandes institutions multilatérales. Les gouvernements successifs ont souvent privilégié des logiques internes et politiciennes, négligeant la constitution d'un vivier structuré de compétences nationales capables de porter la voix du Mali à l'échelle régionale et internationale, mais aussi d'assumer des postes de responsabilité stratégique pour la construction du pays.

Cette carence a un double coût : Un coût d'influence, car le pays se prive de relais dans les enceintes où se définissent des politiques qui le concernent directement et un coût de crédibilité, car l'absence de Maliens à des postes clés peut être interprétée comme un signe de repli, voire de désengagement.

Recommandation 1 : Instaurer une politique de détection, de formation et d'accompagnement des talents

Il devient urgent d'inverser cette tendance. Le Mali doit se doter d'une véritable politique de détection, de formation et d'accompagnement de ses talents, à l'image de ce que pratiquent d'autres pays africains plus stratèges. Cette politique devrait s'appuyer sur :

- Un recensement des compétences maliennes dans tous les secteurs stratégiques (Ingénierie, Mine, Economie, Finance,

Agro-business, diplomatie, développement, etc.) ;

- La mise en place de programmes spécifiques de préparation aux concours et aux processus de sélection dans les institutions multilatérales ;
- Un soutien politique affirmé pour promouvoir les candidatures maliennes au plus haut niveau.

Ce vivier de cadres bien identifiés, préparés et soutenus par l'État pourrait constituer un outil puissant de rayonnement du Mali, au-delà de ses frontières, et contribuer à rééquilibrer les rapports de force au sein des instances régionales où se joue une partie de son avenir économique et monétaire.

Recommandation 2 : Instaurer un mécanisme de rotation équitable des postes de Gouverneur et de Vice-Gouverneur

Afin de renforcer l'équité, la représentativité et la légitimité au sein de la gouvernance de la BCEAO, Le Mali doit demander l'instauration d'un mécanisme formel de rotation des postes de Gouverneur et de Vice-Gouverneur entre les États membres de l'UEMOA.

Cette rotation garantirait à chaque pays, selon un calendrier transparent et consensuel, la possibilité d'accéder à ces fonctions stratégiques, rompant ainsi avec la logique de monopole ou de captation durable observée jusqu'ici. Un tel dispositif permettrait non seulement de rééquilibrer les rapports de pouvoir au sein de la Banque centrale, mais aussi de renforcer le sentiment d'appartenance des États membres à l'union monétaire.

La rotation offrirait également l'opportunité de mobiliser la diversité des expertises régionales, de valoriser les compétences locales et de favoriser une gouvernance plus inclusive, plus dynamique et plus représentative des réalités de l'ensemble de la zone.

Chapitre 3 : Finance inclusive et acteurs non bancaires : Microfinance et établissements spécialisés au service du développement

Alors que les banques commerciales dominent historiquement l'architecture financière du Mali, une constellation d'acteurs dits « non bancaires » joue un rôle croissant dans la démocratisation de l'accès au financement. Parmi eux, les systèmes financiers décentralisés (SFD), piliers de la microfinance, et les établissements financiers à caractère bancaire (EFCB), souvent spécialisés et peu visibles, apparaissent comme deux composantes clés d'un écosystème en mutation.

La microfinance s'est imposée au fil des décennies comme un outil essentiel de bancarisation des populations rurales et informelles, de soutien aux activités génératrices de revenus et de lutte contre l'exclusion financière. Malgré les crises qu'elle a traversées, le secteur reste un vecteur de proximité et de résilience, porteur d'opportunités de relance économique territoriale.

De leur côté, les EFCB — tels que les sociétés de crédit-bail, les fonds de garantie ou les établissements de crédit spécialisés —, bien que plus récents et moins connus, offrent des réponses ciblées aux besoins de financement non couverts par les banques classiques. Leur flexibilité, leur orientation vers des segments spécifiques (PME, habitat, équipements) et leur potentiel d'innovation les positionnent comme leviers stratégiques pour une finance plus inclusive et mieux adaptée aux réalités locales.

Ce chapitre propose une lecture croisée de ces deux catégories d'acteurs. Il en analyse les dynamiques, les défis, les complémentarités avec les banques, mais aussi les conditions nécessaires pour qu'ils deviennent des instruments structurants du financement du développement au Mali.

PARTIE 1 :

LA MICROFINANCE AU MALI : ENTRE CRISES ET OPPORTUNITES DE CROISSANCE :

I- Les Systèmes Financiers Décentralisés : clés de l'inclusion et leviers de transformation au Mali

La microfinance, au sein de l'Union Monétaire Ouest-Africaine (UMOA), s'appuie principalement sur les Systèmes Financiers Décentralisés (SFD), qui sont des institutions agréées dont la mission est d'offrir des services financiers adaptés à des populations ou entreprises exclues du système bancaire classique, notamment en milieu rural ou informel. Elle vise à promouvoir l'inclusion financière, à renforcer les capacités économiques des ménages vulnérables et à soutenir la création d'activités génératrices de revenus.

La microfinance est un ensemble de services financiers destinés aux personnes ou aux petites entreprises qui n'ont pas accès aux services bancaires traditionnels. Ces services comprennent principalement :

- Microcrédit : petits prêts accordés à des individus ou des groupes pour financer des projets de petite envergure, généralement pour des activités génératrices de revenus.
- Micro-épargne : systèmes d'épargne qui permettent aux individus de mettre de côté de petites sommes d'argent de manière sécurisée.
- Micro-assurance : assurance à faible coût pour protéger contre les risques notamment de perte d'actifs.
- Transferts d'argent : solutions de transfert de fonds pour des populations éloignées ou marginalisées.

L'objectif principal de la microfinance est de favoriser l'inclusion financière en permettant à des segments de la population traditionnellement exclus du système bancaire, tels que les femmes, les agriculteurs et les petites entreprises, de bénéficier de services financiers adaptés.

Dans l'espace UEMOA et au Mali, la législation en vigueur encadre les SFD à travers trois principaux statuts juridiques :

Les Institutions Mutualistes ou Coopératives d'Épargne et de Crédit (IMEC) : Elles constituent le modèle le plus répandu. Il s'agit de structures à but non lucratif, organisées sous forme de caisses unitaires ou regroupées en réseaux. Ces institutions sont détenues par leurs membres, qui en sont à la fois les usagers et les propriétaires. Le fonctionnement repose sur des principes de solidarité, de gestion participative et de redistribution des excédents au profit des adhérents.

Les Associations : Généralement de taille plus modeste, ces structures sont souvent initiées par des groupements communautaires, des ONG ou des projets de développement. Elles interviennent principalement à l'échelle locale et ont pour vocation de répondre à des besoins spécifiques de financement dans les zones faiblement desservies par les services financiers traditionnels.

Les Sociétés Privées (SA, SARL) : Ces structures à but lucratif fonctionnent sur un modèle entrepreneurial. Elles interviennent sur le marché de la microfinance en tant qu'acteurs privés, avec une orientation plus commerciale. Leur flexibilité de gestion et leur capacité à mobiliser des capitaux leur permettent souvent de croître rapidement et d'innover dans les services financiers proposés.

Bien que ces trois formes coexistent, les institutions mutualistes et leurs réseaux dominent historiquement le paysage de la microfinance au Mali parleur nombre. Leur ancrage communautaire et leur proximité avec les bénéficiaires ont favorisé leur développement, notamment dans les zones rurales et semi-urbaines.

1- Historique et origine de la microfinance :

La microfinance : un levier clé pour l'inclusion financière : La microfinance constitue aujourd'hui un outil incontournable pour favoriser l'inclusion financière des populations marginalisées. Son histoire, marquée par des évolutions significatives, témoigne de son rôle grandissant dans le développement économique et social.

Des origines communautaires aux prémices modernes : Le concept de microfinance trouve ses racines dans des pratiques traditionnelles d'entraide financière, telles que les tontines en Afrique ou les "self-help groups" en Inde, où des membres d'une même communauté mettent en commun leur épargne pour accorder de petits prêts entre eux. Ces initiatives locales ont jeté les bases d'un modèle financier plus structuré.

La formalisation du modèle moderne : La microfinance contemporaine a véritablement pris forme grâce à l'action du professeur Muhammad Yunus, fondateur de la Grameen Bank au Bangladesh en 1976. Son approche novatrice consistait à octroyer de petits crédits, sans garanties, à des femmes pauvres afin de financer des activités génératrices de revenus. Cette démarche a démontré que les populations exclues du système bancaire classique pouvaient être des emprunteurs fiables.

Une diffusion mondiale rapide : Le succès du modèle de la Grameen Bank a inspiré la création d'institutions de microfinance dans de nombreux pays en développement, notamment en Afrique, en Asie et en Amérique latine, dès les années 1990. Ces institutions ont élargi l'accès aux services financiers pour des millions de personnes autrefois exclues.

L'apport des innovations technologiques : L'essor du mobile banking a transformé le paysage de la microfinance. Des solutions telles que M-Pesa au Kenya ont facilité les transactions financières, même dans les zones rurales reculées, en élargissant considérablement la portée des services financiers décentralisés.

Un modèle en mutation face aux critiques : Malgré ses succès, la microfinance a aussi été l'objet de critiques, notamment en raison de taux d'intérêt jugés excessifs et de situations de surendettement. Ces dérives ont conduit plusieurs pays à revoir leur cadre réglementaire, afin de mieux protéger les emprunteurs et d'assurer la viabilité sociale et économique du secteur.

2- Importance de la Microfinance dans l'économie malienne

Lutte contre la pauvreté : La microfinance est souvent perçue comme un outil puissant pour réduire la pauvreté. En offrant des services financiers aux personnes à faible revenu, elle leur permet d'investir dans des activités génératrices de revenus, améliorant ainsi leur niveau de vie.

Autonomisation des femmes : Dans de nombreux cas, les institutions de microfinance ciblent principalement les femmes, les aidant à créer et à gérer des entreprises, ce qui accroît leur autonomie économique et sociale.

Stimulation de l'économie locale : En soutenant les petites entreprises, la microfinance contribue à la création d'emplois et au dynamisme des économies locales.

Inclusion financière : Elle permet à des millions de personnes de participer au système financier formel, leur donnant accès à des crédits, des services d'épargne et d'assurance, souvent pour la première fois.

Résilience face aux chocs économiques : En fournissant des services d'épargne et d'assurance, la microfinance aide les familles à mieux gérer les risques et les imprévus financiers.

3- Synergies et Complémentarités entre Banques et Institutions de Microfinance :

La complémentarité entre les banques et les institutions de microfinance (IMF) est un sujet important dans le domaine de la finance, particulièrement dans les économies en développement, comme le Mali. Cette relation se manifeste à travers plusieurs dimensions qui permettent d'améliorer l'accès au financement pour une large gamme de clients, notamment les micro-entrepreneurs.

- **Nature des Relations**

Intermédiation Financière

Les banques et les IMF sont toutes deux des intermédiaires financiers, mais elles opèrent selon des logiques différentes. Les banques se concentrent généralement sur des clients ayant un meilleur profil de risque et des montants de crédit plus élevés, tandis que les IMF se spécialisent dans le financement de petites entreprises et de clients à faibles revenus. Cette différence crée une opportunité pour une complémentarité où chaque secteur peut tirer parti des forces de l'autre pour élargir leur portée.

Partenariats et Intégration

Les banques peuvent établir des partenariats stratégiques avec les IMF pour offrir des produits financiers adaptés. Par exemple, les banques peuvent financer des IMF, leur permettant ainsi d'augmenter leur capacité de prêt. De plus, les IMF peuvent référer leurs clients qui ont des besoins de financement plus importants ou plus complexes aux banques.

- Avantages de la Complémentarité

Accès Amélioré au Financement : Extension de l'Inclusion Financière

La collaboration entre banques et IMF permet d'améliorer l'accès au financement pour les micro-entrepreneurs. Plusieurs banques de la place du Mali accordent des lignes de crédit aux IMF, qui à leur tour peuvent offrir des prêts à des conditions adaptées aux besoins spécifiques de leurs clients. Cela réduit le cloisonnement financier et facilite l'accès à des ressources financières pour ceux qui en ont le plus besoin.

Les IMF peuvent agir comme des canaux d'introduction pour les populations non bancarisées vers le secteur bancaire formel. En fournissant des services financiers de base, elles peuvent aider leurs clients à établir un historique de crédit et à comprendre les produits financiers, les préparant ainsi à accéder à des services bancaires plus complets à l'avenir.

En atteignant une certaine taille, les grands clients des IMF migrent vers les banques commerciales. A cause des conditions de financement moins couteux et une large gamme de produits et services.

Impact Social

Les IMF jouent un rôle clé dans le développement social en offrant des services financiers aux populations vulnérables. En collaborant avec les IMF, les banques renforcent leur impact social et contribue à la réduction de la pauvreté et à l'amélioration des conditions de vie.

- **Défis et Concurrence :**

Bien que la complémentarité soit bénéfique, elle engendre également des défis. La concurrence entre banques et IMF peut parfois nuire aux objectifs sociaux initiaux des IMF, car les banques cherchent à capter une clientèle lucrative tout en réduisant leurs coûts. De plus, cette dynamique peut mener à une dilution des missions sociales des IMF, alors que ces dernières s'adaptent aux exigences du marché financier traditionnel.

Par exemple, Pour plus d'impact certaines banques comme la BNDA choisissent de proposer directement des services de financement aux petites et moyennes entreprises agricoles (downscaling), tandis des IMF comme COFINA et Boabab (Microcred) cherchent à élargir leur offre en visant des segments plus riches (upscaling). Ces stratégies permettent aux deux parties d'accéder à de nouveaux marchés et d'optimiser leurs opérations.

En somme, la complémentarité entre banques et institutions de microfinance est essentielle pour créer un écosystème financier inclusif capable de répondre aux besoins variés des différents segments de la population. Cette synergie permet non seulement d'améliorer l'accès au financement mais aussi d'encourager l'innovation dans les services financiers tout en posant des défis en termes de concurrence et de mission sociale.

II- Les crises et défis du secteur de la Microfinance au Mali

Dans les années 2000, le secteur de la microfinance malienne, alors en pleine expansion, a connu un choc brutal. L'enthousiasme suscité par l'essor rapide des Systèmes Financiers Décentralisés (SFD) s'est heurté à une réalité plus sombre : celle d'un écosystème fragile, insuffisamment régulé et mal préparé à sa propre croissance. Plus de vingt ans après, les séquelles de cette crise restent visibles

1- Retour sur une crise de confiance toujours vivace

La crise de la microfinance en Afrique de l'Ouest, particulièrement au Mali, a révélé des vulnérabilités structurelles et institutionnelles qui ont eu des répercussions profondes sur le secteur. Parmi les principales causes, on peut citer :

Faiblesse du cadre réglementaire et de supervision : Avant 2007, le secteur fonctionnait sous un cadre laxiste avec peu d'exigences prudentielles dans la délivrance des agréments et une supervision inadéquate. Cela a eu comme conséquence la prolifération de structures fragiles sans gouvernance solide. En effet, La loi sur la microfinance de 1994 à 2007 prévoyait que la délivrance de l'agrément est du seul ressort des ministères en charge des Finances. Ils avaient également la charge de la supervision. Pour le cas du Mali, la Cellule de Contrôle et de Surveillance des Systèmes Financiers Décentralisés, rattaché au Ministère de l'Economie et des Finances, n'avait pas la capacité pour jouer pleinement son rôle de surveillance.

Des institutions déviantes et incontrôlées : Certaines structures, comme Miseleni ou CANEF, ont outrepassé leur mandat en collectant illégalement l'épargne des populations, provoquant des pertes massives et un sentiment d'abandon chez les épargnants.

Des dérives de gestion internes : L'effondrement de deux mastodontes de l'époque, Union Kondo Jigima et Union Jéméni, en est l'illustration. Mauvais investissements, coûts de fonctionnement démesurés, absence de contrôle interne… Les erreurs se sont accumulées, entraînant d'autres institutions dans leur chute.

Un environnement politique compliqué : La crise sécuritaire de 2012 n'a fait qu'aggraver la situation. Dans un climat d'instabilité, les performances des IMF se sont détériorées à vue d'œil, avec une montée rapide des impayés et une paralysie des financements dans les zones rurales.

La défiance croissante des bailleurs et des banques partenaires a asséché les lignes de refinancement, réduisant la capacité des SFD à accorder des crédits — un coup dur pour un secteur déjà à genoux

Défaillances en gouvernance et en gestion des risques : Les institutions manquaient souvent de personnel qualifié et d'outils de gestion moderne. L'analyse des dossiers de crédit était approximative et le système d'information bancaire était pratiquement inexistant ou embryonnaire. Ces faiblesses ont entraîné des problèmes de gestion de crédit et de gouvernance.

La crise a eu des répercussions bien au-delà des institutions directement touchées :

- Un effondrement de la confiance : Même les structures encore viables ont vu leur activité chuter. Les clients, échaudés, ont préféré retirer leur argent ou ne plus faire appel à ces services.
- Une exclusion financière renforcée : Là où la microfinance avait vocation à rapprocher la finance des plus modestes, elle a parfois creusé davantage l'écart. En milieu rural notamment, l'accès au crédit s'est raréfié.
- Effets économiques négatifs : La crise a touché les ménages, les micro-entrepreneurs, et les petits agriculteurs qui dépendaient des services de microfinance, impactant ainsi le tissu économique local.
- Un coût élevé pour l'État : La réponse des autorités, à travers des opérations d'assainissement, d'indemnisation partielle et de restructuration, a mobilisé des ressources publiques conséquentes, sans pour autant permettre un retour rapide à la normale.

Ces causes et effets soulignent l'importance d'un cadre réglementaire solide, d'une gouvernance efficace, et de financements stables pour la durabilité du secteur de la microfinance au Mali.

2- Mesures correctives et préventives pour éviter de futures crises :

Face à la crise de la microfinance au Mali, plusieurs mesures correctives et préventives étaient nécessaires pour stabiliser le secteur, restaurer la confiance et prévenir de futures crises. Ces actions, coordonnées entre le gouvernement malien, les régulateurs et les partenaires financiers, ont permis de renforcer la gouvernance des institutions, améliorer la supervision et sécuriser les ressources des clients. Les principales mesures prises sont :

2.1- Renforcement du cadre réglementaire et de supervision :

Pendant de longues années, le cadre juridique encadrant la microfinance au Mali — notamment à travers la loi n°94-040 du 15 août 1994 et son décret d'application n°94-302/P-RM du 20 septembre 1994 — a constitué le socle réglementaire, aussi bien au niveau national que dans l'espace UEMOA. Mais avec le temps et la montée en puissance du secteur, ses limites sont devenues évidentes. Ces textes, bien que novateurs à l'époque, ont montré de nombreuses failles qui ont largement contribué à l'émergence de tensions et de crises au sein du secteur.

Parmi les principales faiblesses identifiées, on peut relever en premier lieu le manque d'exigences prudentielles. La loi ne fixait pas de normes claires en matière de capital minimal, de ratio de liquidité ou de gestion des risques. Ce flou réglementaire a permis à des institutions peu capitalisées, et donc très vulnérables face aux chocs économiques, de se développer rapidement, sans réelle barrière à l'entrée. Pour les clients, cela signifiait un niveau de protection très faible, voire inexistant.

Autre point sensible : l'absence d'un cadre rigoureux en matière de gouvernance. Les institutions de microfinance pouvaient fonctionner sans disposer de structures internes solides, ni de dispositifs de contrôle efficaces. Trop souvent, les conseils d'administration manquaient de compétences financières, et les dirigeants n'étaient pas toujours préparés à piloter des structures financières. Dans ces conditions, les erreurs de gestion, les prises de décisions hasardeuses ou non transparentes se sont multipliées, fragilisant les institutions de l'intérieur.

S'ajoute à cela une supervision centralisée et peu efficace. En théorie, la mission de contrôle incombait aux cellules de surveillance des ministères de l'Économie et des Finances. Mais en pratique, ces structures étaient sous-dimensionnées, avec peu de personnel qualifié, des moyens limités, et une couverture territoriale insuffisante. Résultat : de nombreuses institutions ont évolué en marge de toute supervision régulière, échappant ainsi à tout mécanisme de prévention des dérives.

Par ailleurs, le texte de 1994 n'intégrait pas de mécanismes spécifiques de protection des consommateurs. Aucune obligation d'information claire, aucun plafond sur les taux d'intérêt, ni procédure de recours en cas de litige. Cette lacune a laissé la porte ouverte à des pratiques abusives, notamment des taux excessifs ou des frais cachés, nuisant directement à la confiance des populations vis-à-vis du secteur.

Enfin, bien que la loi ait été pensée dans le cadre communautaire de l'UEMOA, sa mise en œuvre est restée strictement nationale. Il n'y avait pas de coordination active entre les États membres pour harmoniser les pratiques de supervision ou gérer les risques à dimension régionale. Cette approche a favorisé l'émergence de pratiques disparates et de zones de non-contrôle, affaiblissant l'efficacité du dispositif global.

Ces failles cumulées ont exposé les IMF de l'UEMOA, et plus particulièrement celles du Mali, à de nombreux risques systémiques, limitant leur capacité à se développer de manière saine et durable. Conscients de ces enjeux, les régulateurs, avec en tête la BCEAO, ont engagé un chantier de réforme en profondeur. Des exigences plus strictes en matière de capital, de gouvernance et de transparence ont été introduites. L'objectif est clair : stabiliser le secteur sur des bases plus solides et en faire un levier crédible d'inclusion financière durable.

2.2- Améliorations apportées par la loi n°11/ 29/09/2017/CM/UMOA :

Un encadrement plus strict pour éviter les dérives

Pendant longtemps, il était relativement facile de créer une institution de microfinance. Cette ouverture a aussi laissé la porte à des structures mal préparées, mal encadrées, voire mal intentionnées. La nouvelle loi change clairement la donne. Désormais, obtenir un agrément nécessite l'approbation explicite de la BCEAO. C'est un filtre essentiel pour renforcer la crédibilité du secteur. Autre évolution de taille : les grandes institutions de microfinance, souvent aussi complexes que certaines petites banques, sont désormais placées sous la supervision directe de la Commission Bancaire. Un changement qui montre à quel point l'ambition est de mieux protéger les dépôts, tout en responsabilisant davantage les gestionnaires.

Des règles du jeu claires et fermes

La réforme introduit aussi une batterie de nouvelles normes prudentielles, conçues pour éviter les excès et assurer la solidité financière des IMF. Par exemple, toute structure doit désormais maintenir un niveau de capitalisation d'au moins 15 % de ses actifs nets. Elle doit également constituer une réserve générale équivalente à 15 % de ses résultats, année après année. Cela peut sembler technique, mais l'idée est simple : renforcer les matelas de sécurité. En parallèle, les prêts accordés aux dirigeants, aux employés ou à leurs proches ne doivent jamais dépasser 10 % des fonds propres, tout comme l'exposition maximale à un seul client. Ces garde-fous sont là pour éviter les conflits d'intérêt et les risques de concentration.

Une gestion plus rigoureuse et recentrée

Mais ce n'est pas tout. La nouvelle loi impose aussi une meilleure gestion des ressources et une attention constante à l'équilibre financier. Par exemple, les emplois à moyen et long terme doivent être couverts à 100 % par des ressources stables, pour éviter tout déséquilibre de trésorerie. La liquidité, elle, doit être assurée à tout moment : les actifs disponibles doivent couvrir au moins 100 % des dettes exigibles. Et pour éviter que les IMF ne s'éloignent de leur mission sociale, les activités autres que l'épargne et le crédit sont désormais limitées à 5 %. Enfin, les prises de participation – c'est-à-dire les investissements dans d'autres sociétés – ne peuvent excéder 25 % des fonds propres, afin d'éviter les aventures risquées avec l'argent des déposants.

2.3- Renforcer la Cellule de Contrôle pour mieux surveiller

La crise qu'a traversée le secteur de la microfinance a aussi révélé un besoin urgent : celui de renforcer les capacités de ceux qui sont chargés de surveiller le système. C'est dans cet esprit que **la** Cellule de Contrôle et de Surveillance des SFD, rattachée au Ministère de l'Économie et des Finances, a vu ses moyens humains et techniques augmenter. Davantage de personnel, mieux formé, a été mobilisé pour suivre de près les institutions encore sous supervision nationale. Mais au-delà du renforcement local, c'est aussi un alignement régional qui a été opéré. En intégrant les directives de la BCEAO, le Mali s'est rapproché des pratiques de l'UEMOA. Cette harmonisation a permis de mieux partager l'information, de prévenir ensemble les crises et d'agir plus vite quand des risques apparaissent.

- **Assainir pour restaurer la confiance**

Face à la dégradation de certaines institutions, il fallait agir. L'État, avec l'appui de ses partenaires, a pris les devants pour assainir le secteur. Cela a d'abord impliqué des décisions difficiles mais nécessaires : liquider ou fusionner les institutions jugées irrécupérables. C'était une étape douloureuse, mais indispensable pour éviter d'aggraver les pertes des épargnants et de fragmenter davantage le paysage.

Pour ceux qui avaient perdu leurs économies, des fonds d'urgence ont été mis en place afin d'indemniser partiellement les déposants. Ce n'était pas suffisant pour couvrir toutes les pertes, mais c'était un signal fort pour dire : "vous n'êtes pas abandonnés".

Parallèlement, un effort a été fait pour sauver ce qui pouvait l'être. Des institutions encore viables ont bénéficié de plans de redressement, avec un accompagnement technique, des réformes de gouvernance, un appui à la gestion des risques et parfois des ressources financières. L'objectif ? Leur donner une seconde chance, pour qu'elles puissent à nouveau jouer leur rôle de finance de proximité, notamment en zone rurale.

Mieux gérer pour mieux servir

Il ne suffisait pas d'assainir, il fallait aussi améliorer les pratiques internes des IMF. Cela a commencé par un travail de fond sur les compétences : des programmes de formation ont été lancés pour les dirigeants, les comptables, les analystes de crédit. Le but ? Mieux comprendre les risques, mieux gérer les finances, mieux encadrer les opérations.

Autre grande avancée : l'adoption de **systèmes d'information modernes**, pour pouvoir suivre les crédits en temps réel, produire des états financiers fiables, et limiter les erreurs ou les fraudes. Enfin, sur le plan de la gouvernance, des règles plus strictes ont été imposées. Les IMF doivent désormais avoir des conseils d'administration actifs, compétents et transparents. Gouverner une IMF, ce n'est plus un poste symbolique, c'est une responsabilité.

Miser sur le numérique pour élargir l'accès

Le digital est devenu un levier puissant pour l'inclusion financière. Grâce à la finance numérique, de nombreuses IMF ont pu atteindre des populations jusqu'ici exclues : agriculteurs isolés, petits commerçants, jeunes en zone rurale. Le mobile banking, en particulier, a permis de proposer des services accessibles à distance, avec moins de frais et plus de rapidité.

Mais le numérique ne suffit pas s'il ne s'accompagne pas de produits utiles. C'est pourquoi les IMF ont été encouragées à **innover** : nouvelles formes d'épargne, micro-assurances, crédits adaptés aux activités agricoles ou saisonnières. L'idée est simple : proposer aux clients ce dont ils ont réellement besoin pour améliorer leur quotidien.

Rétablir la confiance : une priorité

Après une crise, rétablir la confiance est un défi. Pour cela, des campagnes de sensibilisation ont été menées afin d'expliquer aux populations les réformes en cours, les nouvelles garanties mises en place, et les droits des clients. Il fallait que chacun sache que les choses changeaient pour de bon.

Les autorités ont aussi mis en place des mécanismes de protection des consommateurs, pour éviter les abus : taux d'intérêt trop élevés, pratiques opaques, ou contrats incompréhensibles. En cas de litige, **des** médiateurs financiers sont désormais accessibles pour trancher, en toute impartialité.

Une microfinance plus sociale et durable

Enfin, une attention particulière a été portée à l'impact social et environnemental du secteur. Les IMF ont été encouragées à soutenir des projets **durables**, comme l'énergie solaire, l'irrigation écologique ou l'agriculture respectueuse de l'environnement. C'est une manière de contribuer à la transition verte, à l'échelle locale.

Mais la durabilité, c'est aussi l'inclusion. C'est pourquoi des efforts ciblés ont été faits pour **favoriser l'accès des femmes et des jeunes** à la microfinance. Car permettre à une femme d'ouvrir un petit commerce, ou à un jeune de lancer une activité, c'est investir dans la stabilité et l'avenir.

III- Dynamique et Performance des SFD au Mali

1- Analyse de l'évolution des SFD entre 2020 et 2024

Au cours de la période 2020–2024, les Systèmes Financiers Décentralisés (SFD) du Mali ont connu une évolution contrastée, marquée par une croissance soutenue de leurs activités, mais aussi par une résurgence de vulnérabilités structurelles. Acteurs clés de l'inclusion financière, en particulier dans les zones rurales ou peu bancarisées, les SFD ont renforcé leur rôle dans le financement de l'économie locale, avec une progression notable des dépôts, des crédits et de la clientèle. Cette dynamique a été favorisée par l'entrée de nouveaux opérateurs plus outillés, la diversification des produits, ainsi qu'une demande croissante de services financiers de proximité. Toutefois, cette montée en puissance s'accompagne de défis persistants, notamment sur la qualité du portefeuille, la gouvernance interne et la viabilité de certains acteurs. Cette section propose une lecture des principales tendances du secteur au Mali, en mettant en perspective les évolutions chiffrées, les zones de fragilité et les enjeux de transformation du modèle.

1.1 Dynamique de croissance des activités

Le tableau ci-dessous donnes les principaux indicateurs du secteur au Mali sur mes 5 dernières années :

Tableau 19 : Principaux indicateurs des SFD du Mali entre 2020 et 2024

Indicateurs	2020	2021	2022	2023	2024
Encours de crédits *(mds FCFA)*	141	165	187	194	192
Encours de dépôts *(mds FCFA)*	112	136	142	150	158
Crédits en souffrance *(mds FCFA)*	9,132	7,2	8,435	8,936	12,207
Taux de crédits en souffrance	6,50%	4,40%	4,50%	4,60%	6,50%
Nombre de clients *(en milliers)*	1 298	1 350	1 522	1 564	1 604

L'encours de crédits des SFD est passé de 141 milliards FCFA en 2020 à 192 milliards FCFA en 2024, soit un taux de croissance annuel moyen de 8 % sur la période. De manière parallèle, les dépôts ont progressé de 112 à 158 milliards FCFA, traduisant une amélioration importante de la mobilisation de l'épargne (+9 %).

Cette dynamique traduit un rôle de plus en plus structurant des SFD dans le financement de l'économie locale, en particulier dans les zones rurales ou mal desservies par les banques classiques. Elle illustre aussi la montée en confiance des populations vis-à-vis de ces institutions de proximité, qui constituent souvent leur premier – voire unique – point de contact avec le système financier formel.

Ce mouvement de croissance a également été amplifié par l'entrée et l'expansion de nouveaux acteurs à forte capacité organisationnelle et technologique, à l'instar de Baobab, Cofina, Amifa.

Ces structures, souvent soutenues par des capitaux étrangers ou panafricains, ont apporté :

- des modèles hybrides entre microfinance et banque commerciale
- des outils digitaux avancés, facilitant l'analyse de crédit, la distribution mobile, et la gestion du portefeuille, ils utlisent parfais les meilleurs systèmes en termes de corebanking et de digital (TEMENOS et ORACLE)
- ainsi qu'une capacité à cibler des clientèles urbaines émergentes et des TPE structurées, jusqu'alors moins desservies par les SFD traditionnels.

L'effet conjugué de ces évolutions contribue à repositionner la microfinance non seulement comme un levier social d'inclusion, mais aussi comme un segment à potentiel économique croissant, au cœur des stratégies d'expansion de plusieurs groupes financiers africains.

1.2 Évolution préoccupante de la qualité du portefeuille

Le volume des crédits en souffrance, après avoir atteint un minimum de 7,2 milliards FCFA en 2021, est reparti à la hausse pour s'établir à 12,2 milliards FCFA en 2024, soit une hausse de 69 % sur trois ans. Le taux de sinistralité, qui avait connu une amélioration sensible à 4,4 % en 2021, est revenu à 6,5 % en 2024, retrouvant le niveau de 2020 — un niveau alors largement influencé par les effets de la pandémie de COVID-19. Cette dégradation progressive mais persistante de la qualité du portefeuille peut s'expliquer par plusieurs facteurs structurels et conjoncturels :

- Une multiple de crises traversées par le pays depuis une décennie, avec une accumulation d'instabilités sécuritaires et politiques, de sanctions régionales, d'inflation persistante et de ralentissements économiques. Ces chocs répétés ont fragilisé les ménages et les très petites entreprises, cœur de clientèle des SFD, et réduit leur capacité de remboursement.
- Une volonté d'accroître rapidement le portefeuille, qui conduit à une sous-estimation du risque client.
- Un déficit de capacités techniques de suivi et de

recouvrement dans de nombreux SFD, notamment ceux de petite ou moyenne taille, a réduit la capacité à anticiper ou contenir les situations d'impayés.

Malgré cette dégradation de la qualité du portefeuille, le Mali affiche encore une performance nettement meilleure à la moyenne de l'UEMOA, comme l'illustre la figure ci-dessus :

Figure 6 : Evolution taux de créance en souffrance 2020-2024

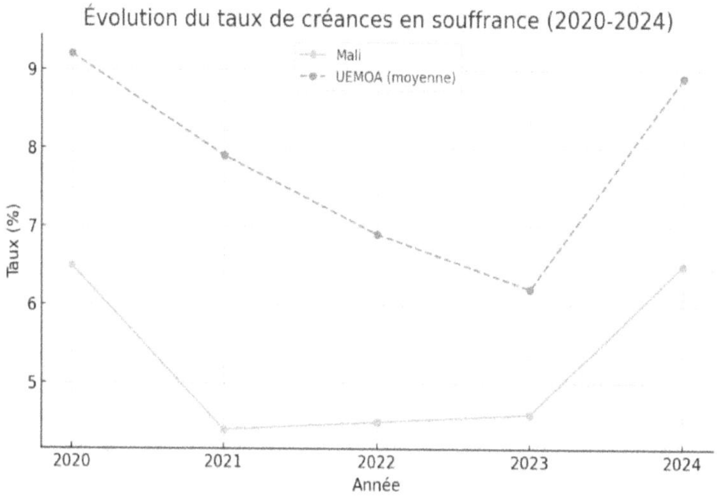

Source : BCEAO

En somme, si les SFD ont démontré une résilience opérationnelle, leur vulnérabilité au risque de crédit reste élevée, ce qui appelle à un renforcement urgent des mécanismes de gestion des risques, de suivi des prêts, et d'évaluation continue de la solvabilité des clients dans un environnement mouvant.

1.3 Croissance continue de l'inclusion financière

Le nombre de clients des SFD est passé de 1,3 million en 2020 à plus de 1,6 million en 2024, illustrant une progression régulière de l'accès aux services financiers pour des segments traditionnellement exclus du système bancaire. Cela confirme que les SFD jouent un rôle déterminant dans la stratégie d'inclusion financière dans l'UEMOA, notamment au Mali.

- **Lecture croisée avec le contexte plus large**

Dans un environnement marqué par une série de crises (sanitaires, sécuritaires, inflationnistes), ces chiffres confirment la résilience mais aussi les fragilités du modèle des SFD. Leur montée en puissance est indéniable, mais elle s'accompagne de risques accrus sur la qualité des actifs, qui appellent à un renforcement de la supervision, des outils de gestion des risques, et du digital pour améliorer le scoring et le suivi.

- **Cas spécifiques de SFD en difficulté : signes de vulnérabilité structurelle**

Au-delà des agrégats globaux, l'analyse individuelle de certains SFD maliens met en évidence des situations de fragilité préoccupantes, révélatrices de tensions structurelles dans la gestion du risque, la gouvernance ou la viabilité des modèles d'affaires chez quatre d'entre eux que nous nommerons A, B, C et D pour éviter toute mauvaise publicité.

La microfinance A a montré une stagnation du portefeuille de crédits, combinée à un taux de sinistralité élevé (15,37 %). Cette situation suggère un risque de saturation du marché ciblé, et une gestion du portefeuille nécessitant une réforme en profondeur. L'absence de croissance pourrait également traduire un déficit de renouvellement stratégique ou d'adaptation aux besoins de clientèles plus jeunes ou urbaines.

La microfinance B affiche un taux de créances en souffrance de 12,66 %, bien au-delà de la norme de 3 % recommandée par les autorités. Cette situation reflète les difficultés opérationnelles dans certaines zones rurales où l'activité économique reste exposée à l'insécurité, à la baisse du pouvoir d'achat et aux aléas climatiques. Malgré une implantation historique et une base de clients fidèle, le SFD semble confronté à un essoufflement de son modèle traditionnel.

Les microfinance D et C présentent également des taux de créances en souffrance dépassant 11 %, illustrant des faiblesses récurrentes dans le scoring, le suivi des prêts ou l'organisation interne. Ces structures, historiquement soutenues par des programmes de développement, semblent peiner à assurer une transition vers des modèles plus autonomes et digitalisés.

- Perspectives de redressement et leviers d'action

Face à ces situations, plusieurs leviers sont envisageables et parfois déjà initiés par les autorités ou les partenaires techniques :

Renforcement de la supervision : certaines de ces institutions ont fait l'objet de missions d'inspection ou de redressement par la Cellule de Contrôle des SFD (CCS-SFD) et la BCEAO. Des plans de restructuration (y compris des recapitalisations, gels d'activités ou changements de gouvernance) sont en cours de mise en œuvre pour restaurer la viabilité. Fusions stratégiques ou mutualisation des moyens : dans un contexte de fragmentation du secteur, la consolidation (fusion entre SFD locaux ou absorption par des entités plus solides) pourrait être encouragée, notamment pour mutualiser les coûts de supervision, d'outils digitaux et de formation du personnel.

Professionnalisation de la gouvernance et digitalisation : ces structures doivent impérativement renforcer leur gouvernance, développer des outils de scoring plus performants et moderniser leur offre de services pour attirer une clientèle plus diversifiée, notamment les jeunes actifs et les femmes entrepreneures.

- Enjeux systémiques

Ces cas ne sont pas isolés : ils illustrent les limites du modèle historique de microfinance communautaire face aux nouvelles exigences du marché. À terme, leur traitement conditionne la stabilité globale du secteur. Si des solutions structurelles ne sont pas apportées, ces SFD fragiles pourraient devenir des foyers de risque systémique, affectant la confiance dans l'ensemble du secteur comme celle des années 2000.

1.4 Risque de concentration et risque systémique

Malgré une dynamique globalement positive de l'inclusion financière, la structure du secteur des Systèmes Financiers

Décentralisés (SFD) au Mali présente une forte concentration autour de quelques grands acteurs, ce qui accroît sa vulnérabilité à des chocs systémiques.

La concentration croissante de l'activité autour des SFD, tels que Kafo Jiginew, Baobab Mali ou COFINA, accroît la vulnérabilité systémique du secteur. En cas de difficultés opérationnelles ou financières chez l'un de ces acteurs dominants, les répercussions pourraient affecter l'ensemble de l'écosystème de la microfinance, notamment en matière de confiance des déposants, d'accès à la liquidité, ou de stabilité de portefeuille.

Au 31/12/2024, les trois institutions détiennent ensemble 54,6 % des dépôts des SFD du pays, ce qui constitue une concentration élevée Kafo seul détient plus du ¼ des dépôts.

Tableau 20 : Encours de dépôts des principaux SFD

Institution	Dépôts (FCFA)	Part dans le total (158 mds FCFA)
Kafo Jiginew	42,28 milliards	**26,7 %**
Baobab SA	19,59 milliards	**12,4 %**
COFINA Mali	24,49 milliards	**15,5 %**
Total (	**86,36 milliards**	**54,6 %**

En termes de crédit, ces trois réseaux totalisent 56,6 % de l'encours total de crédit, sur les 192,8 milliards FCFA au 31/12/2024. En incluant AMIFA (19,96 milliards), on dépasse les 65 %, ce qui révèle un risque de concentration élevé (CR4 > 65 %).

Tableau 21 : Encours de crédits des principaux SFD

Institution	Encours de crédits (FCFA)	Part dans le total (192 Mds FCFA)
Kafo Jiginew	44,55 milliards	**23,1 %**
Baobab SA	36,38 milliards	**18,9 %**
COFINA Mali	28,17 milliards	**14,6 %**
Total (3)	**109,1 milliards**	**56,6 %**

La solidité apparente du secteur SFD au Mali en 2024 masque une dépendance à quelques institutions. Une vigilance accrue s'impose, car un choc isolé sur un acteur systémique comme Kafo ou Baobab pourrait entraîner une réaction en chaîne, affectant l'ensemble du système financier décentralisé, voire les banques partenaires.

- **Implications pour la régulation**

Pour atténuer ces risques systémiques, plusieurs pistes peuvent être envisagées :

Action proposée	Justification
Renforcement des stress-tests individuels	Simuler les effets d'un défaut de 10 % des crédits sur les trois premiers SFD
Mise en place de plafonds d'exposition sectorielle	Limiter le poids d'un seul acteur dans les statistiques agrégées régionales
Obligation de « plans de continuité » et audits IT annuels	Risques accrus liés à la digitalisation rapide (Baobab, COFINA, KAFO)
Surveillance différenciée par taille et exposition	Introduire une régulation proportionnelle pour les SFD à effet systémique

1.5 Gouvernance et montée en compétence : un chantier prioritaire

La montée en puissance des SFD appelle une gouvernance renforcée, à la hauteur des enjeux croissants en matière de gestion du risque, d'innovation et de transparence. Plusieurs signaux encourageants émergent : des initiatives de formation continue pour les dirigeants et administrateurs, la mise en place progressive de codes de conduite internes et de référentiels de conformité, ainsi que l'introduction de certifications professionnelles (notamment à travers des partenariats avec des institutions comme le CESAG). Toutefois, ces démarches restent inégalement mises en œuvre et peinent à se généraliser au sein des SFD de petite et moyenne taille, souvent contraints par un déficit de ressources humaines qualifiées.

Renforcer l'accès à la liquidité et la résilience financière

Pour consolider leur solidité financière et soutenir leur croissance, les SFD devraient être adossés à des guichets de refinancement dédiés, à l'instar de fonds de garantie nationaux ou régionaux, ou de lignes de crédit spécifiques mises en place par la BCEAO ou des partenaires techniques et financiers. Ces mécanismes pourraient permettre aux SFD viables, mais sous-capitalisés, de faire face à des tensions de trésorerie saisonnières, de répondre à une demande croissante de crédit, et de structurer des offres à plus long terme (notamment en agrofinance ou en leasing).

Recommandations clés :

- Favoriser la création d'un statut différencié pour les SFD de taille systémique, avec des exigences prudentielles et de gouvernance renforcée.
- Généraliser les formations certifiantes pour les dirigeants et les responsables des risques.
- Élargir les canaux de refinancement, via des guichets nationaux ou régionaux adossés à des ressources concessionnelles.

Tableau de synthèse 22 : Diagnostic SWOT des SFD (2020-2024)

Forces	Faiblesses
- Croissance continue des encours de crédits et dépôts	- Hausse préoccupante du taux de crédits en souffrance en 2024
- Forte capacité de mobilisation de l'épargne locale	- Faiblesses dans le suivi et le recouvrement des créances
- Large couverture géographique, y compris en zone rurale	- Gouvernance encore fragile dans certaines institutions
- Rôle structurant dans l'inclusion financière	- Capacités limitées d'analyse du risque et de scoring
Opportunités	**Menaces**
- Digitalisation des services pour améliorer la gestion et l'accessibilité	- Détérioration du contexte sécuritaire et économique régional
- Partenariats avec banques et fintechs pour étoffer l'offre de services	- Risque de surendettement des clients faiblement solvables
- Appui croissant des États et partenaires au développement	- Concurrence de plus en plus forte des banques et néo-banques
- Interopérabilité numérique avec les opérateurs télécoms et banques	- Volatilité réglementaire ou pressions politiques locales

2- Les SFD de l'UEMOA en 2024 vs Mali : croissance confirmée, fragilité persistante

Au terme de l'année 2024, les Systèmes Financiers Décentralisés (SFD) de l'Union Économique et Monétaire Ouest-Africaine (UEMOA) poursuivent leur essor, consolidant leur rôle d'acteurs incontournables de l'inclusion financière. Porté par une demande croissante de services financiers de proximité, le secteur a enregistré une progression significative de ses indicateurs d'activité, malgré des défis structurels persistants.

- Un secteur en expansion continue

Le nombre de clients desservis par les SFD de l'Union a dépassé les 19,1 millions de personnes, contre 18 millions un an auparavant, traduisant un élargissement de la base de clientèle de plus d'un million de nouveaux bénéficiaires en un an. Cette croissance s'est accompagnée d'une hausse du nombre de points de service, passé à 4 761 agences, renforçant la capillarité du réseau dans les zones rurales et périurbaines.

Du côté des agrégats financiers, l'encours des dépôts a atteint 2 459 milliards FCFA, soit une hausse annuelle de 8,1 %, tandis que les crédits octroyés ont atteint 2 695 milliards FCFA, en progression de 5,3 %. Ces chiffres traduisent la vigueur de l'activité d'intermédiation, dans un contexte où les SFD continuent d'assurer un rôle de premier plan dans le financement de l'économie informelle, agricole et commerciale.

Le Mali, pour sa part, s'inscrit dans cette dynamique régionale. Les données spécifiques disponibles indiquent que les dépôts ont progressé de 2,4 milliards FCFA au dernier trimestre, soit +1,5 %, tandis que les encours de crédits ont augmenté de 7 milliards FCFA, affichant une croissance de +3,5 %. Avec 1,6 million de clients en 2024, les SFD maliens confirment leur position de principal vecteur d'inclusion financière dans le pays.

- Une fragilité persistante sur la qualité du portefeuille

Malgré cette croissance, le risque de crédit demeure le talon d'Achille du secteur. À l'échelle régionale, le taux brut de dégradation du portefeuille est ressorti à 8,9 %, en détérioration sur un an (6,9 % en décembre 2023). Cette performance reste bien au-delà de la norme de 3 %

fixée par les régulateurs, illustrant une vulnérabilité chronique du secteur à la gestion du risque.

Dans le cas spécifique du Mali, les chiffres confirment une hausse marquée des créances en souffrance : celles-ci sont passées de 8,9 milliards FCFA à 12,2 milliards FCFA entre 2023 et 2024, amenant le taux de sinistralité à 6,5 %, contre 4,6 % l'année précédente. Cette évolution inquiète, dans un contexte national où les aléas sécuritaires, la pression inflationniste et les effets des multitudes de crises ont pu altérer la capacité de remboursement des clients.

- Une participation encore limitée au système financier global

Malgré leur poids croissant, les SFD restent encore en marge du système financier global de l'Union : les dépôts collectés ne représentent que 5,2 % de ceux des établissements de crédit, tandis que les crédits octroyés équivalent à 7,3 % du total du secteur bancaire. Ce positionnement révèle à la fois le potentiel de croissance encore important pour le secteur, mais aussi les limites structurelles à lever, notamment en matière de gouvernance, de digitalisation, et de financement à long terme.

Tableau 23 : Principaux indicateurs des SFD du Mali

Indicateurs	2023	2024	Variation
Nombre total de clients	18 015 354	19 121 754	▲ +6,1 %
Encours des dépôts (milliards FCFA)	2 275	2 459	▲ +8,1 %
Encours des crédits (milliards FCFA)	2 560	2 695	▲ +5,3 %
Part des dépôts SFD / dépôts bancaires	5,40%	5,20%	▼ -0,2 pt
Part des crédits SFD / crédits bancaires	7,20%	7,30%	▲ +0,1 pt
Taux brut de dégradation du portefeuille	6,90%	8,90%	▲ +2 pts
Nombre de SFD sous administration provisoire	9	9	–

- Comparaison régionale : le Mali dans le paysage SFD de l'UEMOA

Le Mali représente environ 8,4 % de la clientèle totale des SFD de l'UEMOA en 2024, avec 1,6 million de clients sur un total régional de 19,1 millions. Si cette part est modeste en volume absolu, elle est significative au regard de la taille de l'économie malienne, soulignant une pénétration relativement forte des SFD dans le pays.

- Sur les plans de l'intermédiation financière :

La part des dépôts collectés par les SFD par rapport aux dépôts bancaires est de 5,2 %, conforme à la moyenne régionale.

De même, la part des crédits octroyés par les SFD est de 7,3 % du total bancaire, alignée avec la moyenne UEMOA.

- En revanche, en matière de risque :

Le taux de créances en souffrance au Mali (6,5 %) reste inférieur à la moyenne régionale (8,9 %), ce qui indique une meilleure résilience apparente du portefeuille, bien que la tendance 2024 appelle à la vigilance.

- Positionnement stratégique du Mali

Le Mali peut être qualifié de « contributeur intermédiaire à solide » dans l'écosystème régional des SFD. Il n'est pas un leader en volume absolu (derrière le Bénin ou le Sénégal), Mais se positionne au-dessus de la moyenne en matière de taux d'inclusion et de performance du portefeuille.

Ce positionnement intermédiaire confère au Mali une marge de progression significative, notamment en diversifiant les produits financiers offerts (leasing, assurance inclusive, financement agricole), en accélérant la digitalisation, et en renforçant la supervision des SFD en difficulté.

Conclusion : une croissance à consolider

En définitive, l'année 2024 aura été celle d'une consolidation prudente du secteur de la microfinance dans l'UEMOA, mais aussi celle d'un rappel des fragilités persistantes en matière de qualité de portefeuille. Pour que les SFD puissent durablement renforcer leur rôle économique et social, il est impératif d'investir dans :

- la professionnalisation de la gestion du risque,
- le renforcement des systèmes d'information et d'analyse,
- l'adoption de modèles innovants de distribution via le numérique.

La mise sous administration provisoire de 9 SFD dans la région, dont 1 au Mali, rappelle que la viabilité du secteur passe également par une régulation rigoureuse et une meilleure gouvernance interne.

IV- Reconfiguration du paysage de la Microfinance au Mali : L'Engagement des Groupes Bancaires et Financiers dans la Microfinance au Mali

Le secteur de la microfinance au Mali a longtemps été dominé par les coopératives et leurs réseaux, qui représentaient le modèle prédominant des institutions de microfinance (IMF). Cependant, ces dernières années, de grands groupes bancaires et financiers ont manifesté un intérêt croissant en installant sous la forme de société anonyme, notamment à travers des acteurs comme Baobab (ex Microcred), Atlantique Microfinance (Banque Atlantique), Cofina et Credit Cash (Banque de Dakar). Cet engouement s'explique par plusieurs raisons :

1- Raisons de l'intérêt des groupes bancaires pour la microfinance

Une demande pour des services financiers de proximité **:** Le Mali compte une importante population rurale et des segments urbains sous-bancarisés, où l'accès aux services financiers classiques est limité. Les groupes bancaires y voient une opportunité de capter une clientèle encore largement inexploitée, en proposant des produits adaptés aux besoins des petits entrepreneurs, des commerçants et des ménages à faibles revenus.

Rentabilité du secteur de la microfinance : Bien que perçu comme risqué, le secteur de la microfinance offre un potentiel de rentabilité élevé grâce aux taux d'intérêt généralement plus élevés que ceux pratiqués dans la banque classique. Cela attire des groupes à la recherche de nouvelles opportunités de croissance.

Politique de diversification des activités : Les grands groupes financiers adoptent des stratégies de diversification pour atténuer les risques liés à leur portefeuille d'activités. L'intégration de la microfinance leur permet d'élargir leur offre de services et de pénétrer des marchés autrefois délaissés par la banque traditionnelle.

Soutien des partenaires internationaux : La microfinance bénéficie souvent de l'appui d'organisations internationales et de bailleurs de fonds qui soutiennent financièrement ou techniquement les initiatives favorisant l'inclusion financière. Les groupes bancaires profitent de ces partenariats pour renforcer leur position sur ce segment.

2- Conséquences de cet intérêt croissant

Élargissement de l'accès aux services financiers : L'arrivée des grands groupes bancaires permet de toucher une population plus large grâce à des réseaux étendus, des produits innovants et des approches numériques (applications mobiles, agences légères). Cela renforce l'inclusion financière, en particulier dans les zones rurales et périurbaines.

Pression concurrentielle sur les coopératives traditionnelles : Les coopératives de microfinance, longtemps dominantes, doivent désormais faire face à une concurrence accrue. Elles sont contraintes d'innover et de moderniser leurs services pour maintenir leur part de marché, ce qui peut être un défi compte tenu de leurs ressources limitées.

Professionnalisation et digitalisation accrue du secteur : L'entrée des groupes bancaires favorise la modernisation du secteur, notamment à travers la digitalisation des opérations et l'utilisation des nouvelles technologies pour atteindre les clients. Cela améliore l'efficacité opérationnelle et la qualité des services offerts.

Renforcement de la confiance dans la microfinance : La crise traversée par ce secteur au Mali a fortement entaché la confiance des déposants, la présence de groupes bancaires crédibles renforce la confiance des usagers envers les institutions de microfinance. Cela peut également encourager les dépôts d'épargne et l'investissement dans des produits financiers plus sophistiqués que ce que la microfinance traditionnelle offrait....

L'intérêt des groupes bancaires pour la microfinance au Mali marque une transformation profonde du secteur, passant d'un modèle dominé par les coopératives à un écosystème plus diversifié et compétitif. Cette évolution est porteuse de nombreuses opportunités pour l'inclusion financière et le développement économique, mais elle pose également des défis en termes de régulation, de gestion des risques et d'équilibre entre les différents acteurs. Pour maximiser les impacts positifs, il est essentiel de favoriser un cadre réglementaire adapté, une coordination entre les parties prenantes et une sensibilisation accrue des bénéficiaires.

V- Les stratégies nationales de développement de la microfinance au Mali : bilan et perspectives

1- Genèse de la planification stratégique du secteur

La microfinance s'est imposée au Mali comme une solution durable pour l'inclusion financière des populations rurales et vulnérables. Face à l'importance croissante des Systèmes Financiers Décentralisés (SFD), les pouvoirs publics ont entrepris dès la fin des années 1990 de structurer ce secteur à travers des stratégies nationales successives. Ces plans visaient à encadrer la croissance rapide du secteur, à améliorer sa gouvernance, à renforcer sa viabilité financière et à maximiser son impact socioéconomique.

Historique des stratégies nationales

- La première Stratégie nationale de la microfinance (SNMF 1998–2002)

Cette première stratégie marque le lancement du processus de formalisation du secteur. L'objectif principal était la création d'un cadre juridique et réglementaire adapté aux SFD. Elle a permis de poser les bases institutionnelles du secteur, avec notamment la reconnaissance juridique des différents types de SFD et l'intégration de la supervision par la BCEAO.

- La SNMF 2003–2008 : professionnalisation et viabilité

Axée sur la consolidation, cette stratégie visait la professionnalisation des SFD, l'amélioration de leur viabilité financière, ainsi que l'extension de la couverture géographique. Elle a été accompagnée de la mise en place d'indicateurs de performance, mais a souffert d'une mise en œuvre partielle et d'un suivi insuffisant.

- La SNMF 2008–2012 : accès élargi et renforcement institutionnel

Cette troisième stratégie poursuivait quatre objectifs :

- Améliorer l'accès aux services financiers pour les populations défavorisées ;
- Renforcer la gouvernance et les capacités des SFD ;
- Favoriser la stabilité et la performance financière du secteur ;
- Améliorer la coordination et le pilotage institutionnel.

Malgré sa pertinence, elle a été peu exécutée : seulement 9 actions réalisées sur 40 et un taux de décaissement du fonds commun de financement inférieur à 40 %, en raison d'un manque d'appropriation, de moyens techniques et d'engagement des partenaires.

- Le plan d'urgence de 2015 : restructuration et assainissement

Face à une crise profonde caractérisée par des cas de mauvaise gestion, des faillites et la défiance du public, un plan d'urgence a été adopté par Le Conseil des Ministres a adopté en mars 2015. Il a permis :

- des audits de 126 SFD ;
- le retrait d'agrément de 57 structures non viables ;
- L'indemnisation des clients de 14 SFD par le Trésor public ;
- le recentrage du soutien public sur 54 SFD jugés viables.

Ce plan a marqué une rupture en introduisant des mécanismes plus rigoureux de surveillance et d'assainissement.

- La Politique nationale de développement de la microfinance 2016–2020

Adoptée à la suite du plan d'urgence de 2015, la Politique nationale de la microfinance 2016–2020 visait à inscrire le secteur dans une dynamique de restructuration durable, de professionnalisation accrue et de contribution au développement inclusif. Ses Objectifs principaux étaient de :

- Assainir le secteur et restaurer la confiance du public.
- Garantir la viabilité financière et institutionnelle des SFD.
- Faciliter l'accès des populations vulnérables (pauvres, femmes, jeunes) aux services financiers.
- Encourager l'innovation et la diversification des produits.

Axes stratégiques

- Renforcement du cadre réglementaire et institutionnel.
- Amélioration de la gouvernance et du contrôle interne des SFD.
- Renforcement des capacités humaines, techniques et organisationnelles.
- Développement de produits financiers adaptés aux besoins spécifiques.
- Promotion de l'inclusion financière et de la digitalisation, via la finance mobile et les fintechs.

Résultats attendus

- Augmentation du nombre de SFD viables.
- Rétablissement de la confiance des usagers.
- Meilleure pénétration des services financiers, notamment pour les zones et groupes marginalisés.

Limites rencontrées

- Mise en œuvre partielle à cause d'un financement insuffisant.
- Retards dans la réforme juridique.
- Faible implication des collectivités locales, pourtant essentielles pour le déploiement territorial.

2- Articulation avec la Stratégie Nationale d'Inclusion Financière (SNIF 2022–2026)

Dans un souci de cohérence, la SNIF 2022–2026 englobe désormais la microfinance dans une approche plus large d'inclusion financière. Elle fixe des objectifs ambitieux :

- Porter le taux d'inclusion financière de 43 % (en 2021) à 60 % en 2026 ;
- Accroître la digitalisation des services financiers, notamment ceux offerts par les SFD ;
- Renforcer la protection des consommateurs et la régulation du secteur.

Elle prévoit également le renforcement de la gouvernance et la transparence des SFD, la modernisation de leur système d'information et la diversification de leurs produits.

Analyse critique : avancées et limites

Avancées notables :

- Reconnaissance juridique claire des différents statuts de SFD (coopératives, associations, sociétés privées) ;
- Développement de mécanismes de supervision et de régulation, avec l'appui de la BCEAO et de la CCS/SFD ;
- Interventions correctives via le plan d'assainissement de 2015 ;
- Alignement progressif sur les standards de performance internationaux.

Limites persistantes :

- Mise en œuvre incomplète de plusieurs stratégies du fait de l'insuffisance des ressources, du manque d'appropriation ou de coordination interinstitutionnelle ;
- Gouvernance encore fragile dans plusieurs SFD ;
- Difficulté d'atteindre les zones les plus enclavées ;
- Manque de ressources longues pour refinancer durablement les activités des SFD.

3- Perspectives et recommandations

- Renforcer la mise en œuvre opérationnelle : traduire les plans stratégiques en programmes d'actions réalistes, financés et évalués régulièrement.
- Améliorer la gouvernance sectorielle : renforcer les capacités des organes de supervision, notamment la CCS/SFD, et promouvoir la transparence des SFD.
- Intégrer les innovations digitales : favoriser les passerelles entre SFD et fintech pour élargir la portée des services financiers dans les zones rurales.
- Mobiliser des financements de long terme : créer des mécanismes de refinancement innovants, notamment en lien avec les banques et les investisseurs d'impact.
- Impliquer davantage les collectivités locales : associer les régions à la planification et au suivi des stratégies, en particulier dans les zones non couvertes.

Les différentes stratégies nationales ont permis au Mali de poser les fondements d'un secteur de la microfinance formel et réglementé, tout en renforçant son rôle dans le développement économique. Toutefois, leur mise en œuvre reste inégale. La nouvelle dynamique autour de l'inclusion financière offre une opportunité de repenser l'architecture institutionnelle du secteur, de l'ancrer dans les priorités de développement durable et de lui donner les moyens de contribuer pleinement à la transformation structurelle de l'économie malienne

PARTIE 2 :

LES ÉTABLISSEMENTS FINANCIERS À CARACTÈRE BANCAIRE : DES ACTEURS ENCORE MARGINAUX MAIS À FORT POTENTIEL

Aux côtés des banques classiques, le système financier malien abrite une catégorie d'acteurs souvent relégués au second plan : les établissements financiers à caractère bancaire (EFCB). Bien qu'ils soient régis par la réglementation de la BCEAO, leur visibilité reste faible auprès du grand public et même parmi les entrepreneurs. Pourtant, leur positionnement sur des segments spécialisés — comme le crédit-bail, les mécanismes de garantie ou les financements ciblés pour les PME — en fait des instruments à fort potentiel, capables de compléter les services bancaires traditionnels.

Si leur contribution actuelle à l'intermédiation financière demeure modeste, cela tient à plusieurs facteurs : une taille généralement réduite, une couverture géographique limitée, une communication institutionnelle discrète, mais aussi une méconnaissance de leurs offres par les bénéficiaires potentiels. Cependant, leur flexibilité opérationnelle, leur agilité dans le montage de solutions financières sur mesure, et leur capacité à intervenir là où les banques hésitent leur confèrent une pertinence stratégique, notamment dans un contexte où le Mali cherche à renforcer la portée et l'inclusivité de son système financier.

La diversification des services financiers et la montée en puissance des besoins non satisfaits dans des domaines tels que l'équipement productif, l'habitat ou la micro-entreprise, ouvrent une opportunité historique pour repositionner les EFCB. À condition toutefois de lever les contraintes qui pèsent encore sur eux : un encadrement réglementaire souvent trop rigide ou peu adapté à leur réalité, des difficultés d'accès aux ressources de refinancement, et une faible intégration dans les dynamiques régionales de digitalisation, d'interopérabilité et d'innovation. Avec un environnement plus favorable, ces établissements pourraient devenir de véritables leviers de financement inclusif, au service de la transformation structurelle de l'économie malienne.

I- Des exemples d'acteurs à mieux valoriser : Alios Finance, FGSP, Fonds hypothécaire :

Trois établissements illustrent parfaitement la diversité et la pertinence des missions des EFCB au Mali : Alios Finance, le Fonds de Garantie pour le Secteur Privé (FGSP) et le Fonds de Garantie pour l'Habitat au Mali (FGHM). Tous trois apportent des réponses concrètes à des besoins spécifiques de financement, mais leur rôle demeure encore insuffisamment valorisé dans le débat public.

Alios Finance Mali, créé en 1997 sous le nom de SOMAFI, est la représentation locale d'un acteur régional basé en Côte d'Ivoire. Sa vocation : offrir des solutions financières adaptées aux entreprises maliennes, notamment les PME. Son offre repose sur plusieurs outils :

Le crédit-bail mobilier, qui permet aux entreprises d'utiliser des équipements (véhicules, machines, matériels professionnels) sans avoir à les acheter immédiatement. Elles paient des loyers mensuels et peuvent, à terme, en devenir propriétaires.

La location longue durée (LLD), qui permet aux sociétés d'utiliser des biens sur une période définie, tout en externalisant l'entretien et la gestion, pour mieux maîtriser leurs coûts d'exploitation.

Le crédit d'investissement, destiné à financer des projets de croissance à moyen et long terme, et le crédit à court terme, pour répondre à des besoins ponctuels de trésorerie.

Alios se positionne ainsi comme un acteur clé pour le financement productif, en particulier dans des contextes où l'accès au crédit bancaire reste complexe.

De son côté, le Fonds de Garantie pour l'Habitat au Mali (FGHM), mis en place en 2000 avec l'appui du Canada, agit en facilitateur entre les banques et les populations désireuses d'accéder à un logement décent. Il apporte une garantie partielle aux institutions financières pour couvrir le risque de non-remboursement sur les crédits immobiliers. Cette approche permet à des ménages aux revenus modestes ou irréguliers d'obtenir des financements, en contournant les exigences classiques de garanties personnelles.

Le FGHM joue aussi un rôle dans le financement de l'équipement domestique (mobilier, électroménager), afin d'offrir un cadre de vie complet après l'acquisition du logement. Enfin, il contribue à structurer le marché du crédit hypothécaire au Mali, en renforçant la sécurité des transactions et en professionnalisant l'écosystème du financement immobilier.

Quant au Fonds de Garantie pour le Secteur Privé (FGSP), lancé en 2014, il s'inscrit dans une stratégie nationale de soutien à l'investissement privé. Sa mission principale : lever le frein majeur que constitue le manque de garanties pour les entreprises, notamment les PME. Le FGSP partage le risque de crédit avec les banques et les institutions de microfinance, couvrant entre 50 et 75 % du montant financé selon le projet.

Pour en bénéficier, l'entreprise doit être formellement enregistrée, exercer dans un secteur prioritaire (agriculture, industrie, services…), et être en règle vis-à-vis de l'administration fiscale. Le FGSP n'interfère pas dans l'analyse du crédit — il laisse cette tâche à la banque — mais permet d'élargir la base des entreprises financées, notamment en zones rurales. Des pistes sont actuellement explorées pour renforcer son action : garanties de portefeuille, cofinancement, appui aux exportateurs…

À l'échelle de l'UEMOA, on comptait en 2024 25 EFCB répartis entre les huit pays membres : 3 au Mali, 4 au Sénégal, 4 en Côte d'Ivoire, 4 au Burkina Faso, 3 au Togo, 6 au Niger, 1 au Bénin, et aucun en Guinée-Bissau. Cette cartographie reflète une présence encore inégale, mais laisse entrevoir un potentiel de développement significatif si ces acteurs bénéficient de meilleures conditions de déploiement et d'intégration dans les stratégies nationales et régionales.

II- Les EFCB : de la périphérie au cœur de la transformation économique et financière du Mali

Longtemps considérés comme des acteurs secondaires dans le paysage financier, les établissements financiers à caractère bancaire (EFCB) commencent à s'imposer comme des rouages essentiels d'une économie malienne en quête de transformation. Leur force : une capacité à intervenir là où les banques traditionnelles atteignent leurs limites. En ciblant des segments spécifiques (petites entreprises, primo-accédants, activités à faible rentabilité immédiate), les EFCB comblent des vides persistants du financement.

Leur positionnement sur des créneaux spécialisés (crédit-bail, garantie, habitat, financement de projets à impact social) en fait des instruments d'appui à l'inclusion économique. Grâce à des modèles plus souples, souvent centrés sur des problématiques concrètes, ils s'adaptent mieux aux réalités des PME, des ménages modestes, ou des entrepreneurs informels. Leur action contribue à rééquilibrer le système financier en faveur d'une offre plus large, plus inclusive et plus territorialisée.

Dans un contexte marqué par des défis économiques, sociaux et technologiques profonds, les EFCB disposent d'un potentiel encore sous-exploité. Leur souplesse organisationnelle leur permet d'innover, d'expérimenter des solutions adaptées aux spécificités locales, et d'accompagner des publics que le système bancaire classique a parfois négligés. Si l'on parvient à leur donner davantage de moyens et de reconnaissance, ces structures pourraient devenir des catalyseurs puissants d'un développement mieux réparti.

Révéler leur potentiel pour une finance plus accessible et plus efficace

Leur avantage comparatif réside dans leur agilité. Moins contraints par les lourdeurs internes que les banques commerciales, les EFCB peuvent intervenir rapidement, avec des produits taillés sur mesure. Cela leur permet de financer des réalités souvent complexes : matériel agricole, équipements artisanaux, petits investissements de proximité. En allégeant les conditions d'accès au crédit, ils permettent à des publics jusque-là exclus d'intégrer le circuit formel.

Mais pour que leur impact soit à la hauteur de leur potentiel, il faut lever plusieurs obstacles : leur accès au refinancement reste limité, leur encadrement réglementaire souvent trop uniforme, et leur intégration dans les mécanismes digitaux encore faible. Mieux outillés, mieux reconnus et mieux connectés, ils pourraient offrir des solutions plus innovantes, plus ciblées, et plus efficaces pour répondre aux besoins du tissu économique local.

Acteurs de l'ombre appelés à jouer un rôle de premier plan dans la transformation économique

Trop longtemps relégués à des fonctions périphériques, les EFCB sont aujourd'hui appelés à occuper une place stratégique dans les politiques publiques. En raison de leur capacité à intervenir là où les banques se désengagent, ils peuvent impulser une dynamique nouvelle dans la diversification des sources de financement. Leur rôle est particulièrement crucial dans le soutien aux projets à forte dimension sociale, dans l'amorçage d'entreprises innovantes ou dans l'appui aux filières porteuses.

Les enjeux sont clairs : élargir la palette d'outils de financement, soutenir l'investissement productif dans les régions, et répondre à des besoins non couverts. Pour cela, une stratégie nationale articulée autour de ces acteurs est nécessaire, avec un ancrage dans les objectifs de développement durable, l'inclusion financière, et la résilience économique.

Pour une meilleure intégration dans l'écosystème financier et digital régional

Aujourd'hui, les EFCB restent encore trop isolés dans le paysage financier régional. Leur faible visibilité, leur manque d'interconnexion avec les autres institutions financières, et leur retard dans la digitalisation limitent leur portée. Or, leur potentiel de développement est indissociable d'une intégration renforcée dans l'écosystème UEMOA, à travers des partenariats stratégiques, une interopérabilité technique et une mutualisation des ressources.

Une telle évolution permettrait à ces établissements de se connecter aux mécanismes de refinancement régionaux, de proposer des services financiers à travers des plateformes numériques, et d'offrir des solutions transfrontalières aux PME et ménages. Elle renforcerait également leur capacité à capter les innovations issues de la finance digitale, à participer aux projets régionaux, et à se positionner comme acteurs-clés d'une finance interconnectée, fluide et résiliente.

Vers un renforcement de leur impact sur les PME, les ménages et les territoires délaissés

Les EFCB ont un rôle déterminant à jouer dans la réduction des inégalités territoriales et sociales. En se positionnant sur des zones géographiques peu desservies, et en finançant des projets modestes mais structurants, ils participent à l'autonomisation économique de populations souvent négligées. Les PME, en particulier, bénéficient d'un accompagnement plus proche de leurs besoins : crédit-bail pour s'équiper, garanties pour lever des fonds, financement ciblé pour amorcer une activité.

Cette approche de proximité, axée sur des solutions pratiques, contribue à créer de l'emploi, à renforcer les capacités locales, et à insuffler une dynamique de développement dans des zones laissées de côté par les grandes institutions. Les EFCB deviennent ainsi des relais de politiques de développement durable, en phase avec les objectifs de cohésion sociale et d'inclusion économique

III- Complémentarité entre EFCB et banques classiques et limites persistantes

1- Complémentarité entre EFCB et banques classiques

Contrairement à une idée répandue, les établissements financiers à caractère bancaire (EFCB) ne sont pas en concurrence avec les banques classiques. Ils remplissent au contraire des fonctions complémentaires qui enrichissent le tissu financier national. Là où les banques traditionnelles ciblent en priorité les grandes entreprises, les clients bien structurés ou les zones urbaines, les EFCB se spécialisent sur des niches ou des clientèles spécifiques que les banques jugent trop risquées ou peu rentables.

Leur positionnement leur permet d'apporter plus de souplesse et de proximité, en particulier pour répondre aux besoins de petites entreprises informelles, de primo-accédants au logement, ou de zones rurales encore peu desservies. Grâce à des procédures simplifiées, des produits adaptés et une meilleure connaissance du terrain, ils deviennent un point d'entrée stratégique pour des clientèles souvent exclues du financement classique.

Cette complémentarité se manifeste à plusieurs niveaux. En amont, les EFCB peuvent accompagner des porteurs de projets dans leurs premières démarches financières : via le crédit-bail, la garantie ou des produits simplifiés. Ils constituent une passerelle vers le système bancaire pour les jeunes entrepreneurs ou les entreprises émergentes.

En aval, les banques peuvent s'appuyer sur les EFCB pour déployer des instruments spécialisés ou externaliser certaines lignes de financement, notamment dans le cadre de programmes publics ou de dispositifs de soutien sectoriel.

Mais cette synergie doit aussi s'exprimer sur le plan institutionnel. Une meilleure articulation entre les deux catégories d'acteurs permettrait de bâtir un écosystème plus robuste, plus inclusif et mieux connecté aux besoins économiques du pays. Cela suppose de sortir d'une logique de cloisonnement pour imaginer des chaînes de financement intégrées, dans lesquelles chaque acteur apporte sa valeur ajoutée.

Aujourd'hui, le défi est clair : il s'agit d'organiser cette complémentarité autour d'objectifs communs — inclusion financière, transformation économique, résilience locale. Cela nécessite une volonté politique, une coordination renforcée, et des dispositifs de coopération structurés. Si ces conditions sont réunies, EFCB et banques peuvent, ensemble, jouer un rôle central dans la dynamisation du tissu économique malien.

2- Limites et défis persistants des Etablissements Financiers :

Malgré leur potentiel et leur rôle croissant dans le financement de l'économie malienne, les établissements financiers à caractère bancaire (EFCB) peinent encore à s'imposer pleinement comme des moteurs de transformation. Plusieurs faiblesses structurelles et institutionnelles freinent leur essor et limitent leur impact réel sur le terrain.

Une dépendance persistante aux subventions et à l'aide publique

De nombreux EFCB, notamment les fonds de garantie, fonctionnent encore en grande partie grâce à des financements publics ou des appuis extérieurs. Cette dépendance fragilise leur autonomie et rend leur pérennité incertaine, surtout lorsque les flux de soutien institutionnel se tarissent ou deviennent irréguliers. Sans stratégie claire de viabilisation à long terme, certains risquent l'essoufflement ou la mise en sommeil de leurs activités dès que l'environnement financier devient plus contraint.

Des modèles économiques souvent fragiles

Le modèle économique de nombreux EFCB reste précaire ou difficilement soutenable, surtout pour ceux qui opèrent dans des segments à faible rentabilité, comme les garanties ou les crédits aux ménages modestes. Les charges de fonctionnement sont élevées, les marges souvent faibles, et les volumes d'activité encore limités. Trouver un équilibre entre impact social et viabilité financière demeure un défi permanent. Sans innovations de produits, sans élargissement de leur clientèle ou amélioration de leur productivité, plusieurs structures peinent à franchir leur seuil de rentabilité.

Une vulnérabilité face aux chocs systémiques

Les EFCB sont également particulièrement exposés aux risques macroéconomiques et géopolitiques. Leur petite taille, la concentration de leur portefeuille, leur faible diversification sectorielle et leur isolement institutionnel les rendent sensibles aux crises : ralentissements économiques, instabilité politique, inflation galopante ou crises sanitaires. Contrairement aux grandes banques, ils n'ont souvent pas accès aux outils de couverture sophistiqués ou aux filets de sécurité nécessaires pour absorber les chocs. En période d'instabilité prolongée, certains peuvent se retrouver en situation de retrait ou d'inactivité.

Une régulation encore peu adaptée à la spécificité des EFCB

Même si les établissements financiers à caractère bancaire (EFCB) sont soumis au contrôle prudentiel de la BCEAO, le cadre réglementaire actuel ne tient pas suffisamment compte de leurs spécificités. Construit sur les standards bancaires traditionnels, il s'applique de manière uniforme, sans distinction claire entre les missions, les tailles ou les modèles économiques de ces structures hybrides. Cette approche freine leur développement et limite leur capacité d'innovation dans des segments pourtant stratégiques.

Un encadrement prudentiel trop calqué sur le modèle bancaire

Les règles imposées en matière de fonds propres, de solvabilité ou de gouvernance sont largement inspirées du fonctionnement des banques commerciales. Or, les EFCB n'ont ni la même taille, ni les mêmes marges, ni les mêmes portefeuilles d'activités. Appliquer à des structures spécialisées dans la garantie, le leasing ou le microcrédit les mêmes exigences que celles prévues pour les banques universelles revient à leur imposer une charge disproportionnée. Cela crée une forme d'injustice réglementaire qui pénalise leur modèle.

Une reconnaissance institutionnelle encore insuffisante

Dans les politiques régionales comme dans les dispositifs d'accompagnement à la finance inclusive, le rôle des EFCB reste souvent secondaire. Ils sont peu intégrés aux grandes stratégies de financement ou d'innovation de l'UEMOA. Par exemple, leur accès aux guichets de refinancement de la BCEAO est limité, alors même qu'ils pourraient relayer des crédits structurants dans des domaines comme l'agriculture, l'habitat ou les PME. Leur absence dans certaines initiatives de digitalisation ou d'interopérabilité traduit ce manque de reconnaissance stratégique.

Une réglementation peu propice à l'innovation

Malgré l'appel croissant à une finance plus agile et plus numérique, les EFCB ne bénéficient pas encore de dispositifs réglementaires incitatifs pour tester de nouveaux produits, s'allier à des fintechs ou expérimenter des services adaptés à leurs niches. Il n'existe pas de cadre souple qui leur permette d'explorer des formes alternatives de financement tout en restant dans un périmètre de sécurité. Résultat : leur contribution à la modernisation de l'offre financière reste timide, alors qu'ils pourraient jouer un rôle moteur dans des zones ou des secteurs délaissés.

IV- Recommandations vers une intégration stratégique des EFCB

Pour que les établissements financiers à caractère bancaire (EFCB) deviennent de véritables leviers de transformation économique, plusieurs axes doivent être activement développés. Il ne s'agit pas simplement de renforcer leur rôle, mais de repenser leur place au cœur de la finance malienne et régionale.

D'abord, il faut adapter la réglementation. Un cadre différencié, tenant compte des spécificités des différents types d'EFCB (fonds de garantie, sociétés de crédit-bail, établissements de crédit spécialisés) est indispensable. Ces règles doivent être suffisamment souples pour encourager l'innovation, tout en assurant une supervision efficace.

Ensuite, l'accès au refinancement doit être facilité. Cela passe par l'élargissement des conditions d'accès aux ressources de la BCEAO, voire par la création de guichets dédiés pour accompagner des projets structurants dans l'agriculture, le logement ou le soutien aux PME. Un meilleur accès aux fonds permettrait aux EFCB d'élargir leur offre et d'amplifier leur impact.

Par ailleurs, la digitalisation doit être soutenue et encouragée. Intégrer les plateformes numériques régionales, favoriser les partenariats avec les fintechs, et promouvoir l'interopérabilité sont des leviers essentiels pour moderniser l'offre des EFCB et étendre leur portée, notamment dans les zones rurales.

Enfin, le renforcement de la gouvernance est un impératif. Il s'agit d'accompagner la montée en compétences des dirigeants, d'instaurer des normes de transparence claires, et de conditionner l'accès aux ressources publiques à des indicateurs de performance rigoureux. Une gouvernance solide renforcera la confiance des partenaires, des clients et des autorités, consolidant ainsi la pérennité des institutions.

En agissant simultanément sur ces fronts, le Mali pourra pleinement exploiter le potentiel des EFCB, les intégrant comme des acteurs stratégiques au service d'une finance inclusive, innovante et durable, moteur d'une croissance économique équitable.

Conclusion

Pour bâtir un système financier réellement inclusif, flexible et ancré dans les réalités économiques du terrain, les Systèmes Financiers

Décentralisés (SFD) et les établissements financiers à caractère bancaire (EFCB) se révèlent indispensables. Même s'ils évoluent dans des domaines distincts — les SFD au plus proche des populations, les EFCB sur des segments financiers spécialisés —, ils partagent une ambition commune : combler les fractures financières qui traversent nos territoires, nos communautés et nos secteurs économiques.

Cependant, leur développement durable passe par des changements profonds. Il faudra repenser les règles du jeu, favoriser une meilleure collaboration avec les banques classiques, et surtout, renforcer leur accompagnement sur des aspects clés comme la digitalisation, la gouvernance et l'accès aux financements. Plus qu'un simple rôle complémentaire, ces institutions méritent d'être reconnues comme des acteurs à part entière, stratégiques, au cœur des politiques publiques qui visent à stimuler le développement économique, à promouvoir l'inclusion sociale, et à renforcer la résilience des territoires.

Dans un Mali qui fait face à des défis importants, valoriser ces acteurs financiers non traditionnels représente une véritable opportunité. En les intégrant pleinement à un écosystème rénové, on peut enfin réconcilier finance et développement, et ouvrir la voie à un avenir plus équitable et prospère pour tous.

Chapitre 4 : Défis systémiques et nouvelles frontières du financement

I- Un système sous tension : vulnérabilités face aux cyberattaques

Le système bancaire malien évolue dans un environnement économique, social et politique marqué par de fortes instabilités. À ces tensions structurelles s'ajoute un risque grandissant : celui des cyberattaques, de plus en plus fréquentes et sophistiquées. Ces menaces mettent à l'épreuve la résilience des institutions financières et soulèvent des inquiétudes quant à la robustesse du système face à des risques systémiques.

Selon une enquête relayée par Jeune Afrique en janvier 2020, plus de 85 % des institutions financières africaines déclaraient avoir déjà été la cible d'au moins une cyberattaque. Les fraudes liées aux cartes bancaires représentaient environ 30 % des incidents recensés, suivies de près par le phishing (hameçonnage), qui en représentait également un tiers. Ces chiffres traduisent la généralisation de la menace sur le continent.

Dans l'espace UEMOA, la transformation numérique du secteur bancaire – bien qu'indispensable à l'élargissement de l'accès aux services financiers – expose les établissements à de nouvelles vulnérabilités. Ces dernières années, plusieurs banques ont été confrontées à des tentatives d'intrusion, des fraudes électroniques ou des attaques par logiciels malveillants. Des incidents concrets ont été rapportés au Mali, au Burkina Faso, en Côte d'Ivoire et au Sénégal, impliquant parfois des détournements de fonds s'élevant à plusieurs millions de FCFA, souvent rendus possibles par des failles dans les systèmes d'information ou des campagnes de phishing ciblées.

Certaines banques ont subi des pertes significatives, contraignant même certaines d'entre elles à indemniser leurs clients. D'autres ont été amenées à investir massivement dans le renforcement de leur cybersécurité. D'après une enquête de la BCEAO, plus de 60 % des banques de l'Union ont signalé avoir été confrontées à au moins une tentative de cyberattaque entre 2019 et 2021. Les pertes financières annuelles pour l'ensemble du secteur bancaire de l'UEMOA seraient supérieures à 5 milliards de FCFA, un chiffre probablement en deçà de la réalité, du fait de la faible transparence entourant ces incidents.

Consciente de l'ampleur du risque, la BCEAO a publié en 2021 un guide de cybersécurité à l'attention des établissements de crédit et engagé une réflexion sur une stratégie régionale coordonnée. Toutefois, les défis demeurent considérables : digitalisation rapide, déficit de compétences techniques locales, hétérogénéité des systèmes de protection, et coordination encore limitée entre les acteurs financiers et les autorités en charge de la cybersécurité.

1- Typologie des cyberattaques les plus fréquentes :

Pour mieux comprendre l'ampleur et la complexité des menaces auxquelles sont confrontées les institutions financières de l'UEMOA, il est essentiel d'analyser les principaux types de cyberattaques qui les visent. En effet, les acteurs malveillants exploitent une diversité de techniques, allant de la fraude numérique classique à des attaques sophistiquées mobilisant des logiciels malveillants, souvent invisibles pour les systèmes non préparés. Ces attaques ne ciblent pas seulement les infrastructures techniques, mais visent également les comportements humains, à travers des méthodes de manipulation psychologique comme le phishing, ou encore les failles organisationnelles, notamment en matière de contrôle interne et de gouvernance des systèmes d'information.

Dans cette section, nous présentons les formes d'attaques les plus fréquemment observées dans le secteur bancaire ouest-africain. Cette typologie permet de mieux cerner les modalités d'exécution, les conséquences potentielles, ainsi que les failles exploitées, afin de sensibiliser les acteurs concernés à l'urgence de développer une culture de la cybersécurité à tous les niveaux.

Le vol de données personnelles et bancaires

Il s'agit de l'une des attaques les plus répandues. Les cybercriminels accèdent illicitement à des informations sensibles telles que : les numéros de carte bancaire, les identifiants de connexion aux comptes, les codes PIN, les adresses e-mail et numéros de téléphone associés aux comptes…

Ces données sont souvent revendues sur le dark web ou utilisées pour réaliser des transactions frauduleuses. Les techniques utilisées incluent le piratage de bases de données, les malwares installés sur des dispositifs, ou l'interception de données lors de connexions non sécurisées.

Les escroqueries par phishing (hameçonnage)

Le phishing est une technique d'ingénierie sociale utilisée pour tromper les utilisateurs et les inciter à fournir leurs informations sensibles. Cela se fait par : des courriels frauduleux imitant ceux de la banque, des SMS ou appels prétendant provenir du service client, des sites web falsifiés qui imitent l'interface des véritables institutions financières…

L'objectif est de récupérer les identifiants bancaires ou de pousser la victime à effectuer un transfert vers un compte frauduleux.

Les attaques par ransomware

Les ransomwares sont des logiciels malveillants qui, une fois installés, chiffrent les données d'un système ou paralysent des services informatiques. Les hackers exigent ensuite une rançon en échange de la clé de déchiffrement. Dans le secteur bancaire, une attaque par ransomware peut : bloquer les systèmes de paiement, rendre inaccessibles les bases de données clients, interrompre les services en ligne…

Ces attaques ont un impact financier et réputationnel important, et peuvent provoquer une perte de confiance des clients.

Les intrusions dans les systèmes bancaires (core banking)

Le système central ou *core banking system* est le cœur des opérations bancaires. Lorsqu'il est compromis, les conséquences peuvent être dramatiques. Ces intrusions visent à manipuler les soldes des comptes, à créer de fausses transactions, à détourner des fonds vers des comptes externes..

Ces attaques nécessitent souvent un haut niveau de compétence technique et parfois la complicité interne.

Les fraudes par transfert d'argent et usurpation d'identité

Les cybercriminels utilisent de fausses identités ou s'emparent de celles de vrais clients pour initier des transferts d'argent ou accéder à des crédits. Les techniques incluent : la falsification de documents, l'accès à des portails de banque en ligne via des identifiants volés, la manipulation des procédures de vérification…

Ces fraudes peuvent également exploiter les services de mobile money ou les plateformes de microfinance numérique, souvent moins sécurisées que les systèmes bancaires traditionnels.

Face à cette montée en puissance des menaces cyber, les banques du Mali n'ont d'autre choix que de renforcer leurs capacités de prévention, de détection et de réaction. La protection du système bancaire ne peut plus reposer uniquement sur des mesures techniques isolées : elle exige désormais une approche globale, intégrant la formation des ressources humaines, la coopération régionale, ainsi qu'une adaptation constante aux nouvelles menaces. Cette réalité impose aussi une transformation profonde des stratégies de gestion des risques, mais aussi des relations entre banques, régulateurs et fournisseurs de technologies.

La section suivante s'attardera ainsi sur les réponses institutionnelles et stratégiques à travers les bonnes pratiques émergentes au sein du secteur bancaire en Afrique.

2- Bonnes pratiques en matière de cybersécurité bancaire dans l'UEMOA

Face à la montée des cybermenaces, plusieurs établissements bancaires de l'UEMOA ont amorcé une adaptation de leurs pratiques en matière de sécurité informatique. Voici les principales mesures considérées comme des bonnes pratiques dans la région :

- **Mise en place d'un système de gestion des incidents :**

Les banques les plus avancées disposent d'une cellule dédiée à la surveillance en temps réel des menaces (Security Operations Center – SOC), capable de détecter et de réagir rapidement aux intrusions. Cependant, la majorité des établissements préfère **externaliser cette** fonction en faisant appel à des prestataires spécialisés pour assurer cette surveillance continue.

- **Audit régulier des systèmes d'information :**

Des audits de cybersécurité sont menés annuellement, souvent par des cabinets externes, pour identifier les failles potentielles et proposer des correctifs.

- **Renforcement de l'authentification et du chiffrement**

L'usage de l'authentification multifacteur (MFA), du chiffrement des données sensibles et de pare-feux renforcés devient une norme, notamment pour les opérations en ligne.

- **Formation continue du personnel**

Des sessions de sensibilisation au phishing, à la gestion des mots de passe et aux comportements à risque sont organisées régulièrement pour le personnel bancaire.

- **Sécurisation des plateformes de mobile banking**

Les banques investissent dans des tests d'intrusion et des certifications de sécurité sur leurs applications mobiles pour rassurer les clients et limiter les fraudes.

- **Collaboration avec les régulateurs et les CERTs nationaux**

Un dialogue plus étroit s'instaure entre les banques, la BCEAO, et les équipes de réponse aux incidents de sécurité informatique (CERT), afin de favoriser l'échange d'informations en cas de menace.

II- Inclusion financière : une promesse encore inachevée

L'inclusion financière est un enjeu majeur pour le développement économique et social du Mali. Elle vise à garantir que chaque individu et entreprise ait accès à une gamme complète de services financiers utiles, abordables et adaptés à leurs besoins.

Malgré les efforts des autorités et des institutions financières pour élargir l'accès aux services bancaires, l'inclusion financière au Mali reste incomplète. Une large part de la population, notamment rurale, demeure en marge du système financier formel. La fracture territoriale, l'inégalité d'accès aux outils numériques, et la faible pénétration des services financiers innovants freinent l'émergence d'une véritable inclusion financière. Ce paradoxe soulève la nécessité d'un changement de paradigme pour atteindre une bancarisation plus équitable et inclusive.

Cette partie explore les différents indicateurs, les obstacles à surmonter, les stratégies et les initiatives nécessaires pour promouvoir l'inclusion financière au Mali.

1- Les différents indicateurs de l'inclusion financière :

La BCEAO retient sept indicateurs majeurs pour analyser la situation de l'inclusion financière au niveau des pays de l'UEMOA. Elle les regroupe par thématique en trois groupes qui sont l'Accès, l'Utilisation et l'Accessibilité-Prix et les définit comme suit.

La dimension Accès regroupe deux indicateurs :

- Le taux global de pénétration démographique des services financiers (TGPSFd) qui mesure la proximité des services financiers vis-à-vis des populations,
- Le taux global de pénétration géographique des services financiers (TGPSFg) qui évalue le nombre de points de services disponibles sur une superficie de 1.000 km2.

La dimension Utilisation comprend trois indicateurs :

- Le taux de bancarisation strict (TBS)" qui détermine le pourcentage de la population adulte (âgée de 15 ans et plus) détenant un compte dans les banques, les services postaux, les caisses nationales d'épargne et le Trésor ;
- Le taux de bancarisation élargi (TBE) est le pourcentage de la population adulte détentrice d'un compte dans les institutions de microfinance ajouté au TBS ;
- Le taux global d'utilisation des services financiers (TGUSF)" qui constitue le cumul du taux de bancarisation élargi et du pourcentage de la population adulte titulaire d'un compte de monnaie électronique auprès des établissements émetteurs de monnaie électronique.

La dimension Accessibilité-prix rassemble deux indicateurs :

- Le taux d'intérêt nominal des dépôts (TINd)", qui mesure la rémunération de l'épargne au niveau des banques et des systèmes financiers décentralisés ;
- Le taux d'intérêt nominal des crédits (TINc)", qui renseigne sur les coûts supportés par les clients pour accéder aux crédits octroyés par les banques et les systèmes financiers décentralisés.

Nous nous attarderons pour notre analyse sur les trois indicateurs de l'Utilisation en comparant le Mali aux autres pays de l'UEMOA.

Taux de Bancarisation Strict TBS :

En 2019, Le Mali était le pays le moins bancarisé de la zone de l'UEMOA, son TBS était de **14,24 %**, il ne devançait que le Niger. Cinq années après, L'évolution du Taux de Bancarisation Strict (TBS) au Mali entre 2019 et 2023 montre une progression significative, marquant une amélioration notable de l'accès de la population aux services bancaires formels. Le pays est presque sur le podium derrière le Benin, la Côte d'ivoire et le Togo.

La courbe comparant l'évolution du Taux de Bancarisation Strict (TBS) du Mali à celle de la moyenne de l'UEMOA entre 2019 et 2023 est indiquée ci-dessous :

Figure 7 : Taux de Bancarisation Strict TBS 2019-2023

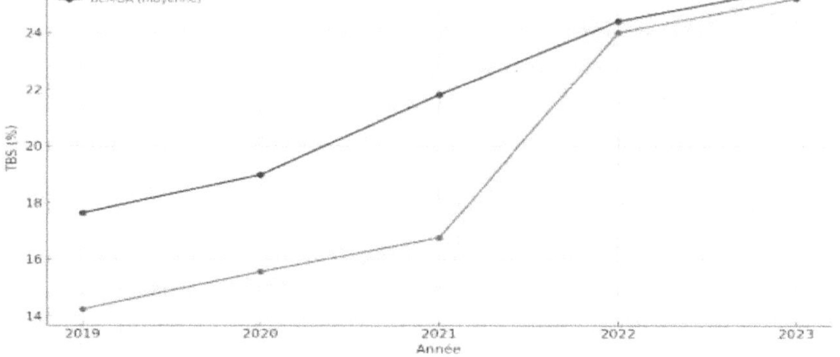

On observe que le Mali part d'un niveau inférieur mais rejoint progressivement la moyenne régionale, notamment grâce à la forte croissance enregistrée en 2022, comblant quasiment son retard (25,2 % pour le Mali contre 25,6 % pour l'UEMOA).

Le tableau ci-dessous indique la situation des différents pays entre 2019 et 2023.

Tableau 24 : Taux de Bancarisation Strict (TBS) – 2019 à 2023

Pays	2019	2020	2021	2022	2023
Bénin	24,03 %	31,19 %	34,73 %	35,7%	36,6
Burkina Faso	20,38 %	20,63 %	21,25 %	21,8%	22,8%
Côte d'Ivoire	19,08 %	20,45 %	26,11 %	29,5%	31,2%
Guinée-Bissau	15,67 %	15,97 %	15,58 %	16,4%	15,2%
Mali	14,24 %	15,55 %	16,75 %	24 %	25,20 %
Niger	8,24 %	7,30 %	8,40 %	8,7%	8,5%
Sénégal	18,56 %	19,60 %	18,93 %	22,5%	22,4%
Togo	25,12 %	26,95 %	30,09 %	29,8%	30,2%
UEMOA	17,64 %	18,98 %	21,80 %	24,40 %	25,60 %

Taux de Bancarisation Elargi TBE

En 1998, le Mali a élaboré une stratégie nationale ainsi qu'un premier plan d'actions pour soutenir la croissance du secteur de la microfinance. Cette initiative visait à accroitre l'inclusion financière et accompagner le développement de cette industrie en pleine croissance.

Ces initiatives ont été confrontées à la crise du secteur de la microfinance notamment les crises de solvabilité datant des années 2000. Les institutions comme Kondo Jigima et Union Jemeni qui étaient parmi les principales sociétés de microfinance du pays ont fait banqueroute en laissant des épargnants sans recours. La Banque Mondiale, dans sa note technique sur le secteur de la microfinance au

Mali en 2015, estimait le montant de l'épargne compromise à 8,9 milliards FCFA. Cela a conduit à une grande crise de confiance vis-à-vis de ce secteur.

Ces dernières années, les nouveaux acteurs Baobab (ex-Microcred), COFINA, AMIFA (Groupe BCP Maroc), Crédit cash (Banque de Dakar) appartenant essentiellement à des groupes bancaires sont en train de pénétrer le marché malien avec des stratégies différentes. Ces structures ont tendance à jouer sur l'échiquier des banques vu les montants annoncés en termes d'octroi individuel de crédit. Elles sont implantées dans les mêmes endroits que les banques. Leurs principaux clients sont d'ailleurs généralement tous clients des banques de la place avec une possibilité d'accès au crédit bancaire plus en ou moins difficile. La volonté de l'inclusion financière de la microfinance n'est pas forcement assuré avec ces stratégies de ''Mini-banque''. Néanmoins, les acteurs traditionnels comme Kafo Jiginew continuent de jouer leur rôle dans le milieu rural favorisant l'inclusion financière.

Tout comme pour le Taux de Bancarisation Strict, le Mali est encore en retard par rapport à la moyenne du Taux de Bancarisation Elargi TBE de l'UEMOA.

Le Taux de Bancarisation Élargi (TBE) du Mali s'établissait à 26,74 % en 2019, le plaçant dans le bas du classement de la zone UEMOA. À cette date, il ne devançait que la Guinée-Bissau et le Niger, et restait loin derrière des pays comme le Bénin (69,94 %), le Togo (72,81 %) ou encore le Sénégal (51,60 %).

En 2023, le TBE du Mali atteint 39,60 %, soit une progression de près de 13 points de pourcentage, cela est une suite logique de l'augmentation du TBS en 2022. Le dynamise souhaité au niveau des SFD n'est pas au rendez de vous.

Bien que le Mali n'ait pas encore rattrapé la moyenne de l'UEMOA (47,70 %), il montre une dynamique positive, notamment avec une forte croissance entre 2021 et 2022, période durant laquelle le TBE a bondi de près de 7,5 points à la suite du TBS.

Figure 8 : Taux de Bancarisation Élargi (TBE) du Mali vs UEMOA 2019 à 2023

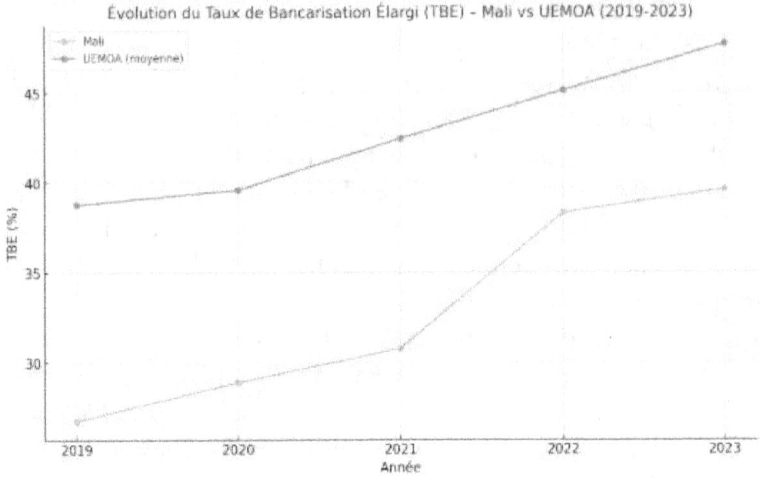

Source : BCEAO/APBEF-Mali

Tableau 25 : Taux de Bancarisation Élargi (TBE) – 2019 à 2023

Pays	2019	2020	2021	2022	2023
Bénin	69,94 %	79,56 %	84,01 %	85,7%	86,9%
Burkina Faso	39,94 %	33,76 %	35,75 %	36%	37,1%
Côte d'Ivoire	30,79 %	32,58 %	37,92 %	43,2%	43,6%
Guinée-Bissau	16,76 %	17,03 %	16,49 %	16,4%	15,2%
Mali	26,74 %	28,88 %	30,75 %	38,3%	39,60 %
Niger	17,93 %	13,83 %	13,04 %	16,1%	15,9%
Sénégal	51,60 %	54,98 %	54,23 %	59,7%	61,6%
Togo	72,81 %	80,04 %	84,18 %	84,9%	86,3%
UEMOA	38,76 %	39,57 %	42,44 %	45,10 %	47,70 %

Source BCEAO/APBEF-Mali

Taux global d'utilisation des services financiers.

Le développement de la monnaie électronique au Mali a connu une croissance significative au cours de la dernière décennie, devenant un pilier essentiel de l'inclusion financière dans le pays. Cette évolution est principalement impulsée par la pénétration croissante des téléphones mobiles et l'expansion des services financiers numériques.

Le mobile money est désormais un levier essentiel pour l'inclusion financière, ouvrant la voie à une démocratisation de l'accès et de l'usage des services financiers. Outre les deux opérateurs de télécommunications traditionnels, Orange Money et Moov Money, de nouveaux acteurs tels que Sama Money, Wave, et Wizall Money ont récemment émergé sur le marché. Les principales raisons qui ont favorisées ce développement sont les suivantes :

Accessibilité Mobile : La large diffusion des téléphones mobiles, même dans les zones rurales, a été un catalyseur majeur pour l'adoption de la monnaie électronique.

Partenariats Stratégiques : Les opérateurs de télécommunications ont collaboré avec les institutions financières pour offrir une gamme de services, rendant les transactions numériques accessibles à un plus grand nombre de personnes.

Réglementation Favorable : Les autorités maliennes et la Banque Centrale des États de l'Afrique de l'Ouest (BCEAO) ont mis en place des cadres réglementaires pour soutenir et sécuriser les transactions via la monnaie électronique, renforçant ainsi la confiance des utilisateurs.

Selon l'Autorité Malienne de Régulation des Télécommunications des Technologies de l'information et de la communication et des Postes AMRTP, ''Les comptes mobile money déclarés au 31 décembre 2022 par les opérateurs de télécommunications s'élèvent à 14 549 037 clients, contre 10 393 022 clients l'année précédente''. Ce nombre élevé de comptes s'explique aussi en partie par le fait que les clients maliens ont en général deux comptes mobiles Orange et Moov.

Malgré ces progrès, plusieurs défis subsistent, notamment en termes de couverture réseau dans certaines régions isolées, d'éducation financière, et de sécurité face aux cybermenaces. En effet, les infrastructures endommagées par les conflits et les problèmes sécuritaires dans le nord et le centre du Mali ralentissent également l'expansion des services de monnaie électronique. Le secteur des télécommunications et des technologies de l'information et de la communication a traversé de grandes difficultés en raison des dommages causés par les groupes armés et djihadistes sur les infrastructures. Cependant, les opérateurs de télécommunications ont persévéré en continuant à investir pour relever ces défis.

Le mobile money est devenu un catalyseur de l'inclusion financière et offre des opportunités pour démocratiser l'accès et l'utilisation des services financiers. En plus des deux opérateurs de télécommunications (Orange money et Moov money), de nouveaux acteurs (Sama Money, Wave, Wizall Money) ont fait leur apparition.

Malgré ces progrès, le Mali est en deçà de la moyenne de l'UMOA en termes de taux global d'utilisation des services financiers. Comme le démontrent les courbes comparatives ci-dessous :

Figure 9 : Taux Global d'Utilisation des Services Financiers (TGUSF) Mali vs UEMOA

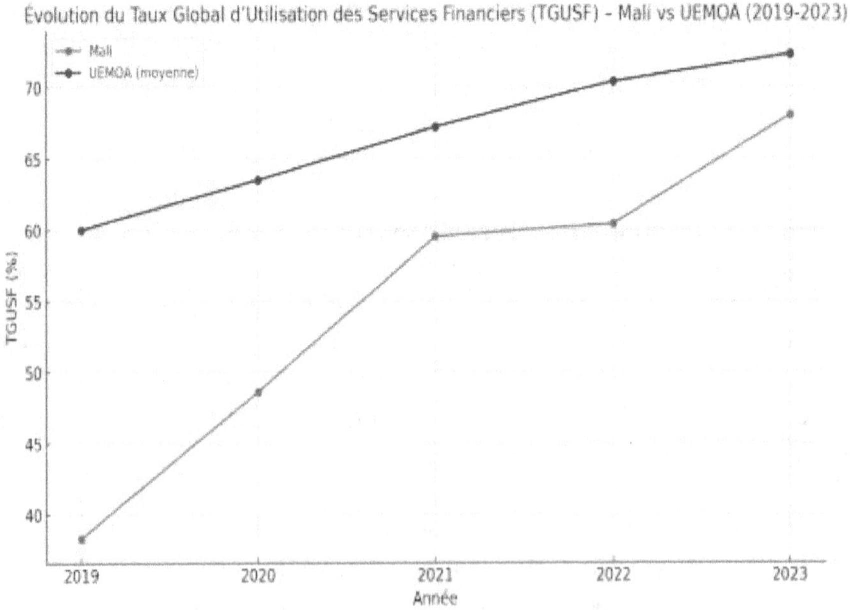

Tableau 26 : Taux Global d'Utilisation des Services Financiers (TGUSF) – 2019 à 2023

Pays	2019	2020	2021	2022	2023
Bénin	75,40 %	84,41 %	85,4%	86,8%	87,7%
Burkina Faso	70,86 %	75,44 %	78%	80,9%	79%
Côte d'Ivoire	78,70 %	79,10 %	81%	83,6%	84,7%
Guinée-Bissau	36,77 %	56,95 %	60%	75%	76,1%
Mali	38,32 %	48,60 %	59,5 %	60,4%	68%
Niger	17,73 %	15,64 %	17%	18,7%	16,4%
Sénégal	69,97 %	75,60 %	78%	80,1%	83,3%
Togo	79,19 %	81,62 %	84%	87%	87,7%
UEMOA	60,00 %	63,50 %	67,2%	70,40 %	72,30 %

Figure 10 : Courbes des 3 indicateurs d'inclusion financière – Mali vs UEMOA (2019–2023)

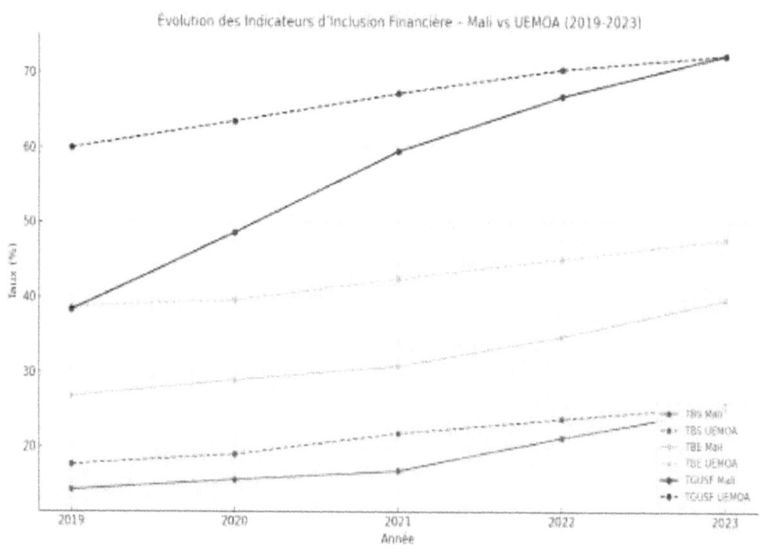

2- Obstacles à l'inclusion financière au Mali :

Pourquoi le taux d'inclusion financière au Mali est autant à la traine par rapport aux autres pays de L'Union ? On peut citer principalement les raisons suivantes qui peuvent expliquer la faiblesse du taux de bancarisation au Mali :

- **La pauvreté :**

Selon l'Institut National de la Statistique du Mali, le taux de pauvreté a augmenté de 3,4 points entre 2019 et 2021, passant de 42,1% à 45,5%[4]. Cette hausse est plus marquée en milieu urbain (+3,1 points) qu'en milieu rural (+2 points).

La profondeur et la sévérité de la pauvreté ont également augmenté, atteignant respectivement 12,8% et 5,0% en 2021. Toutefois, la pauvreté reste plus profonde en milieu rural (15,13%) qu'en milieu urbain (5,09%). Des disparités régionales importantes sont observées :

Les régions les plus touchées sont Mopti (57,5%), Sikasso (57%), Ségou (53,2%), suivies de Koulikoro (46,2%) et Gao (40,1%). Le district de Bamako présente un taux de pauvreté de 15,8%, en partie dû à l'exode rural. Curieusement c'est la région de Kidal qui affiche le taux de pauvreté le plus bas (4,9%) du Mali.

Figure 11 : Distribution spatiale de la pauvreté au Mali en 2021[5]

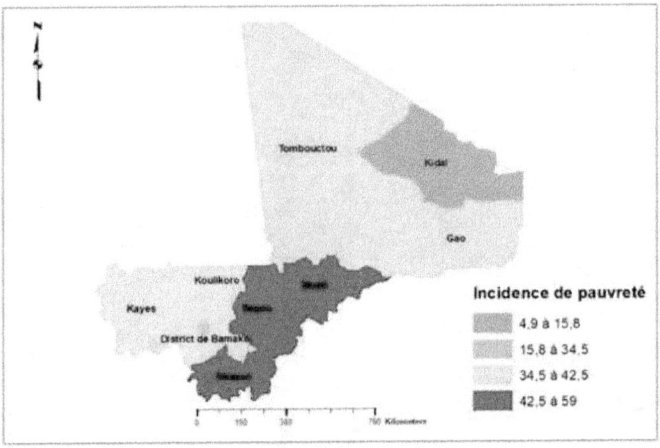

Source : EHCVM, 2021-2022 INSTAT

[4] INSAT Mali : PROFIL ET DETERMINANTS DE LA PAUVRETE AU MALI – août 2023

[5] INSAT Mali : PROFIL ET DETERMINANTS DE LA PAUVRETE AU MALI – août 2023

Une grande disparité est constatée entre la population la plus démunie des zones rurales et une franche '' riche'' installée dans les zones urbaines.

Ce qui explique, en grande partie, la concentration des banques commerciales dans les zones urbaines exceptée la BNDA qui est implantée dans les zones rurales du fait de son rôle dans ce secteur.

Sur la période, selon les données de la Banque mondiale, le taux de pauvreté de l'UEMOA se situe entre 36,2% et 83,1%. Le Mali se place 4e des pays les moins pauvre derrière le Benin, le Sénégal et la Côte d'Ivoire.

- **Les distances géographiques :**

Le Mali, avec une superficie de 1.240.190 km2, est plus grand que tous les autres pays de la zone UEMOA réunis (environ 1.001.457 km2) sans le Niger. Ce qui fait qu'une partie de la population vit dans des zones éloignées et isolées, où l'accès aux services bancaires peut être difficile ou limité.

Malgré ces contraintes, sur les dix dernières années le Mali a connu l'une des progressions du TBS les plus importantes de la zone.

- **Les défis sécuritaires :**

Les défis sécuritaires au Mali ont un impact négatif significatif sur la pénétration des services financiers, en particulier dans les zones rurales et les régions affectées par les conflits.

Depuis 2012, le Mali fait face à une insécurité due à des conflits armés, notamment dans les régions du nord et du centre. Les régions Sud du Pays qui étaient jusque-là épargnées font face à des attaques sporadiques. Par exemple, Dans cette zone, Kafo Djiginew a été contraint de fermer certains de leurs points de vente suite à cette insécurité.

L'insécurité pousse de nombreuses personnes à quitter leurs maisons et à se déplacer vers des zones plus sûres, souvent dans des conditions précaires. Ces populations déplacées perdent l'accès à leurs comptes bancaires et à d'autres services financiers en raison de la perte de documents, de la distance, et du manque de services financiers dans les zones de refuge.

Cette situation aggrave l'exclusion financière car les déplacés internes sont souvent contraints de recourir à des moyens informels de gestion de leurs finances.

Les infrastructures économiques, y compris celles des services financiers (agences bancaires, réseaux de télécommunications), sont souvent ciblées ou endommagées lors des affrontements. La destruction des infrastructures numériques et physiques entrave la diffusion de services financiers modernes, tels que les paiements mobiles et l'accès à Internet.

Les zones touchées par les conflits manquent également de connectivité, ce qui est crucial pour les services bancaires numériques.

- **L'analphabétisme** :

Une partie importante de la population est analphabète ou a un faible niveau d'éducation, ce qui peut rendre difficile l'utilisation des services bancaires. En effet, le taux moyen d'alphabétisation des adultes (plus de 15 ans) au Sahel est de 42% en 2023 contre 31% pour le Mali selon les données de la Banque Mondiale. Cela rend difficile toute éducation financière. Néanmoins des acteurs du développement comme la BNDA, la CMDT et dans une moindre mesure certaines ONG tentent d'y remédier mais principalement dans les zones de productions CMDT et OHVN.

- **Croyance :**

Dans certaines religions, notamment l'islam, la perception ou le paiement d'intérêts (riba) est strictement interdit. Cette interdiction constitue un frein majeur à l'utilisation des services financiers classiques, qui reposent en grande partie sur des produits rémunérés par l'intérêt. Par conséquent, de nombreuses personnes préfèrent rester en dehors du circuit bancaire traditionnel. Pour répondre à cette contrainte, certaines banques ont développé des offres conformes aux principes de la finance islamique, offrant ainsi des alternatives éthiques et religieusement acceptables.

III- Investissements productifs, PME, secteur informel : les oubliés du crédit bancaire

1- Investissements productifs : un financement à bout de souffle ?

L'un des rôles essentiels du secteur bancaire est de financer l'économie réelle, en particulier les investissements productifs. Or, au Mali, l'accès aux financements de moyen et long terme reste limité, entravant la transformation structurelle de l'économie. Cette insuffisance chronique résulte de plusieurs facteurs : la rareté des ressources longues, une intermédiation financière encore timide, et un environnement macroéconomique peu incitatif. Dans ce contexte, relancer l'investissement productif exige une refonte en profondeur des mécanismes de financement.

Les banques maliennes font face à de nombreux obstacles pour financer efficacement les crédits d'investissement à moyen et long terme. Parallèlement, les entreprises locales peinent à accéder au marché financier régional, notamment à la Bourse régionale des valeurs mobilières (BRVM). Ces difficultés s'expliquent par un ensemble de contraintes structurelles, institutionnelles, économiques et culturelles, qu'il convient d'analyser pour en dégager des pistes de solution.

1.1- Manque de Structuration des Projets : Un Frein à l'Investissement Bancaire

La structuration d'un projet d'investissement désigne l'ensemble des démarches visant à concevoir, organiser et présenter un projet de manière à le rendre viable, clair et attractif pour les investisseurs ou les institutions financières. Dans de nombreux secteurs, notamment ceux des PME et de l'agriculture, les projets souffrent souvent d'un manque de structuration, ce qui freine leur accès au financement.

Caractéristiques du Manque de Structuration : Les projets mal structurés présentent souvent les caractéristiques suivantes :

Absence d'un business plan détaillé : Les objectifs, les prévisions financières, les stratégies de mise en œuvre ou les retours sur investissement ne sont pas clairement définis.

Données insuffisantes ou peu fiables : Les informations sur le marché, la demande, les coûts ou les revenus attendus sont incomplètes ou manquent de crédibilité.

Gouvernance déficiente : Les porteurs de projets, notamment dans les PME, manquent d'une structure organisationnelle solide, avec des rôles et des responsabilités mal définis.

Non-respect des normes et exigences : Les critères imposés par les banques, comme des garanties solides ou des états financiers audités, ne sont pas satisfaits.

Plan de financement inadéquat : Une dépendance excessive au financement bancaire sans diversification des sources de capitaux est souvent observée.

Impacts du Manque de Structuration

Ce déficit de structuration a plusieurs conséquences négatives pour les porteurs de projets, les institutions financières et l'économie en général.

Pour les banques et investisseurs :

Difficulté d'évaluation des risques :
Les banques n'ont pas les informations nécessaires pour analyser la faisabilité économique et financière du projet, rendant l'évaluation des risques (crédit, marché, opérationnel) difficile.

Faible attractivité des projets :
Les projets mal préparés sont perçus comme risqués, ce qui décourage les banques et les investisseurs privés de s'impliquer.

Surcoût d'analyse :
Les banques doivent engager plus de temps et de ressources pour collecter et valider les informations manquantes, augmentant ainsi leurs coûts opérationnels.

Pour les porteurs de projets :

Accès limité aux financements :

Les banques et autres institutions financières hésitent à octroyer des prêts ou des lignes de crédit aux projets mal définis.

Retards dans la mise en œuvre :

Le manque de financement et les allers-retours pour ajuster le projet ralentissent sa concrétisation.

Perte d'opportunités :

Une mauvaise préparation peut conduire à des échecs dans l'obtention de financements ou de partenariats stratégiques, compromettant la compétitivité du projet.

Pour l'économie :

Sous-développement des secteurs stratégiques :
Les secteurs comme l'agriculture ou les PME, essentiels pour la croissance inclusive, restent sous-financés.

Faible mobilisation des ressources :
Les fonds disponibles au sein des banques ou des marchés financiers ne sont pas pleinement utilisés pour financer des projets nationaux.

1.2- Solutions pour améliorer la structuration des Projets

Plusieurs approches peuvent être envisagées pour améliorer la qualité des projets et leur structuration.

Formation et accompagnement des porteurs de projets

Renforcement des capacités :
Des programmes de formation et de sensibilisation doivent être organisés pour aider les porteurs de projets à élaborer des business plans solides et cohérents.

Accompagnement technique :
Les incubateurs, accélérateurs et cabinets de conseil peuvent jouer un rôle clé en offrant un soutien personnalisé pour structurer les projets.

Standardisation des exigences bancaires

Guides pratiques :
Les banques peuvent développer et diffuser des guides simplifiés expliquant les étapes et les documents nécessaires pour soumettre un projet.

Plateformes numériques :
Des plateformes en ligne peuvent être mises en place pour standardiser et faciliter la présentation des projets aux investisseurs.

Dynamisation et création des fonds de garantie et d'incubateurs

Fonds de garantie :
La mise en place de fonds de garantie spécifiques peut inciter les banques à prendre plus de risques sur des projets potentiellement viables mais mal structurés.

La dotation du Fonds de Garantie du Secteur Privé FGSP en fonds spéciaux pour couvrir cette activité d'investissement à moyen et long terme.

Incubateurs sectoriels :
Des incubateurs spécialisés par secteur d'activité, peuvent offrir un accompagnement sectoriel adapté.

Implication des institutions publiques

Cadre réglementaire :
Les gouvernements peuvent renforcer les politiques incitant à une meilleure gouvernance des entreprises et des projets.

Partenariats public-privé (PPP) :
Les PPP peuvent fournir un soutien initial pour les projets dans les secteurs stratégiques comme l'agriculture ou l'énergie.

Le manque de structuration des projets reste un défi majeur dans les économies en développement comme celle du Mali. Une approche intégrée impliquant les porteurs de projets, les banques, les gouvernements et les institutions de conseil est nécessaire pour améliorer la qualité et la viabilité des projets. En renforçant la structuration, les projets auront plus de chances d'attirer des financements, contribuant ainsi au développement économique global.

1.3- Inadéquation entre ressources et emplois :

Les banques du Mali voire même de l'UEMOA collectent principalement des dépôts à court terme, mais les besoins en investissements des entreprises à moyen et long terme nécessitent des ressources stables. Ce mismatch entre la durée des dépôts et les besoins de financement expose les banques à des risques de liquidité.

Nature des emplois bancaires à moyen et long terme :

Les entreprises maliennes ont des besoins importants en termes de financements des investissements à moyen et long terme pour :

- Investissements industriels : Acquisition d'équipements, modernisation des usines, ou développement de nouvelles chaînes de production.
- Infrastructures : Financement de projets structurants, notamment dans les secteurs de l'énergie, du transport et de l'aménagement des terres agricoles.
- Mécanisation du secteur agricole : Achat de matériels agricoles, et transformation des produits agricoles.
- Immobilier : Financement de projets immobiliers ou de logements sociaux pour répondre à la demande croissante de logements.

Ces types d'emplois, souvent assortis de durées moyennes de cinq ans, nécessitent des ressources stables et de longue durée, que les banques peinent à mobiliser.

Nature des ressources : Prépondérance des dépôts à court terme

On constate dans le système bancaire malien :

La Prépondérance des dépôts à court terme **:** Environ 75% des ressources des banques maliennes proviennent de dépôts à vue ou à court terme. Ces dépôts sont volatils et peuvent être retirés à tout moment, créant une pression constante sur la gestion de la trésorerie.

Une Faible épargne à moyen et long terme **:** L'épargne à moyen terme, comme les dépôts à terme les produits d'assurance-vie ou les épargnes logements, est limitée. Cette situation est attribuable à une culture d'épargne encore peu développée, une absence d'incitations fiscales significatives pour promouvoir l'épargne et un faible revenu moyen des ménages, qui restreint leur capacité à épargner.

Recommandation

Réduire voire supprimer le taux de l'IRC qui est de 9% sur les épargnes à moyen et long terme pour inciter une épargne stable pour les banques.

1.4- Contraintes réglementaires

Le ratio règlementaire de la BCEAO pour limiter ce risque de liquidité est celui de la couverture des emplois à moyen et long terme par les ressources stables :

Ce ratio est une norme prudentielle imposée par la BCEAO pour garantir la solvabilité et la stabilité financière des établissements bancaires opérant dans l'UEMOA. Il vise à s'assurer que les banques financent leurs emplois à long terme (comme les crédits d'investissement ou immobiliers) à partir de ressources considérées comme stables (telles que les fonds propres et les dépôts à terme). Les Objectifs principaux sont :

- Éviter que des engagements à moyen et long terme soient financés par des ressources volatiles ou à court terme pour prévenir des déséquilibres de liquidité.
- Renforcement de la résilience bancaire en protégeant les banques contre les risques de liquidité en cas de crise financière ou de retrait massif des dépôts.
- Conformité aux normes internationales en alignant la gestion des banques de l'UEMOA sur les meilleures pratiques en matière de gestion de liquidité.

La limitation de ce ratio à un minimum de 50% est un frein au financement de l'économie pour certaines banques de la place qui ont une appétence pour ce type de financement du fait de leur statut d'acteur du développement notamment la BNDA.

Recommandation :

Flexibilité réglementaire : Adapter les ratios en fonction des spécificités des économies locales tout en respectant les objectifs de stabilité.

- Inclure une partie des comptes d'épargne (30%) dans le calcul des ressources stables à minima leurs soldes minimum.
- Ou baisser la limite du ratio à 45%.

1.5- Faible développement des marchés financiers :

La BRVM (Bourse Régionale des Valeurs Mobilières) est une bourse commune aux huit pays membres de l'Union Économique et Monétaire Ouest-Africaine (UEMOA). Elle a été créée en décembre 1996 et a commencé ses activités en septembre 1998. C'est un marché boursier qui permet aux entreprises de lever des fonds en émettant des actions ou des obligations et aux investisseurs d'acheter, de vendre ou de gérer des titres financiers. Elle fonctionne comme une bourse classique, mais est unique en son genre puisqu'elle est partagée par plusieurs pays, offrant ainsi une intégration économique régionale.

A date, il n'y a qu'une seule entreprise malienne qui est cotée à la BRVM à savoir la BOA. Le faible taux de représentation des entreprises maliennes à la BRVM peut s'expliquer par plusieurs facteurs structurels, économiques et culturels :

Faible culture boursière et méconnaissance du marché

Beaucoup d'entrepreneurs et chefs d'entreprises maliens méconnaissent les avantages de la cotation en bourse, comme l'accès à des financements à long terme ou l'amélioration de la visibilité et de la gouvernance. Le marché boursier est souvent perçu comme complexe et risqué, ce qui freine l'intérêt des entreprises locales.

Structure économique dominée par l'informel

L'économie malienne est majoritairement informelle, avec peu d'entreprises structurées et respectant les critères de gouvernance et de transparence exigés par la BRVM.

Ces entreprises informelles ne disposent pas des états financiers audités ou des capacités de reporting nécessaires pour une introduction en bourse. Celles qui répondent à ces exigences comptables et de reporting non pas forcement la taille pour être éligibles aux critères de cotation de la BRVM. La plupart des entreprises maliennes sont de petite ou moyenne taille, ce qui rend difficile leur capacité à répondre aux exigences minimales de capital et de chiffre d'affaires pour être cotées à la BRVM. Les principaux critères sont indiqués dans le tableau ci-dessous :

Tableau 27 : Critères de cotation à la BRVM

Critères	PRESTIGE	PRINCIPAL	CROISSANCE
Forme juridique	SA	SA	SA
Capital social minimum FCFA	100 millions	100 millions	10 millions
Capitalisation boursière minimale FCFA	50 milliards	1 milliard	100 millions
Période minimale d'activité	10 ans	5 ans	2 ans
Historique de comptes certifiés	5 ans	3 ans	2 ans

Source : https://www.brvm.org

Aussi les exigences administratives et réglementaires constituent un frein. En effet, les exigences de conformité, telles que l'obligation d'une bonne gouvernance, d'audits réguliers et de transparence financière, peuvent sembler complexes ou coûteuses pour les entreprises maliennes. Les frais liés à une introduction en bourse sont également considérés comme élevés par les entreprises locales.

Autres faiblesses :

Les initiatives pour sensibiliser et accompagner les entreprises maliennes dans le processus de cotation restent limitées. Les structures d'accompagnement, comme les cabinets de conseil et les banques d'investissement, sont peu présentes ou sous-utilisées.

Les secteurs clés de l'économie malienne, comme l'agriculture ou l'artisanat, sont sous-représentés dans les investissements structurés.

Les entreprises évoluant dans ces secteurs peinent à s'organiser pour répondre aux critères de la BRVM.

Recommandations et piste de solutions :

Pour accroître la présence des entreprises maliennes à la BRVM :

- Sensibilisation et formation des chefs d'entreprises sur les avantages de la bourse.
- Accompagnement technique pour la mise à niveau des entreprises, notamment en matière de gouvernance et de reporting financier.
- Renforcement des politiques publiques pour structurer le secteur privé et inciter les entreprises à se formaliser.
- Développement d'incitations fiscales pour encourager les entreprises à se coter.

Pour la diversification des ressources :

- Lever des fonds via les marchés financiers : Encourager les banques à émettre des obligations ou à utiliser les plateformes de la BRVM.
- Accès aux fonds internationaux : Travailler avec des bailleurs de fonds (BAD, FMI, Fonds Vert pour le Climat) pour obtenir des lignes de crédit dédiées aux Institutions de Microfinance et de Tontine.
- Promotion de Banques d'Investissement : Encourager la création de banques d'investissement pourrait permettre aux entreprises d'accéder à des ressources financières plus adaptées aux projets d'investissement à long terme

2- PME et secteur informel : les oubliés du crédit bancaire ?

Dans le paysage économique malien, les petites et moyennes entreprises (PME) ainsi que les acteurs du secteur informel représentent l'épine dorsale de l'activité économique et de l'emploi. Pourtant, ces acteurs peinent à accéder aux financements bancaires. Les banques, souvent frileuses, invoquent le manque de garanties, le niveau de risque élevé ou encore l'opacité des activités informelles. Le résultat est un profond déséquilibre entre l'offre et la demande de crédit, qui pénalise la croissance, l'emploi et l'innovation. Réconcilier le secteur bancaire avec les PME et l'informel apparaît dès lors comme un impératif de développement.

2.1- Les facteurs limitants leur financement :

Le financement des PME et des acteurs du secteur informel au Mali se heurte à une série de contraintes interdépendantes, d'ordre réglementaire, institutionnel, informationnel, économique et culturel. Ces obstacles freinent considérablement l'accès au crédit d'investissement et contribuent à la persistance d'un dualisme entre entreprises bancarisées et entreprises exclues du système financier formel.

Sur le plan réglementaire, les normes prudentielles imposées aux établissements bancaires par la Commission Bancaire de l'UMOA ont renforcé les exigences en matière de sélection des risques et de couverture en fonds propres. Bien que nécessaires pour assurer la stabilité du secteur financier, ces règles pèsent indirectement sur le financement des petites entreprises. En exigeant des garanties élevées, des ratios de solvabilité stricts et des taux de provisionnement importants sur les créances jugées risquées, elles incitent les banques à privilégier les grandes entreprises ou les projets fortement sécurisés au détriment des PME.

Le cadre juridique applicable aux sûretés et au recouvrement des créances constitue un autre frein majeur. Malgré l'adoption de l'Acte uniforme OHADA sur les sûretés, l'exécution effective des garanties reste laborieuse. Les titres fonciers restent peu accessibles ou contestés, les nantissements de matériel sont difficiles à faire valoir, et le recours à la justice commerciale reste peu dissuasif en cas de défaut de paiement.

Sur le plan institutionnel, on note également une faiblesse du dispositif public d'accompagnement au financement des PME. Les guichets publics spécialisés sont souvent sous-financés, peu visibles ou mal articulés entre eux. Les programmes d'appui – lorsqu'ils existent –

manquent de coordination, de ciblage sectoriel ou de lisibilité pour les bénéficiaires. Quant à la fiscalité, elle est perçue comme complexe, instable et parfois dissuasive à la formalisation. Cela décourage de nombreuses petites entreprises à franchir le pas vers le formel, condition pourtant essentielle à l'accès au financement bancaire.

À ces freins réglementaires et institutionnels s'ajoute une asymétrie d'information persistante entre les établissements de crédit et les porteurs de projets. Les banques manquent de données fiables et actualisées sur les performances, la solvabilité ou la gouvernance des PME. Le caractère informel d'une grande partie du tissu économique aggrave ce déficit de transparence. Beaucoup d'entreprises n'ont ni états financiers structurés, ni traçabilité de leurs flux d'activité, ni relations bancaires solides. Cela alimente un risque perçu élevé et pousse les institutions financières à exiger des garanties que peu de PME peuvent fournir.

Les capacités internes des établissements bancaires à traiter efficacement les besoins de financement des PME demeurent aussi limitées. Les procédures de crédit sont souvent longues, centralisées, et inadaptées à la réalité des petites structures. La culture du risque bancaire reste prudente, avec une préférence marquée pour les clients institutionnels ou ceux disposant de garanties réelles importantes. Dans ce contexte, l'analyse des projets d'investissement à moyen et long terme des PME – souvent innovants mais peu documentés – suscite peu d'intérêt.

Les caractéristiques propres aux PME constituent également un frein. Bon nombre de promoteurs manquent d'expérience en gestion, en comptabilité ou en montage de dossiers bancables. Les entreprises elles-mêmes ont une structuration souvent embryonnaire : absence de séparation entre patrimoine personnel et professionnel, informalité juridique, faible discipline de gestion. Cette fragilité interne complique leur crédibilité auprès des banques et limite leur capacité à négocier des conditions de financement favorables.

Enfin, des facteurs culturels et comportementaux pèsent sur la relation entre banques et PME. Une méfiance mutuelle subsiste, nourrie par des expériences négatives antérieures, des incompréhensions réciproques, voire des préjugés. Les banques considèrent les PME comme instables et peu fiables, tandis que ces dernières perçoivent les banques comme inaccessibles, bureaucratiques et peu disposées à accompagner leurs besoins réels.

Dans ce contexte, le secteur informel, majoritaire dans l'économie malienne, reste en grande partie exclu des circuits financiers traditionnels. Faute de structuration minimale, d'existence juridique ou d'identification claire, il échappe aux radars du financement classique, malgré son poids économique et son rôle essentiel dans l'emploi et la production locale.

2.2-Valoriser les PME locales et intégrer progressivement le secteur informel

La transformation du tissu économique malien ne peut se faire sans une valorisation réelle des PME locales et une stratégie progressive d'inclusion du secteur informel. Ces deux composantes représentent la majorité de l'activité économique, de l'emploi et du potentiel d'innovation du pays. Il ne s'agit pas seulement de leur faciliter l'accès au financement, mais aussi de bâtir un environnement institutionnel, technologique et humain qui les accompagne vers plus de formalisme, de productivité et de résilience. Cela suppose des réformes structurelles, des solutions innovantes et une volonté partagée entre l'État, les institutions financières et les opérateurs privés.

Un écosystème financier inclusif passe d'abord par un meilleur accès au crédit pour les PME, via des lignes de financement dédiées, adossées à des dispositifs de garantie adaptés ou à des institutions spécialisées (à l'image du FARE au Mali ou du FONGIP au Sénégal). Il importe aussi d'encourager la formalisation progressive des petites structures, à travers des régimes fiscaux incitatifs, des procédures administratives simplifiées ou des appuis à la structuration juridique.

L'intégration des PME dans le système financier suppose également une modernisation de leur gestion. Cela peut se faire par la promotion de solutions de comptabilité simplifiée ou numérique, accessibles via des outils locaux : ERP adaptés, solutions mobiles de facturation, tableaux de bord automatisés. En travaillant avec les fintechs maliennes, il est possible de concevoir des solutions sur mesure, peu coûteuses et faciles à déployer.

Une inadéquation des ressources bancaires aux besoins du développement durable

Le système bancaire malien repose encore largement sur des dépôts à vue ou à court terme. Ce déséquilibre entre la nature des ressources disponibles et les exigences de financement à moyen ou long terme limite la capacité des banques à soutenir des projets structurants dans l'agriculture durable, les énergies renouvelables ou les infrastructures sociales. Par ailleurs, l'accès aux guichets internationaux spécialisés (fonds verts, mécanismes climat) demeure marginal en raison de la faible structuration des projets et du manque de canaux d'intermédiation.

Un déficit de sensibilisation et de compétences techniques

La durabilité reste une notion encore peu intégrée par les PME, les grandes entreprises, et même les acteurs bancaires. Peu de porteurs de projets formulent leurs initiatives en tenant compte d'indicateurs environnementaux ou sociaux. De leur côté, les banques ne disposent pas toujours d'équipes formées pour analyser les co-bénéfices ou les risques climatiques associés aux projets financés. Cela limite l'émergence d'une culture commune de la finance durable.

L'absence d'incitations réglementaires et fiscales adaptées

Le cadre réglementaire actuel n'encourage pas activement les institutions financières à orienter leur portefeuille vers les secteurs durables. Aucune politique de subvention, de bonification de taux, de quota de crédit vert ou de réduction d'impôt spécifique n'a été mise en place à ce jour pour inciter à l'allocation de ressources vers les projets à impact environnemental ou social.

Une offre de produits financiers encore embryonnaire

Les banques maliennes offrent très peu de produits spécifiquement conçus pour accompagner la transition écologique ou le développement durable : pas ou peu de prêts verts, d'obligations durables, de lignes de crédit à impact social, ou encore de services de financement carbone. Cette carence reflète un manque d'innovation mais aussi une demande encore timide de la part du marché.

Des contraintes d'infrastructure et d'exposition au climat

Les projets durables – dans les domaines des énergies renouvelables, de l'irrigation ou du transport – se heurtent à des infrastructures de base souvent insuffisantes. À cela s'ajoute la vulnérabilité croissante du pays au changement climatique, qui complexifie la viabilité de certains projets, notamment en agriculture, et accentue les incertitudes pour les bailleurs de fonds.

1.2- Initiatives et perspectives pour un financement durable par les banques maliennes

Face aux nombreux défis identifiés, plusieurs pistes concrètes et prometteuses peuvent être envisagées pour renforcer le rôle des banques dans le financement du développement durable au Mali.

- **Développement d'une offre de produits financiers adaptés**

Pour répondre aux besoins spécifiques des projets durables, les banques doivent enrichir leur gamme avec des instruments ciblés. Cela inclut la mise en place de prêts verts ou climatiques dédiés au soutien des énergies renouvelables, à l'amélioration de l'efficacité énergétique, ainsi qu'à la gestion durable des ressources naturelles. Par exemple, des produits spécifiques pourraient être conçus pour financer l'installation de panneaux solaires domestiques ou la construction de micro-barrages hydroélectriques, deux secteurs à fort potentiel local.

L'émission d'obligations vertes, en collaboration avec des partenaires internationaux, représente un levier intéressant pour mobiliser des fonds à grande échelle, dédiés au financement d'infrastructures écologiques. Dans le secteur agricole, l'introduction de crédits dédiés à l'agriculture durable, comme l'agroforesterie ou les systèmes d'irrigation économes en eau, pourrait soutenir la résilience climatique des exploitations locales.

Par ailleurs, la finance inclusive doit rester au cœur des stratégies, notamment via des microcrédits ciblant les communautés rurales, afin d'encourager des activités génératrices de revenus respectueuses de l'environnement.

- **Renforcement des partenariats stratégiques**

La mobilisation des ressources extérieures passe par des partenariats renforcés avec des bailleurs de fonds internationaux reconnus tels que la Banque Africaine de Développement (BAD), le Fonds Vert pour le Climat (GCF)). Ces collaborations peuvent faciliter l'accès à des lignes de crédit privilégiées destinées aux projets durables. L'accréditation de la BNDA au Fonds Vert climat est un tremplin pour le montage de projet nationaux d'envergure.

Le partenariat public-privé (PPP) apparaît également comme un cadre pertinent pour co-financer des initiatives structurantes, notamment dans les secteurs de l'énergie renouvelable, de l'agriculture durable et de l'approvisionnement en eau. Enfin, les banques peuvent s'appuyer sur les ONG locales et internationales pour identifier des projets à fort impact social et environnemental, assurant ainsi une meilleure adéquation entre financement et besoins terrain.

- **Renforcement des capacités et sensibilisation**

L'intégration durable dans les pratiques bancaires passe par la formation des équipes dédiées à l'analyse des projets. Il est important que les collaborateurs maîtrisent les critères environnementaux, sociaux et de gouvernance (ESG), et qu'ils puissent ainsi évaluer avec pertinence les risques et opportunités liés à ces projets.

Par ailleurs, les entreprises maliennes, souvent peu informées des opportunités offertes par la finance durable, gagneraient à être sensibilisées via des ateliers et campagnes d'information. L'intégration des outils digitaux et des technologies innovantes dans l'analyse des risques climatiques ou environnementaux représente aussi un levier d'amélioration des processus décisionnels.

- **Incitations réglementaires et soutien institutionnel**

Le rôle des autorités monétaires est déterminant. La BCEAO pourrait, par exemple, introduire des mécanismes incitatifs tels que des taux d'intérêt préférentiels pour les crédits verts, ou des dispositifs favorisant l'allocation de fonds à des projets à impact. De même, l'État malien a tout intérêt à élaborer une stratégie nationale de finance durable claire, fixant des objectifs ambitieux pour le secteur bancaire.

La création d'un fonds de garantie vert national, spécifiquement dédié à réduire les risques liés aux prêts pour des projets durables, permettrait d'encourager les banques à accorder davantage de crédits dans ce domaine.

- **Investissement dans les infrastructures durables**

Parallèlement au financement, il est essentiel de développer les infrastructures clés qui soutiennent la durabilité : réseaux d'énergie renouvelable, systèmes d'irrigation modernes, gestion durable des déchets. Ces investissements structurants renforcent la confiance des investisseurs et ouvrent la voie à un cercle vertueux d'investissements responsables.

Conclusion

Le financement du développement durable par les banques au Mali est une opportunité majeure pour catalyser une croissance inclusive et durable. Malgré les défis, des solutions innovantes, des partenariats stratégiques et des réformes réglementaires peuvent créer un environnement propice pour soutenir des projets durables.

Les banques doivent jouer un rôle proactif en développant des produits financiers adaptés, en renforçant les capacités internes et en collaborant avec des parties prenantes nationales et internationales.

L'enjeu réside désormais dans la structuration d'un véritable écosystème national de finance durable, fondé sur :

- une réglementation incitative (normes vertes, obligations durables, fiscalité verte),
- le renforcement des capacités des acteurs bancaires et non bancaires,
- et la mobilisation de ressources concessionnelles ou mixtes via des partenariats public-privé.

2- La finance islamique : un levier alternatif pour l'inclusion et le financement

Basée sur les principes de la charia, la finance islamique proscrit la spéculation excessive (*gharar*), l'intérêt (*riba*) et l'investissement dans des secteurs illicites. Elle repose sur des mécanismes de partage des risques et de financement adossé à des actifs réels. Ces caractéristiques la rendent particulièrement adaptée à un contexte comme celui du Mali, où la méfiance à l'égard du système bancaire conventionnel demeure forte dans certaines communautés, et où les besoins en financement productif sont importants.

Elle représente un levier encore sous-exploité dans le paysage bancaire malien. Alors que plusieurs pays de la sous-région (Sénégal, Niger, Côte d'Ivoire) ont lancé des instruments de dette souveraine « sukuk », le Mali reste en retrait malgré un potentiel évident.

La BCEAO a publié des lignes directrices pour encadrer la supervision des institutions financières islamiques, ouvrant la voie à une structuration plus rigoureuse du secteur. Certaines banques, à l'instar de Coris bank Mali ont commencé à proposer des produits islamiques avec une ouverture d'un guichet banque islamique, mais l'offre reste embryonnaire.

La finance islamique constitue un levier innovant et prometteur pour élargir l'inclusion financière au Mali, notamment en direction des populations non bancarisées, des PME informelles, et des acteurs économiques sensibles aux principes éthiques. Les principaux instruments utilisés incluent :

- La Mourabaha, contrat de revente avec marge bénéficiaire prédéfinie, utilisé pour le financement d'équipements ou de biens de consommation ;
- Le Moudaraba et le Moucharaka, mécanismes de partenariat basés sur le partage des bénéfices et des pertes, adaptés au financement de projets entrepreneuriaux ;
- Le Ijara, équivalent islamique du crédit-bail, permettant à une entreprise de louer un bien avec option d'achat.

Malgré ces avancées, la finance islamique reste marginale dans le paysage bancaire malien. Elle est confrontée à des défis multiples : absence d'un marché financier islamique secondaire, rareté de ressources longues compatibles avec la charia, manque de ressources humaines formées, méconnaissance du grand public, et faible interopérabilité avec les produits bancaires classiques. Pour renforcer son impact, des actions prioritaires pourraient être engagées :

- Encourager la diversification des produits financiers islamiques au-delà du crédit commercial ;
- Mettre en place un cadre de régulation et de supervision aligné sur les standards internationaux (IFSB, AAOIFI) ;
- Favoriser l'éducation financière sur les principes et les avantages de la finance islamique ;
- Promouvoir l'adossement de la finance islamique à des projets d'intérêt général : agriculture, habitat social, énergies renouvelables, éducation.

La finance islamique : un levier complémentaire pour le financement durable au Mali

Dans le contexte malien, où une part significative de la population adhère aux principes de la finance islamique, cette dernière se présente comme un outil complémentaire prometteur pour soutenir le développement durable. Basée sur des principes éthiques et responsables, la finance islamique exclut l'intérêt (riba) et privilégie le partage des risques, ce qui en fait une alternative intéressante face aux contraintes du système bancaire conventionnel.

Des instruments adaptés aux projets durables

Les modes de financement islamiques, tels que le Mourabaha (financement par vente avec marge bénéficiaire), le Moudaraba (partenariat d'investissement), ou encore l'Ijara (location avec option d'achat), sont particulièrement bien adaptés aux besoins des projets durables. Ils encouragent une participation active et responsable dans la réussite économique des projets, en alignant les intérêts des financeurs et des porteurs de projets.

- **Renforcer la cybersécurité et la protection des données**

La montée en puissance du digital doit s'accompagner d'investissements massifs dans la cybersécurité : audits réguliers, systèmes de détection d'intrusion, sensibilisation des employés, protection juridique des données personnelles.

- **Créer des produits numériques accessibles et inclusifs**

Il s'agit d'imaginer des interfaces simples, en langues locales, compatibles avec des téléphones basiques (USSD, SMS banking) et adaptées aux besoins des populations rurales, des femmes et des jeunes sans emploi.

- **Développer des partenariats public-privé et technologiques locaux**

Pour limiter la dépendance aux géants technologiques étrangers, les banques peuvent encourager l'émergence de fintechs locales, de développeurs régionaux ou de datacenters africains. L'État peut aussi stimuler un écosystème numérique national via des incitations fiscales ou des incubateurs.

- **Accélérer l'évolution du cadre réglementaire et prudentiel**

Les régulateurs (BCEAO, Commission Bancaire, AMRTP) doivent adopter des réglementations proactives sur les fintechs, le cloud computing, l'open banking, la lutte contre la cyberfraude et la conformité digitale. L'instauration d'un « bac à sable réglementaire » serait une piste intéressante.

- **Former les ressources humaines et encourager l'agilité organisationnelle**

La digitalisation ne peut réussir sans une transformation des compétences internes. Il faut investir dans la formation continue, favoriser des méthodes de gestion plus agiles, et accompagner les équipes dans le changement de culture.

Chapitre 5 : L'impact des différentes crises sur le système financier malien :

Au cours des deux dernières décennies, le Mali a été confronté à une série de crises majeures qui ont profondément bouleversé son environnement politique, économique et social. Ces dernières années, plusieurs chocs majeurs ont mis à rude épreuve la solidité des banques : des crises sécuritaires, des crises sectorielles comme celle du coton, des crises dans le financement des logements sociaux avec OMH, des crises sanitaires COVID19 ou encore les difficultés énergétiques liées à l'entreprise EDM. Ces vulnérabilités cumulées soulèvent des questions cruciales sur la résilience du système bancaire malien face aux risques systémiques.

Ce chapitre analyse l'impact de ces différentes crises sur le secteur bancaire malien. Pour chaque crise majeure, il s'agit d'examiner à la fois le contexte, les mécanismes de transmission au système bancaire, et les réponses (ou absences de réponse) institutionnelles. Il en ressort un tableau contrasté d'un secteur qui, malgré les secousses, a globalement tenu, mais dont la solidité future dépendra largement des leçons tirées de ces épisodes.

I- Crises sécuritaires et instabilité politique récurrente

1- Contexte et évolution de la menace sécuritaire :

Depuis son indépendance, le Mali a été confronté à plusieurs insurrections menées par les populations touarègues et maures du nord du pays, notamment dans la région de Kidal, en 1963, 1990, 2006, 2010 et 2012. Par ailleurs, le pays a traversé de nombreuses crises sécuritaires au cours des dernières décennies. En voici un aperçu historique :

Rébellion touarègue (années 1960-1990) : Les Touaregs, un peuple nomade du nord du Mali, ont mené plusieurs rébellions pour obtenir l'autonomie ou l'indépendance de leur région qu'ils appellent sous le nom ''Azawad''. Ces rébellions étaient motivées par des revendications politiques, économiques et culturelles.

Insurrection islamiste au nord (2012) : Des groupes islamistes, dont Al-Qaïda au Maghreb islamique (AQMI) et Ansar Dine, ont saisi le contrôle du nord du Mali en 2012, profitant du chaos causé par la rébellion touarègue. Ils ont imposé la charia et ont menacé la stabilité du pays.

Intervention militaire française (2013) : En réponse à l'avancée des groupes islamistes vers le sud du Mali, la France a lancé l'opération Serval en janvier 2013 pour repousser les insurgés et soutenir le gouvernement malien. Cette intervention a permis de restaurer une relative stabilité dans le nord du pays pendant un certain moment.

Insurrection djihadiste continue (depuis 2013) : Malgré l'intervention française, les groupes djihadistes ont continué à mener des attaques sporadiques dans le nord et le centre du Mali. Ils ciblent les forces de sécurité, les civils et les installations gouvernementales, contribuant à l'instabilité persistante de la région.

Conflits intercommunautaires (depuis 2015) : La menace djihadiste s'est transformée en conflits intercommunautaires, en particulier entre les groupes ethniques Peul et Dogon dans le centre du Pays.

Le ''conflit'' Peulh-Dogon : Manipulation des tensions par les groupes Djihadistes

Traditionnellement, les Dogons sont sédentaires et pratiquent l'agriculture, tandis que les Peuls sont majoritairement éleveurs et souvent nomades. Comme dans de nombreuses régions d'Afrique, cette différence de mode de vie, au fil du temps, génère des tensions liées à l'usage des terres et des ressources en eau. Toutefois, la tournure actuelle du conflit au Mali dépasse largement ces rivalités anciennes. Elle est en grande partie le résultat d'une instrumentalisation délibérée des clivages communautaires par les groupes djihadistes, qui ont semé la méfiance et exacerbé les divisions au sein des populations.

Cette manipulation des tensions par les groupes djihadistes a favorisé une insécurité croissante et alimenté un profond sentiment d'impunité. En réponse, des communautés ont constitué leurs propres groupes d'autodéfense, ce qui a contribué à la radicalisation du conflit et à sa transformation en violences interethniques meurtrières.

Pourquoi cette confusion ?

Les djihadistes (surtout le GSIM lié à Ansar Dine et Katiba Macina de Amadou Koufa) ont massivement recruté parmi les jeunes Peuls. Ce recrutement s'est appuyé sur un sentiment d'injustice, des discriminations, et l'insécurité ressentie par certaines communautés peules marginalisées. Cela a entraîné une assimilation entre "Peul" et "djihadiste" dans l'opinion publique et dans certaines milices d'autodéfense dogons notamment Dan Na Ambassagou.

Conséquences de cette confusion :

- Stigmatisation d'une ethnie entière (les Peuls), alimentant le recrutement djihadiste.
- Affaiblissement du vivre-ensemble traditionnel entre éleveurs et agriculteurs.
- Instrumentalisation du conflit par les groupes armés qui se présentent comme les protecteurs d'une communauté.
- Difficultés pour l'État à mener une politique de sécurité impartiale : des opérations militaires peuvent être perçues comme ciblant injustement une ethnie.

Les crises sécuritaires, qui en ont découlé, ont eu des conséquences dévastatrices sur le Mali, entraînant des déplacements massifs de population, des pertes économiques et des violations des droits de l'homme. La résolution de ces conflits reste un défi majeur pour le Mali.

La Crise de 2012 a été, de loin, le plus chaotique pour l'Etat du Mali car aboutissant jusqu'à la proclamation de l'indépendance de ''l'AZAWAD'' par le mouvement touareg en avril 2012. L'émergence de cette crise politique et sécuritaire résulte de plusieurs événements successifs listés ci-dessous :

Vers la fin de l'année 2011, des militaires Touaregs de différentes nationalités, fuyant le conflit libyen, rentrent au Mali avec l'accord des autorités du Mali. Ils forment d'abord le Mouvement National de l'Azawad (MNA), qui devient ensuite le Mouvement National de Libération de l'Azawad (MNLA) lorsque certains militaires de l'armée malienne d'origine Touareg les rejoignent.

Janvier 2012 : Le MNLA s'allie avec des groupes islamistes opérant dans le nord du Mali, notamment Al-Qaïda au Maghreb Islamique (AQMI), Ansar Dine, le Mouvement pour l'Unicité et le Jihad en Afrique de l'Ouest (MUJAO) et Boko Haram. Le 24 janvier, ces groupes attaquent la garnison d'Aguelhok, exécutant sommairement des soldats capturés. Les images vont le tour du pays provoquant une vague d'indignation et atteignant le moral des militaires qui dénoncent un manque d'équipement. Les groupes terroristes en profitent pour multiplier les attaques entre février et mars 2012.

22 mars 2012 : Des militaires du Comité National pour le Redressement de la Démocratie et la Restauration de l'Etat (CNDRE) obligent le président démocratiquement élu à démissionner. Cette rupture constitutionnelle est largement condamnée par La communauté internationale notamment la CEDEAO et l'UEMOA. Elle a décidé des sanctions et des négociations pour restaurer l'ordre constitutionnel.

Fin mars 2012 : La situation se détériore avec un vide politique et institutionnel à Bamako. Profitant de ce chaos, les rebelles Touaregs et leurs alliés islamistes prennent le contrôle des principales villes du nord, dont Kidal, Gao et Tombouctou. En conséquence, les deux tiers du territoire malien sont désormais occupés par les rebelles et les islamistes.

6 avril 2012 : Les rebelles Touaregs déclarent l'indépendance de l'Azawad.

27 juin 2012 : Après des combats violents, le MNLA est chassé de Gao par les groupes islamistes, marquant la fin de ses ambitions sécessionnistes après l'échec des négociations avec Ansar Dine. Le MUJAO impose alors son interprétation extrémiste de la charia.

Ces événements malheureux de mars 2012 déclenchent une crise politique et institutionnelle sans précédent au Mali. Le CNDRE peine à obtenir l'adhésion complète de l'armée, des partis politiques et de la société civile. La crise au sein de l'armée se manifeste par des affrontements entre les loyalistes de l'ancien président (Bérets rouges) et le reste des forces armées. Les partis politiques se divisent en factions « pro » et « anti-putschistes ».

2- Les crises institutionnelles et politiques

Contexte (avant 2012)

Au début des années 2000, le Mali était souvent cité comme un exemple de démocratie en Afrique de l'Ouest, notamment en raison de la transition pacifique ayant suivi la chute du régime militaire de Moussa Traoré en 1991 et du modèle de gouvernance au début de la présidence de ATT. Cependant, cette image contrastait avec de profondes faiblesses institutionnelles. Le modèle démocratique malien reposait davantage sur des mécanismes électoraux formels que sur une véritable culture démocratique enracinée.

Le pays s'est retrouvé avec une corruption endémique, le népotisme dans l'administration, et la faiblesse de la gouvernance locale.

Par ailleurs, l'armée malienne, mal équipée, démotivée par la gestion des politiques, a eu du mal à faire face aux défis sécuritaires croissants, notamment ceux posés par la montée des groupes armés dans le nord du pays. Le terreau était donc fertile pour une crise d'ampleur nationale.

La crise politico-militaire de 2012, Transition politique et retour à l'ordre constitutionnel (2013)

L'année 2012 marque un tournant dramatique dans l'histoire institutionnelle du Mali. En janvier, le Mouvement national de libération de l'Azawad (MNLA), composé majoritairement de combattants touaregs revenus de Libye après la chute de Kadhafi, lance une offensive contre l'armée malienne dans le nord. En parallèle, des groupes jihadistes comme Ansar Dine, AQMI et le MUJAO se joignent à l'insurrection, poursuivant des objectifs idéologiques distincts.

Le 22 mars 2012, face aux difficultés du gouvernement à gérer la crise sécuritaire, un groupe de militaires dirigé par le capitaine Amadou

Haya Sanogo renverse le président Amadou Toumani Touré (ATT), quelques semaines seulement avant les élections présidentielles prévues. Cette rupture, qui brise la dynamique de l'ordre constitutionnel, provoque une crise institutionnelle majeure. Il entraîne également un isolement diplomatique du Mali, des sanctions de la CEDEAO et une paralysie des institutions.

Dans les semaines qui suivent, les groupes armés prennent le contrôle total des régions de Tombouctou, Gao et Kidal. Le pays est alors de facto coupé en deux. C'est dans ce contexte de chaos qu'une transition politique sera difficilement mise en place, sous pression régionale et internationale.

Sous la médiation de la CEDEAO, un accord est trouvé pour organiser une transition. Dioncounda Traoré, président de l'Assemblée nationale, est désigné président par intérim. Le gouvernement de transition est chargé de rétablir l'ordre institutionnel, préparer des élections, et restaurer l'intégrité territoriale.

Parallèlement, la France lance en janvier 2013 l'opération Serval, qui permet de repousser les groupes jihadistes et de reprendre les villes du nord. Cet appui militaire international, bien que salutaire, souligne la dépendance du Mali à l'égard d'acteurs extérieurs pour sa sécurité.

Les élections présidentielles de juillet 2013 marquent le retour à l'ordre constitutionnel, avec l'élection d'Ibrahim Boubacar Keïta (IBK) dès le premier tour. Sa victoire, portée par un discours de rupture et de refondation, suscite de grands espoirs. Cependant, la fragilité de l'État malien et les tensions persistantes au nord vont rapidement mettre en évidence les limites de cette transition.

Affaiblissement de l'État (2013–2020)

Le premier mandat d'IBK s'ouvre sur des promesses de réformes institutionnelles, de lutte contre la corruption et de mise en œuvre de l'Accord pour la paix et la réconciliation issu du processus d'Alger (2015). Néanmoins, les résultats tardent à se matérialiser.

Les institutions républicaines se montrent de plus en plus déconnectées des préoccupations des citoyens. L'administration publique souffre d'un manque de professionnalisme et de transparence. La corruption atteint des niveaux critiques, touchant même des secteurs stratégiques.

Sur le plan sécuritaire, la situation se dégrade rapidement : les attaques jihadistes se multiplient, atteignant même le centre et le sud du pays. L'autorité de l'État se délite dans plusieurs régions, laissant la place à des groupes armés, des milices communautaires et des initiatives d'autodéfense.

Cette période est aussi marquée par une crise de représentativité. Les élections législatives et présidentielles de 2020 ont été marquées par des accusations de fraude électorale et de partialité. Ces élections ont été suivies de manifestations et de tensions politiques, mettant en lumière les divisions au sein de la classe politique malienne et la fragilité des institutions démocratiques du pays.

Crise politique de 2020 et chute du régime IBK

En 2020, une large coalition d'opposition regroupée au sein du Mouvement du 5 juin – Rassemblement des Forces Patriotiques (M5-RFP), dirigé par l'imam Mahmoud Dicko et d'autres leaders politiques et civils, mobilise la rue contre le régime d'IBK. Les motifs sont multiples : mauvaise gouvernance, insécurité croissante, corruption, crise économique et résultats controversés des législatives.

Les manifestations massives dégénèrent à plusieurs reprises, et malgré les tentatives de médiation de la CEDEAO, la situation reste bloquée. Le 18 août 2020, à la suite de l'intervention du Comité National pour le Salut du Peuple (CNSP), le président Ibrahim Boubacar Keïta annonce sa démission dans une allocution diffusée à la télévision nationale. La fin du régime reçoit une large approbation populaire, preuve du profond désenchantement envers les institutions démocratiques en place.

3- Impact des crises sécuritaires et institutionnelle sur le secteur financier

Les différentes crises que traverse le Mali depuis 2012 ont profondément affecté la stabilité de son économie et particulièrement son système financier. Ces crises ont notamment mis à l'épreuve la résilience des banques opérant dans le pays. Ce titre explore les effets de ces crises sur les institutions financières, en mettant en lumière les pertes subies, les risques encourus, et les réponses apportées par les acteurs du secteur.

3.1- Effets de la crise de 2012 :

L'occupation des régions de Gao, Tombouctou et Kidal par des groupes rebelles et djihadistes en 2012 a fortement déstabilisé les établissements bancaires implantés dans ces zones. Les conséquences ont été multiples :

- Hausse marquée des impayés, liée à la perte de contact avec les clients et à l'effondrement de l'activité économique ;
- Dommages matériels importants, incluant parfois la destruction complète d'agences ;
- Fermeture temporaire de plusieurs agences et interruption des services bancaires ;
- Pertes financières cumulées estimées à près de 6 milliards FCFA ;
- Absence d'indemnisation par les compagnies d'assurance, celles-ci excluant les risques liés à la guerre ;
- Redéploiement d'une partie du personnel vers d'autres zones jugées plus sûres.

Dans l'ensemble, les pertes ont été réparties entre deux grandes catégories : les encaisses (liquidités) et les dégâts matériels. Les données consolidées indiquent qu'environ **65 %** des pertes provenaient de la disparition ou de la destruction de liquidités, tandis que **35 %** étaient liées aux dommages physiques subis par les infrastructures et équipements bancaires.

Pressions sur les créances bancaires de l'État

Outre les pertes directes, en 2012 les banques font face à une aggravation du risque de non-remboursement des titres émis par l'État (bons et obligations). Par ailleurs, le non-paiement de la dette intérieure due au secteur privé contraint ce dernier à différer le règlement de ses engagements envers les banques. Cette situation a engendré une forte tension de trésorerie sur le marché et réduit significativement la capacité des établissements bancaires à accorder de nouveaux crédits.

Dégradation de la notation souveraine et ses conséquences

À ces difficultés s'est ajoutée la dégradation de la notation du risque pays, reflétant une perception, par les investisseurs et bailleurs étrangers, du risque de défaut de paiement ou d'instabilité politique au Mali. La Compagnie Française d'Assurance pour le Commerce Extérieur (COFACE) a ainsi abaissé la note du Mali de **C à D**, cette dernière correspondant au niveau de risque le plus élevé, qualifié de risque extrême.

Plusieurs assureurs internationaux notamment COFACE ont suspendu leur couverture pour les transactions impliquant des entreprises maliennes. Cette suspension a eu pour conséquence directe l'impossibilité, pour les fournisseurs étrangers, d'assurer les ventes à crédit destinées au Mali.

Conséquence : Les importateurs maliens se sont retrouvés dans l'incapacité d'obtenir des crédits fournisseurs, une forme de financement qui leur permettait jusque-là de recevoir les marchandises avant de les payer. Faute de garantie assurantielle, les fournisseurs ont exigé des paiements comptants à l'avance. Cela a mis à mal la trésorerie des entreprises locales, limité leur capacité d'approvisionnement, et dans certains cas, mené à des ruptures de stocks ou à une augmentation des prix à la consommation.

Cette dégradation de la note du pays a entraîné :

- La suppression des lignes de confirmation de crédit documentaire et des lignes de découvert en devises, affectant gravement le financement du commerce extérieur ;

- Des difficultés d'importation et d'exportation pour les entreprises locales, avec un impact sur les marges et la compétitivité ;
- Une exposition accrue aux risques pour les importateurs, contraints de payer à l'avance sans garantie de livraison.

Suppression des lignes de confirmation de crédits documentaires et de découverts

La dégradation de la notation du Mali (niveau de risque jugé extrême), a entraîné la suspension des lignes de confirmation de crédits documentaires et d'autres garanties bancaires et des lignes de découvert par les banques correspondantes étrangères, notamment européennes.

Les crédits documentaires sont des instruments essentiels du commerce international. Ils permettent aux banques locales de garantir les paiements effectués aux fournisseurs étrangers, en s'appuyant sur des banques correspondantes à l'étranger.

Les lignes de découvert en devises qu'elles mettaient à disposition des banques maliennes permettaient aux établissements locaux de couvrir temporairement les besoins de liquidité en devises de leurs clients, dans l'attente d'un refinancement par la BCEAO ou d'un règlement commercial.

Or, les banques maliennes dépendent fortement de ces correspondants pour sécuriser les opérations de commerce international. Cette suspension a considérablement limité leur capacité à émettre des crédits documentaires confirmés, outil essentiel pour garantir les paiements aux fournisseurs étrangers.

Conséquences :

- Les entreprises maliennes, en particulier celles qui importent des matières premières ou exportent des produits, ont fait face à des retards logistiques, des coûts accrus et une baisse de compétitivité.
- Les banques locales, ne disposant plus de garanties

suffisantes, ont vu leurs capacités à soutenir les transactions internationales de leurs clients considérablement réduites.

- Les flux de marchandises se sont raréfiés, les fournisseurs étrangers exigeant des garanties que les banques maliennes n'étaient plus en mesure de fournir.
- Globalement, cette situation a fragilisé davantage le tissu économique, en limitant l'accès aux intrants importés et en perturbant les chaînes d'approvisionnement.
- Cette suppression a limité la capacité des banques à satisfaire les demandes de transfert de fonds vers l'étranger et à financer les transactions en devises.
- Elle a également provoqué des tensions sur le marché des changes, rendant les devises plus rares et plus chères pour les opérateurs économiques.

Difficultés d'importation et d'exportation pour les entreprises locales – Exposition accrue aux risques pour les importateurs

La suspension des garanties bancaires a fortement perturbé les opérations de commerce extérieur. Privées de la possibilité de sécuriser leurs transactions via des crédits documentaires, de nombreuses entreprises maliennes ont été contraintes d'effectuer des paiements directs à leurs fournisseurs étrangers, sans aucune garantie. Ce mode opératoire les a exposées à des risques accrus de non-livraison, de retard dans les délais ou de non-conformité des produits (qualité, spécifications). En conséquence, l'approvisionnement du marché local a été fortement perturbé, provoquant des hausses de prix sur les principaux produits de première nécessité importés tels que le riz, le sucre, l'huile ou le lait.

Conséquences :

- Allongement des délais logistiques et augmentation des coûts de transport et d'assurance.
- Réduction des marges bénéficiaires des entreprises, affectant leur compétitivité sur les marchés sous-régionaux et internationaux.
- Suspension ou réduction d'activité pour certaines PME, fragilisées par cette insécurité commerciale.

conviée à cette session, a décidé de ne pas appliquer les décisions qui en découlaient.

Un sommet extraordinaire des chefs d'Etat de la CEDEAO, tenu le 25 mars 2022 à Accra, a maintenu les sanctions contre le Mali. Il n'a pas pris en compte la décision de la Cour de justice de l'Union Economique et Monétaire Ouest-Africaine (UEMOA). Celle-ci a ordonné, dans un communiqué, la suspension des sanctions économiques imposées au Mali par les Chefs d'Etat et de gouvernements de l'UEMOA.

C'est finalement le 3 juillet 2022 à Accra que la Communauté des Etats de l'Afrique de l'Ouest (CEDEAO) lève les sanctions commerciales et financières contre le Mali.

Tensions politiques et diplomatiques :

Suite à la rupture de l'ordre constitutionnel en août 2020, la communauté internationale a réagi en imposant diverses sanctions au pays. Voici quelques-unes des sanctions subies par le Mali :

Suspension de l'aide militaire : Plusieurs pays, dont les États-Unis et la France, ont suspendu ou réduit leur assistance militaire au Mali. Cette suspension a eu un impact sur les capacités opérationnelles des forces armées maliennes et sur la coopération en matière de lutte contre le terrorisme.

Suspension de l'aide financière : Des bailleurs de fonds internationaux, tels que l'Union européenne et la Banque mondiale, ont suspendu ou gelé une partie de leur aide financière au Mali. Cette suspension a affecté les projets de développement et les finances publiques du pays.

Suspension de la participation aux organisations régionales : Le Mali a été suspendu de plusieurs organisations régionales, notamment la Communauté économique des États de l'Afrique de l'Ouest (CEDEAO) et l'Union africaine (UA), en raison du non-respect des principes démocratiques. Cette suspension a isolé le Mali sur la scène internationale et a eu un impact sur sa diplomatie régionale.

Dénonciation des accords militaires avec la France :

Le 1er août 2014, la France a initié l'opération militaire Barkhane en partenariat avec cinq pays du Sahel : Burkina Faso, Mali, Mauritanie, Niger et Tchad. Cette opération succédait à l'opération Serval, lancée le 11 janvier 2013, qui visait à stopper l'avancée des groupes rebelles armés du nord du Mali vers la capitale et à soutenir les forces maliennes. Barkhane a débuté avec un déploiement de 3 000 soldats français dédiés à des missions de contre-terrorisme.

Le 2 mai 2022, sur fonds de tension, les autorités du Mali ont dénoncé le traité de coopération en matière de défense (TCMD) et l'accord de statut des forces (SOFA) avec la France en justifiant par des atteintes flagrantes à la souveraineté nationale.

Pour diversifier leurs coopérations militaires et faciliter l'acquisition d'équipements, les autorités maliennes, depuis le dernier régime démocratique jusqu'à l'actuelle période de transition, ont commencé à se tourner vers la Russie

Le 25 juin 2019, la Russie et le Mali ont signé un accord de coopération militaire, par leurs ministres de la Défense, Sergueï Choigou et Ibrahim Dahirou Dembélé sous le régime du Président Ibrahim Boubacar KEITA.

Dans un communiqué publié le 21 novembre 2022. Les deux pays ont officialisé la signature d'une nouvelle convention qui s'intitule « *Accord de coopération portant sur la Sécurité, le Renseignement, la gestion des risques et catastrophes, la lutte contre les stupéfiants, la formation du personnel...* ».

Le 25 mars 2023, l'accord de coopération militaire et technique avec la Fédération de Russie a été signé à Moscou par le Colonel Sadio Camara ministre de la défense et des anciens combattants. L'accord porte sur l'exploitation, la réparation et la modernisation des armements et des matériels de guerre livrés ainsi que l'octroi d'autres services à caractère militaire et technique. Le Conseil National de Transition (CNT) du Mali a ratifié ledit accord de coopération militaire et technique avec la Fédération de Russie le 4 juillet 2024.

Fin de la mission de la MINUSMA

Le 16 juin 2023, les autorités de la transition du Mali ont officiellement demandé le retrait de la Mission multidimensionnelle intégrée des Nations Unies pour la stabilisation au Mali (MINUSMA). En réponse, le Conseil de sécurité des Nations Unies a adopté la résolution 2690 du 30 juin 2023, mettant fin au mandat de la mission, qui a officiellement pris fin le 11 décembre 2023.

Selon les Nations Unies (source : news.un.org), ce retrait a impliqué le rapatriement de 12 947 membres du personnel en uniforme, le licenciement de 1 786 employés civils, ainsi que le transport d'environ 5 500 conteneurs de matériel appartenant aux contingents et à l'ONU, près de 4 000 véhicules, et la fermeture et la remise de 12 camps et d'une base opérationnelle temporaire aux autorités civiles maliennes.

Il convient de noter qu'une partie du personnel civil de la mission, ayant contracté des crédits auprès des banques maliennes, s'est retrouvée en situation d'impayés, avec des encours importants à la suite de la cessation de leurs activités. L'Etat du Mali interdit tous les financements et aides venant de la France et de ses démembrements.

En novembre 2022, les autorités de la transition ont décidé d'interdire ''avec effet immédiat, toutes les activités menées par les ONG opérant au Mali sur financement ou avec l'appui matériel ou technique de la France'', y compris dans le domaine humanitaire.

3.3- Impacts des sanctions de la CEDEAO :

Les sanctions de la CEDEAO et de l'UEMOA ont provoqué une asphyxie temporaire du système financier malien, mettant à nu sa dépendance à l'intégration régionale. Toutefois, elles ont également révélé une certaine résilience des acteurs locaux, contraints à une adaptation rapide via l'informel, la diversification des partenaires ou la pression pour des solutions politiques internes. La levée des sanctions en juillet 2022 a permis une reprise progressive, mais les séquelles en termes de confiance, de dette publique et d'investissements sont encore visibles.

Isolement financier et gel des avoirs :

- Gel des avoirs de l'État malien dans les banques centrales (notamment à la BCEAO). Cela signifiait que le Trésor malien ne pouvait plus accéder à ses propres ressources logées dans le système bancaire régional
- Suspension des transactions financières entre le Mali et les autres pays de l'UEMOA rapatriement des recettes, paiements interbancaires, transferts RTGS via la BCEAO, etc.
- Blocage de l'accès aux marchés financiers régionaux (marché des titres publics de l'UEMOA), empêchant le Mali de lever des fonds pour financer son budget ce qui privait l'État malien d'un canal majeur de financement budgétaire.

Conséquences :

- Tensions de trésorerie pour l'État : L'État malien s'est retrouvé dans l'impossibilité d'accéder à ses fonds logés à la BCEAO, alors même que ses besoins de financement étaient pressants.
- Difficultés à honorer certains engagements budgétaires : Privé de la possibilité d'émettre de nouveaux bons du Trésor sur le marché régional, le Mali n'a pas pu renouveler ou refinancer ses échéances arrivant à maturité, ce qui a négativement impacté sa dette intérieure.
- Baisse de la liquidité bancaire. L'effet domino de ce blocage s'est aussi fait sentir sur les banques maliennes. Elles n'ont pas pu mobiliser suffisamment de la liquidité auprès de la BCEAO.
- Perturbation du système bancaire : Réduction des flux interbancaires régionaux, entravant les opérations entre les banques maliennes et les autres banques de l'UEMOA. Risque accru sur les contreparties maliennes, augmentant la méfiance des banques étrangères.
- Hausse de l'informel et recherche d'alternatives : Utilisation accrue du cash physique en dehors des circuits formels.
- Incertitude sur la stabilité monétaire et la pérennité de la participation du Mali à l'UEMOA. Le Mali Créera-t-il sa **propre monnaie ?**

Restrictions sur le refinancement bancaire : Impact de la limitation des injections de liquidités de la BCEAO

La principale perturbation au niveau des banques du Mali a été constatée au niveau de la politique d'open market de la BCEAO. Cette politique consiste à l'intervention de la Banque Centrale sur le marché monétaire par des injections ou des retraits de liquidités via des achats ou des ventes de titres. En application des sanctions imposées par la CEDEAO, la BCEAO a informé les Etablissements de crédits du Mali le 14 janvier 2021 que les offres (soumissions) seront plafonnées au niveau de leur dernière offre. Ainsi, les participants ne pouvaient pas dépasser le niveau de leurs encours avant sanction en termes d'offres sur les différents guichets. Elle a donc restreint l'accès des banques maliennes au refinancement auprès de ses guichets. Le tableau, ci-dessous, montre la situation des injections de liquidités hebdomadaires de la BCEAO en faveur des banques du Mali de janvier à avril 2022.

Tableau 28 : Injections de liquidités hebdomadaires BCEAO

Référence Injection	Période	Offre banques (A)	Accord BCEAO (B)	Liquidités (B)-(A)
02-H-2022	04 au 10/01/22	281 636	281 636	-
02-H-2022	11 au 17/01/22	281 136	281 136	-
03-H-2022	18 au 24/01/22	445 136	209 136	- 236 000
04-H-2022	25 au 31/01/22	356 136	209 136	- 147 000
05-H-2022	01 au 07/02/22	315 136	290 136	- 25 000
06-H-2022	08 au 14/02/22	348 611	289 611	- 59 000
07-H-2022	15 AU 21/02/2022	348 611	293 611	- 55 000
08-H-2022	22 AU 28/02/2022	350 625	302 611	- 48 014
09-H-2022	01 AU 07/03/2022	366 900	312 100	- 54 800
10-H-2022	08 AU 14/03/2022	386 800	314 100	- 72 700
11-H-2022	15 AU 22/03/2022	380 100	333 800	- 46 300
12-H-2022	23 AU 28/03/2022	392 300	339 300	- 53 000
13-H-2022	29/03 AU 04/04/22	406 300	350 300	- 56 000
Total Gap				- 852 814

Source : BCEAO/ Tableau en million FCFA

Cette restriction de l'accès des banques maliennes aux guichets de refinancement de la BCEAO a eu plusieurs répercussions directes et indirectes sur le système bancaire national entre janvier et avril 2022 :

- Asphyxie de la liquidité bancaire :

Le plafond imposé par la BCEAO sur les soumissions des banques maliennes a limité leur capacité à obtenir la liquidité nécessaire pour faire face à leurs engagements, malgré une forte demande de refinancement. Le tableau montre un manque cumulé de plus de 850 milliards FCFA entre les offres déposées et les montants réellement alloués.

Les banques ont été contraintes de gérer une pénurie artificielle de liquidités, mettant sous pression leur trésorerie quotidienne.

- Contraction du crédit à l'économie

En l'absence de refinancement suffisant, les banques ont réduit leur capacité à octroyer de nouveaux crédits, notamment aux entreprises et aux particuliers. Les secteurs dépendants du financement bancaire (commerce, BTP, industrie, agriculture) ont été directement affectés par ce rationnement du crédit.

Cela a entraîné un ralentissement de l'activité économique et une montée du risque de défaillance des emprunteurs.

- Tensions sur les prêts interbancaires

La raréfaction de la liquidité a accentué les tensions sur le marché interbancaire malien. Les banques disposant d'un excédent de trésorerie sont devenues plus prudentes, réduisant leurs opérations avec les établissements plus fragiles ou exigeant des garanties renforcées.

Toutefois, une solidarité de place s'est organisée pour prévenir une crise de confiance généralisée. Elle s'est traduite par la mise en place de prêts interbancaires ciblés au profit des banques présentant des soldes de compensation négatifs, leur permettant ainsi de maintenir leur fonctionnement minimal. Ce mécanisme a joué un rôle crucial dans la préservation de la stabilité du système bancaire et a permis d'éviter une contagion systémique à l'ensemble du secteur.

Fuite de capitaux : Les investisseurs privés maliens se tournent vers les pays voisins :

De nombreux investisseurs privés maliens ont reconsidéré leur stratégie d'implantation locale. Les incertitudes économiques et la paralysie temporaire du système financier régional ont généré une perte de confiance dans l'environnement des affaires. En conséquence, plusieurs acteurs du secteur privé, notamment dans le commerce, la finance, l'agro-industrie ou les services, ont redirigé leurs capitaux ou leur activité vers les pays voisins jugés plus stables ou plus accessibles.

Les Formes de repli observées sont :

- Création de filiales ou sociétés relais à l'étranger.
- Transfert de fonds via des circuits non conventionnels pour sécuriser les avoirs hors du Mali.
- Délocalisation partielle ou complète de certaines activités, notamment celles liées au commerce international, à la logistique ou aux services financiers.

Conséquences pour le Mali :

- Évasion de capitaux et contraction de l'investissement local.
- Perte de recettes fiscales pour l'État malien.
- Appauvrissement du tissu économique formel, au profit de réseaux informels ou offshores.
- Risque d'ancrage durable de certains opérateurs à l'extérieur,

Cela met en évidence une réalité préoccupante : La confiance des investisseurs est essentielle pour la relance de l'activité économique. Il révèle également des failles structurelles dans l'environnement des affaires, la gouvernance économique et le climat politique du pays. Dans ce contexte, il devient urgent d'identifier et de mettre en œuvre des solutions concrètes, multidimensionnelles et cohérentes pour restaurer la crédibilité du cadre national, renforcer l'attractivité économique et encourager le retour des capitaux maliens.

Les principales solutions à envisager pour inverser la tendance et réattirer les investisseurs privés sont :

- Stabiliser durablement le cadre politique et institutionnel : La stabilité politique est le premier facteur de confiance pour les investisseurs

  ✓ Renforcer la séparation des pouvoirs, la sécurité juridique et la prévisibilité des décisions publiques.

  ✓ Adopter un discours officiel rassurant et cohérent vis-à-vis des opérateurs économiques.

- Relancer le dialogue public-privé de manière structurée : Donner aux entreprises locales le sentiment qu'elles sont écoutées, protégées et associées

  ✓ Réactiver des cadres de concertation et de dialogue État-secteur privé.

  ✓ Créer des mécanismes de médiation pour résoudre les litiges administratifs, fiscaux ou contractuels.

  ✓ Impliquer les organisations patronales dans l'élaboration des politiques économiques.

- Accélérer les réformes du climat des affaires : Un cadre réglementaire compétitif est souvent plus décisif qu'un simple incitatif fiscal

  ✓ Simplifier et digitaliser les procédures administratives (immatriculation, douanes, fiscalité).

  ✓ Rendre la justice commerciale plus rapide, impartiale et accessible.

  ✓ Lutter activement contre la corruption et l'arbitraire administratif.

- Créer des mécanismes de confiance pour les capitaux rapatriés : Il faut envoyer un signal fort : « Le Mali est une destination sûre pour vos investissements.

  ✓ Négocier des accords de protection des investissements intra-UEMOA.

- Capitaliser sur les succès stories locales Redonner confiance passe aussi par l'exemplarité et la visibilité des réussites locales

  ✓ Valoriser les entreprises qui ont choisi de rester ou de se développer malgré la crise.

  ✓ Créer un label "Champion national" ou "Invest Mali"

pour distinguer les entreprises résilientes.

✓ Appuyer médiatiquement les retours réussis d'opérateurs installés à l'étranger.

II- Chocs exogènes aggravants : COVID-19 et conflit russo-ukrainien

Outre les sanctions régionales liées à la crise institutionnelle, le secteur financier malien a dû faire face à deux chocs exogènes majeurs : la pandémie de COVID-19 et la guerre en Ukraine. Ces deux crises, d'origine internationale, ont profondément perturbé les équilibres économiques et financiers du pays, en accentuant les vulnérabilités préexistantes.

1- Crise Sanitaire Covid 19 (2020–2021)

La COVID-19, apparue fin 2019 à Wuhan (Chine) avec le SARS-CoV-2, s'est rapidement propagée dans le monde. Transmis par gouttelettes et contacts, le virus provoque fièvre, toux et détresse respiratoire. Pour contenir l'épidémie, masques, distanciation et lavage des mains ont été généralisés, tandis que confinements et fermetures ont paralysé l'économie mondiale. Des vaccins développés à un rythme inédit ont réduit la mortalité, mais les variants continuent de menacer le contrôle de la pandémie. La crise a révélé les fragilités des systèmes de santé et engendré des impacts socio-économiques durables.

Au Mali, les premiers cas ont été confirmés le 25 mars 2020 avec une propagation rapide de la pandémie. Elle a durement affecté le pays sur les plans économique, social et sanitaire. La récession, causée par la fermeture des entreprises et la chute du tourisme, a entraîné une hausse du chômage. Les mesures de confinement ont aggravé les inégalités, touchant particulièrement les populations vulnérables. Le système de santé a été mis à rude épreuve, avec des difficultés d'accès aux soins et un manque d'équipements. En réponse, le gouvernement a lancé des actions de sensibilisation, distribué des masques et engagé des campagnes de vaccination.

Selon la BAD (rapport 2021 : impacts de la covid-19 sur les pme au Mali), la pandémie a durement touché le secteur privé : environ 49

% des PME ont connu du chômage technique, et les pertes de chiffre d'affaires ont atteint en moyenne 24 % en 2020. Le gouvernement a réagi par des campagnes de sensibilisation, des distributions de masques et le déploiement de la vaccination, malgré les défis logistiques et sanitaires.

En avril 2023, le Directeur général de l'Organisation mondiale de la Santé (OMS), Dr Tedros Adhanom Ghebreyesus, a annoncé la fin de la COVID-19 en tant qu'urgence de santé publique de portée internationale. Il a toutefois précisé que cette décision ne signifiait pas que le virus ne représentait plus une menace mondiale.

1.1- Impact sur le système financier

La crise liée à la COVID-19 a eu des répercussions significatives sur les banques maliennes. Toutefois, le secteur a fait preuve d'une certaine résilience, soutenu par les mesures prises par la BCEAO et les autorités nationales. Voici les principaux effets observés :

- Ralentissement de l'activité bancaire :

  - ✓ Une réduction de l'accompagnement accordé aux secteurs fortement affectés par la COVID-19, tels que l'hôtellerie, le tourisme et le transport, ainsi qu'aux PME/PMI particulièrement vulnérables aux restrictions sanitaires.
  - ✓ Gel ou report de projets d'investissement dans plusieurs secteurs
  - ✓ Moins de dépôts sur les comptes bancaires affectant la dynamique de la collecte de ressources.

Détérioration de la qualité du portefeuille et Pression sur la rentabilité

- ✓ Hausse des créances en souffrance : plusieurs emprunteurs, notamment les entreprises informelles et les ménages, ont eu des difficultés à rembourser leurs crédits.
- ✓ Risque de défaut accru sur certains secteurs très exposés (tourisme, transport, commerce international).
- ✓ Baisse des revenus d'intérêt due au ralentissement du crédit.

- ✓ Hausse des provisions pour risques (en prévision de défauts de paiement), ce qui a affecté les résultats nets.
- ✓ Réduction des commissions (moins d'opérations, baisse du commerce extérieur).

Selon le rapport 2021 de la Commission Bancaire, l'encours brut des créances en souffrance dans le système bancaire de l'UEMOA a augmenté de 151 milliards FCFA (+(5,2 %), passant de 2 932 milliards en 2019 à 3 083 milliards à fin décembre 2020.

Toutefois, grâce à un renforcement des provisions constituées par les banques, le niveau des créances en souffrance nettes a diminué de manière significative, s'établissant à 957,2 milliards FCFA à fin 2020, soit une baisse de 133 milliards (-12,2 %) par rapport à l'année précédente 1090 milliards.

Cette évolution s'est produite malgré les mesures d'assouplissement mises en œuvre par la BCEAO pour soutenir les banques et leurs clients pendant la crise liée à la pandémie de COVID-19 (restructuration exceptionnelle sans déclassement de la créance).

1.2- Mesures de politique monétaire et de soutien au secteur bancaire face à la pandémie

Face aux conséquences économiques de la crise sanitaire, la BCEAO a mis en œuvre un ensemble de mesures exceptionnelles pour soutenir la liquidité bancaire, faciliter le financement de l'économie et préserver la stabilité du système financier.

- **Assouplissement de la politique monétaire :**

Afin de réduire le coût du crédit et d'améliorer l'accès aux ressources, la BCEAO a abaissé en juin 2020 son taux directeur, passant de 2,50 % à 2,00 %. Parallèlement, la maturité des opérations de refinancement a été prolongée jusqu'à trois mois, offrant ainsi aux banques une meilleure visibilité et une plus grande flexibilité de trésorerie.

- **Élargissement des instruments de refinancement**

La banque centrale a élargi la liste des titres admissibles comme collatéraux aux opérations de refinancement. Désormais, certains titres publics et privés non conventionnels pouvaient être utilisés, élargissant ainsi les marges de manœuvre des banques pour accéder à la liquidité centrale.

- **Soutien au financement des PME/PMI**

Un mécanisme spécifique de refinancement a été mis en place pour soutenir les crédits bancaires accordés aux PME/PMI touchées par la crise. Ce dispositif visait à limiter le risque de crédit pour les établissements financiers et à encourager le maintien des flux de financement vers les entreprises les plus vulnérables.

- **Mesures de préservation de la stabilité financière**

La BCEAO a recommandé un assouplissement temporaire des exigences prudentielles. Les autorités de supervision ont ainsi été invitées à faire preuve de souplesse dans l'application des normes, notamment en matière de provisionnement. En outre, les banques ont été encouragées à accorder des reports d'échéance ou moratoires aux clients en difficulté, sans reclassement automatique de ces prêts en créances douteuses, afin d'éviter un durcissement excessif de leurs bilans en pleine crise.

Bien que la crise de la COVID-19 ait engendré de nombreux effets négatifs sur l'économie et le secteur bancaire, elle a également agi comme accélérateur de la transformation digitale. Les restrictions sanitaires, la limitation des déplacements et la nécessité de maintenir la continuité des services ont poussé les banques à accélérer leur digitalisation.

1.3- Accélération de la transformation digitale

Si la pandémie de COVID-19 a durement affecté l'économie malienne, elle a également servi de catalyseur pour une mutation accélérée vers le numérique dans le secteur financier. Confrontées aux contraintes de mobilité, aux mesures sanitaires et à la nécessité de continuité des services, les institutions financières ont dû réinventer rapidement leur modèle opérationnel. Plusieurs évolutions positives ont été observées :

- Accélération de la digitalisation des services financiers et de l'organisation du travail

Les restrictions de déplacement, la distanciation sociale et la fermeture temporaire de certaines agences physiques ont accéléré la transition numérique dans le secteur financier. Clients et institutions ont été poussés à adopter massivement des solutions digitales pour assurer la continuité des services :

- Adoption du télétravail et des outils de collaboration à distance : Les institutions financières ont dû réorganiser leur fonctionnement interne avec l'adoption d'outils de visioconférence (Microsoft Teams, Zoom, etc.) et de solutions de télétravail, favorisant une mutation durable dans les modes de gestion et de communication internes
- Utilisation des canaux digitaux bancaires : Les applications mobiles et plateformes web ont été largement utilisées pour les opérations courantes telles que la consultation de solde, les virements et les paiements.
- Explosion des services de mobile money : Déjà en forte croissance avant la pandémie, les services de mobile money ont connu un essor spectaculaire, notamment pour les transferts entre particuliers et les paiements marchands.

- Investissements dans les infrastructures digitales

Face à l'augmentation des flux numériques, les banques et institutions de microfinance ont dû:

- Renforcer leurs systèmes d'information, pour garantir la disponibilité et la fiabilité des services.
- Sécuriser leurs plateformes numériques, avec des investissements accrus dans la cybersécurité, les pare-feux, l'authentification multi-facteurs et la surveillance des transactions.
- Former le personnel aux outils digitaux et revoir les procédures internes pour intégrer les nouveaux canaux.

La transformation digitale n'a pas été seulement technique, mais aussi organisationnelle.

1.4- Résilience globale du système bancaire, mais nécessité d'une vigilance renforcée

Malgré les effets négatifs multiples de la pandémie de COVID-19 — ralentissement de l'activité économique, tensions sur la liquidité, hausse des risques de crédit — le système bancaire malien, à l'instar de celui de l'ensemble de l'UEMOA, a fait preuve d'une résilience remarquable. Cette stabilité relative s'explique par plusieurs facteurs clés :

Un cadre réglementaire robuste et en renforcement : L'adoption progressive des normes prudentielles Bâle II et III dans la zone UEMOA a contribué à renforcer la solidité financière des établissements bancaires. Les exigences accrues en matière de fonds propres, de gestion des risques et de transparence ont permis d'amortir les chocs conjoncturels liés à la crise.

Des plans nationaux de relance coordonnés : Les gouvernements de la région ont mis en œuvre des politiques budgétaires ciblées pour soutenir les secteurs les plus vulnérables, en particulier les PME/PMI, les secteurs informels et les ménages fragilisés. Ces efforts ont permis de limiter l'effondrement de la demande et de préserver une partie de l'activité économique.

Un rôle central et proactif de la BCEAO : Par ses mesures de politique monétaire accommodantes (réduction des taux directeurs, extension des maturités de refinancement, assouplissement des critères de collatéraux), la BCEAO a joué un rôle déterminant dans le maintien de la liquidité bancaire et la continuité du financement de l'économie. Son appui technique et réglementaire aux établissements financiers a permis d'éviter une contraction brutale du crédit.

Cependant, cette résilience ne doit pas masquer les vulnérabilités persistantes. La crise a mis en évidence la dépendance de nombreux secteurs à des chaînes de valeur fragiles, la faible digitalisation de certains établissements, et la nécessité d'améliorer les mécanismes de gestion des risques opérationnels et cybernétiques.

Dans ce contexte, une vigilance renforcée s'impose de la part des autorités monétaires, des superviseurs et des banques elles-mêmes. Il est essentiel de poursuivre les réformes engagées, d'investir dans les infrastructures numériques, de consolider les mécanismes de gouvernance bancaire et de renforcer la capacité d'absorption des chocs futurs — qu'ils soient sanitaires, climatiques, sécuritaires ou géopolitiques.

2- Conflit russo-ukrainien (à partir de 2022)

Le 24 février 2022, la Russie a lancé une offensive militaire d'envergure contre l'Ukraine, déclenchant un conflit géopolitique majeur dont les répercussions ont été ressenties bien au-delà de l'Europe. Pour les pays d'Afrique de l'Ouest, dont le Mali, cette guerre a généré un choc d'ordre **inflationniste, énergétique et géoéconomique**, affectant la stabilité macroéconomique et la résilience du système financier.

2.1. Répercussions économiques majeures pour le Mali

Hausse des prix des denrées alimentaires

La Russie et l'Ukraine étant parmi les principaux exportateurs mondiaux de blé, de maïs et d'huile de tournesol, la guerre a perturbé leurs exportations et provoqué une flambée des prix sur les marchés internationaux. Les pays fortement dépendants des importations alimentaires, comme ceux de l'Afrique de l'Ouest, ont subi une hausse marquée du coût des denrées de base, aggravant l'insécurité alimentaire et réduisant le pouvoir d'achat des populations.

Augmentation des coûts de l'énergie

Les tensions géopolitiques et les sanctions imposées à la Russie ont contribué à la hausse des prix du pétrole et du gaz. Pour le Mali, cela s'est traduit par un renchérissement des coûts de production, en particulier pour la société Énergie du Mali (EDM), avec un impact sur les tarifs, la rentabilité des entreprises et les finances publiques.

Perturbation des marchés agricoles

La Russie étant un fournisseur majeur d'engrais sur le marché mondial, le conflit a provoqué des ruptures d'approvisionnement et une flambée des prix des intrants agricoles. Cette situation a affecté les campagnes cotonnières 2022/2023 et 2023/2024, notamment celles de la Compagnie Malienne pour le Développement des Textiles (CMDT), réduisant la productivité et la compétitivité du secteur.

2.2. Impact macroéconomique et financier global

La guerre en Ukraine a provoqué un déséquilibre généralisé dans plusieurs dimensions de l'économie malienne :

Inflation généralisée : L'envolée simultanée des prix des denrées alimentaires, des carburants et des intrants agricoles a entraîné une forte inflation, comprimant le pouvoir d'achat des ménages et les marges des entreprises.

Hausse des charges d'exploitation : Les entreprises industrielles, agricoles et commerciales ont vu leurs coûts augmenter, affectant leur rentabilité et leur solvabilité.

Détérioration du cadre macroéconomique : Le conflit a contribué à des tensions sur la balance des paiements, et à une pression sur les réserves de change.

2.3. Conséquences pour le secteur bancaire malien

Le conflit a affecté directement le système bancaire à travers plusieurs canaux :

Hausse du risque de crédit : L'affaiblissement de la capacité de remboursement des emprunteurs, tant particuliers qu'entreprises, a entraîné une montée des créances douteuses. Le taux de dégradation brut des banques maliennes est passé de 9,7 % à 11,1 % en trois ans, traduisant une détérioration de la qualité des actifs.

Réduction de la capacité de financement : L'augmentation des provisions pour pertes potentielles pèse sur la rentabilité des banques et peut limiter leur capacité à accorder de nouveaux crédits, freinant ainsi la relance économique.

Pression sur la liquidité : L'environnement inflationniste et les incertitudes macroéconomiques ont réduit l'épargne disponible, rendant plus difficile la mobilisation de ressources stables pour le financement de l'économie.

Exposition accrue aux risques systémiques : La combinaison de la crise énergétique, des tensions géopolitiques et de l'inflation crée un environnement instable, exigeant une gestion plus rigoureuse des risques financiers, opérationnels et structurels.

3- Effets cumulés des crises exogènes

La pandémie de COVID-19, suivie par le conflit russo-ukrainien, a plongé le système bancaire malien dans une succession de crises exogènes aux effets cumulatifs. Bien que de nature différente — sanitaire pour l'une, géopolitique pour l'autre — ces deux chocs ont eu en commun d'exacerber les vulnérabilités existantes du tissu économique et financier, tout en mettant à l'épreuve la résilience du secteur bancaire.

Sur le plan macroéconomique, la COVID-19 a provoqué une récession brutale, aggravée ensuite par l'inflation importée liée à la hausse des prix des matières premières et des denrées alimentaires suite à la guerre en Ukraine. Ce double dynamique a réduit le pouvoir d'achat des ménages, affaibli la trésorerie des entreprises, et détérioré la capacité de remboursement des emprunteurs. En conséquence, les banques ont vu augmenter leurs créances en souffrance, avec un taux de dégradation brut passé de 9,7 % à 11,1 % en trois ans.

Ces chocs ont également créé une pression persistante sur la liquidité bancaire, d'autant plus que les incertitudes économiques ont ralenti les dépôts et réduit la demande de crédit dans certains secteurs clés. À cela s'ajoute une augmentation des risques opérationnels, notamment en lien avec l'accélération de la digitalisation imposée par les restrictions sanitaires, sans toujours que les infrastructures ni les ressources humaines soient suffisamment préparées.

Dans ce contexte, le système bancaire malien a certes fait preuve de résilience — grâce notamment au soutien de la BCEAO, à un cadre prudentiel renforcé et à des réformes internes —, mais il reste confronté à une pression systémique plus forte. Pour faire face à d'éventuels chocs futurs, sanitaires, géopolitiques ou climatiques, les banques devront renforcer leurs capacités d'absorption, investir dans la cybersécurité, améliorer la gestion des risques, et adapter leurs modèles économiques aux nouvelles réalités du marché.

Conclusion :

Les crises exogènes successives — pandémie de COVID-19 et guerre en Ukraine — ont profondément bouleversé l'environnement économique et financier du Mali. Bien qu'extérieures, ces crises ont eu des répercussions directes sur la stabilité du système bancaire malien, en fragilisant à la fois les entreprises, les ménages et les chaînes d'approvisionnement essentielles.

Elles ont révélé la vulnérabilité structurelle de certains secteurs économiques, l'exposition croissante des banques aux risques de crédit, ainsi que les limites des modèles de financement traditionnels en période de turbulence. En parallèle, elles ont aussi stimulé des dynamiques positives, notamment l'accélération de la digitalisation et la montée en puissance des instruments de politique monétaire régionale.

Ces épisodes doivent être perçus non seulement comme des chocs, mais aussi comme des **révélateurs** des faiblesses à corriger et des transitions à engager. La résilience du système bancaire ne pourra être durable que si elle s'accompagne de transformations structurelles : diversification des financements, modernisation des infrastructures technologiques, renforcement des mécanismes de gestion des risques et meilleure inclusion financière. La suite de l'analyse portera sur les défis internes, endogènes, qui viennent compléter ces facteurs de fragilité.

III- Chocs internes aggravants : Filière coton, crises énergétiques et logements sociaux OMH

Après avoir évoqué les chocs exogènes affectant l'environnement macroéconomique et sécuritaire, cette section s'attarde sur trois crises majeures d'origine essentiellement interne, qui ont contribué à fragiliser l'économie et le système financier malien : la crise de la filière cotonnière, la dérive financière d'EDM-SA et le blocage du programme de logements sociaux de l'OMH.

Ces chocs partagent plusieurs caractéristiques communes : une gouvernance défaillante, une dépendance excessive aux subventions publiques, un endettement insoutenable et un effet de contagion sur les banques locales. Leur analyse conjointe permet de mieux cerner les vulnérabilités structurelles du modèle économique malien.

1- Crises en chaîne dans la filière coton : entre boycott, parasites et défiance

Le secteur du coton revêt une importance stratégique pour l'économie malienne. Il représente 15 %[6] du PIB et 13,6 % des recettes d'exportation. Il contribue directement au développement de plusieurs segments clés de l'économie nationale : Le transport, l'industrie huilière et le commerce des intrants agricoles.

Bien que le coton arrive après l'or en termes de valeur d'exportation, son impact social est considérable : entre 5 et 6 millions de Maliens en dépendent directement ou indirectement, notamment dans les zones rurales.

Dans les zones relevant de la CMDT, la culture du coton est étroitement liée à celle des céréales sèches telles que le mil, le sorgho et le maïs. Pour accéder aux engrais subventionnés, les producteurs sont tenus de cultiver deux hectares de céréales pour chaque hectare de coton. Ce système de production intégrée fait du coton un levier indirect mais essentiel pour la sécurité alimentaire nationale, en soutenant à la fois la disponibilité des denrées de base et la résilience des exploitations rurales.

Cependant, depuis plusieurs années, la filière cotonnière est confrontée à une série de chocs successifs économiques, sociaux, sanitaires et climatiques. Ils ont fragilisé sa performance, sa rentabilité et sa résilience. Ci-dessous, la série de crises entre 2020 et 2025 :

- Un boycott massif des producteurs a été observé en réaction à une campagne jugée peu rentable et mal préparée : Campagne 2020/2021,
- La prolifération de parasites ravageurs (jassides) a conduit à

[6] www.cmdt-mali.net

des rendements très faibles, avec des pertes économiques considérables : campagne 2022/2023,

- Une évolution défavorable du prix du coton et difficultés de commercialisation : 2024/2025,

À cela s'est ajoutée une gestion compliquée des subventions aux producteurs.

1.1- Boycott de la campagne cotonnière 2020/2021 : entre faibles incitations et mauvaise préparation

La campagne cotonnière a connu une rupture majeure avec un boycott massif de la part des producteurs dans plusieurs zones sous responsabilité de la CMDT. Ce mouvement de désengagement, inédit par son ampleur, a mis en évidence un profond malaise au sein de la filière cotonnière, pourtant considérée comme stratégique pour l'économie malienne.

Trois causes principales expliquent cette mobilisation :

- Une baisse du prix d'achat au producteur, jugée injustifiée dans un contexte de forte inflation. Le prix du kilogramme de coton graine a été abaissé de 275 FCFA à 250 FCFA[7], réduisant considérablement la rentabilité pour les exploitants. Les producteurs appuyés par les contestateurs de l'élection des instances des organisations paysannes, ont abandonné la culture du coton au profit d'autres spéculations vivrières.
- Une tentative de réduction drastique de la subvention des intrants agricoles, avec une baisse envisagée des deux tiers du soutien habituel. Cette mesure aurait fait peser une charge financière insoutenable sur les producteurs, dans un contexte déjà marqué par la flambée des prix des engrais sur le marché international.
- Une contestation autour du renouvellement des instances des organisations paysannes. La crise économique s'est doublée d'une crise institutionnelle liée au renouvellement controversé

[7] 10e Conseil Supérieur de l'Agriculture du Mali

des organes représentatifs des producteurs de coton. Le processus, qui serait mener sans consensus, a été dénoncé par plusieurs organisations comme biaisé et opaque. Des accusations de manipulation politique et de favoritisme ont miné la légitimité des nouveaux représentants, réduisant leur capacité à négocier efficacement avec la CMDT et à porter les revendications des producteurs. Cette fracture dans la gouvernance a affaibli la cohésion du secteur et exacerbé les tensions lors des discussions sur les prix, la qualité des intrants et la gestion des crises sanitaires.

Une conséquence immédiate et spectaculaire :

Selon les chiffres sur le site de la CMDT, le boycott a entraîné l'une des plus faibles récoltes de l'histoire récente : la production a baissé de 79% passant de 700 000 tonnes en 2019/2020 à seulement 156 524 tonnes en 2020/2021, soit à peine 20 % des prévisions officielles. Ce plongeon brutal a amputé les recettes d'exportation, aggravé la tension au niveau de la CMDT et sur la balance des paiements et fragilisé des centaines de milliers de ménages ruraux qui dépendent directement ou indirectement de la filière.

Ce triple mécontentement économique, technique et institutionnel a conduit à un refus volontaire de s'engager dans la culture du coton pour la saison concernée, fragilisant davantage une filière déjà confrontée aux effets conjugués des chocs exogènes (COVID-19, guerre en Ukraine) et aux aléas climatiques.

Fort heureusement, la campagne suivante (2021/2022) a permis une reprise spectaculaire, avec une production record de 777 120 tonnes de coton graine, la plus élevée jamais enregistrée. Cette performance a permis de combler les déficits accumulés durant la campagne précédente.

1.2 Parasites ravageurs et distribution tardive des engrais : campagne 2022/2023

Après le boycott de la campagne cotonnière 2020/2021, la filière coton malienne a connu une nouvelle série de difficultés majeures en 2022.

Deux facteurs combinés ont durement affecté la production : l'attaque massive de parasites ravageurs et le retard significatif dans la distribution des engrais, dans un contexte mondial marqué par la guerre en Ukraine.

La prolifération massive de parasites ravageurs, notamment les jassides, a gravement affecté les cultures, entraînant une baisse significative des rendements et des pertes économiques considérables pour les producteurs et pour la CMDT.

Les jassides, insectes suceurs de sève, affaiblissent les plants dès les premières phases de croissance, provoquant un jaunissement rapide des feuilles et une chute prématurée des capsules. Leur apparition, avec une intensité rarement observée, a dépassé les capacités de réponse classique des producteurs, d'autant plus que les traitements phytosanitaires se sont révélés peu efficaces, voire inadaptés face à ces attaques de grande ampleur.

Parallèlement, la filière a subi les effets indirects de la guerre en Ukraine, qui a perturbé l'approvisionnement mondial en intrants agricoles, notamment les engrais. Le retard d'acheminement et le faible taux de couverture des besoins ont fortement compromis la campagne.

En outre, l'embargo imposé au Mali en 2022 a accentué les difficultés rencontrées par la filière agricole. En limitant l'accès aux marchés régionaux et internationaux, ainsi qu'aux flux commerciaux habituels, cet embargo a exacerbé les perturbations d'approvisionnement en intrants essentiels, notamment les engrais et produits phytosanitaires.

Cette situation a renforcé la vulnérabilité des producteurs face aux attaques des jassides et aux autres contraintes agricoles, aggravant ainsi le retard de la campagne et fragilisant la sécurité alimentaire et économique du pays.

Ces difficultés ont entraîné un affaiblissement généralisé des rendements par hectare, réduisant fortement la productivité des exploitations.

Conséquences économiques et sociales

Les répercussions de cette double crise ont été lourdes :

- Des rendements très inférieurs aux standards habituels, parfois divisés par trois ;

- Une crise de confiance grandissante entre les producteurs, la CMDT et les structures d'encadrement ;
- Une fragilisation accrue des exploitants, déjà affectés par les campagnes précédentes.

La production nationale de coton graine s'est effondrée, passant de 777 120 tonnes en 2021/2022 à seulement 389 750 tonnes en 2022/2023, soit une baisse de près de 50 %[8].

Cette campagne difficile a mis en évidence les limites du système actuel de traitement phytosanitaire et de gestion des intrants. Elle souligne la nécessité urgente de :

- Développer une stratégie de lutte intégrée, durable et adaptée aux nouvelles conditions agroécologiques.
- Renforcer la recherche agronomique,
- Accélérer l'homologation de traitements plus efficaces,
- Former et sensibiliser davantage les producteurs aux bonnes pratiques agricoles en matière de prévention,
- Améliorer la logistique d'approvisionnement des intrants et le processus de commande.

À cette dynamique interne déjà fragile s'ajoutent des facteurs exogènes défavorables, notamment la dépendance aux marchés asiatiques pour l'écoulement de la fibre malienne. En effet, la demande est volatile ainsi que la concurrence croissante des fibres synthétiques, qui exercent une pression durable sur les cours mondiaux du coton.

1.3 Difficultés de commercialisation et évolution défavorable des prix du coton (24/25)

Le campagnes cotonnière 2024 et 2025 a été fortement affectée par une conjonction de facteurs défavorables, tant sur le plan économique que monétaire, impactant négativement la compétitivité du coton malien sur les marchés internationaux.

---

[8] www.cmdt-mali.net

D'une part, le cours du coton fibre enregistre une baisse continue depuis le premier trimestre 2024. Cette tendance s'explique principalement par trois dynamiques :

- Le ralentissement de la demande asiatique, notamment en Chine et en Inde, principaux marchés d'exportation du coton malien.
- La montée en puissance des fibres synthétiques, moins coûteuses et de plus en plus utilisées dans l'industrie textile mondiale.
- La reconstitution des stocks mondiaux de coton à des niveaux élevés, après plusieurs années de tension, ce qui exerce une pression baissière sur les prix internationaux.

Le graphique suivant donne l'évolution du cours de la livre de coton sur les 5 dernières années :

Figure 12 : Evolution du cours du coton 2021-2025

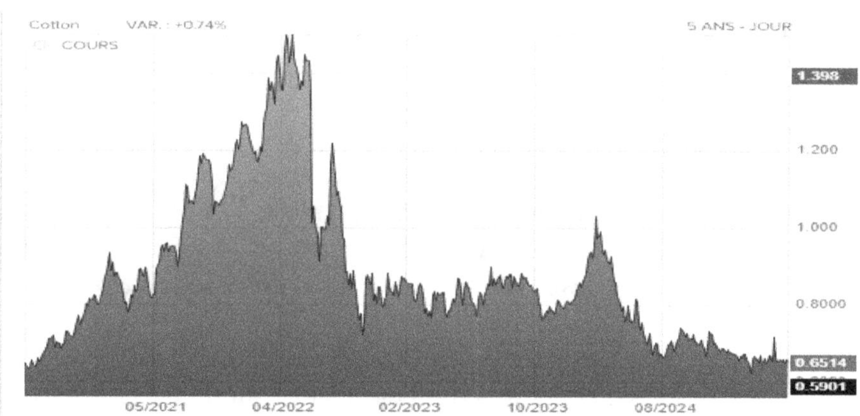

Source :www.boursorama.com

D'autre part, les conditions monétaires ont amplifié ces difficultés. Le dollar américain, monnaie de référence pour la fixation des prix à l'export, s'est déprécié par rapport à l'euro, et par effet mécanique, face au franc CFA auquel ce dernier est arrimé.

Le graphique suivant donne l'évolution du dollars US face à l'Euro sur les 5 dernières années :

Figure 13 : Evolution du cours USD/EUR 2021-2025

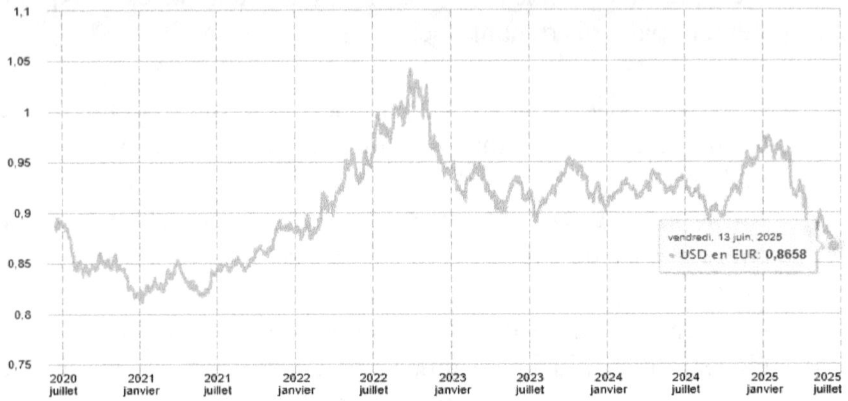

Source :www.exchange-rates.org

Cette évolution du taux de change a réduit les recettes en francs CFA tirées des exportations de coton, malgré des volumes parfois stables. La baisse du dollar est attribuée, entre autres, à une série de décisions protectionnistes prises aux États-Unis, notamment l'instauration de droits de douane sur les importations en provenance de plusieurs régions du monde, ce qui a entraîné une montée des tensions commerciales et une perte de confiance sur les marchés vis-à-vis de la devise américaine.

Ainsi, le coton malien se retrouve pénalisé à la fois par la baisse des cours mondiaux et par une conjoncture de change défavorable, fragilisant davantage les revenus des producteurs et la rentabilité de la filière.

Les baisses du cours du coton et de celle du dollar US ont pesé sur la commercialisation du coton fibre. Le rythme des ventes a été plus lent que prévu, ce qui a accru la pression sur les capacités de stockage et la trésorerie de la filière. Dans ce contexte, les acteurs ont dû adapter leur stratégie financière et logistique pour sécuriser le bon déroulement de la campagne, tout en préservant la stabilité du secteur à moyen terme.

Ces crises successives ont engendré des répercussions profondes sur l'ensemble de l'écosystème cotonnier, bien au-delà des seuls producteurs.

1.4 Impacts des crises de la filière coton sur le système financier et la CMDT :

Les perturbations successives qu'a connues la filière coton depuis 2020 ont eu des répercussions bien au-delà des exploitations agricoles. En tant que pilier central de l'organisation cotonnière au Mali, la CMDT a absorbé de plein fouet les chocs, avec des effets en cascade sur l'ensemble des acteurs financiers impliqués. Banques commerciales, Systèmes Financiers Décentralisés (SFD), fournisseurs d'intrants et partenaires techniques ont vu leur exposition au risque augmenter, remettant en question la viabilité du modèle de financement structuré autour de la CMDT. Cette section analyse les impacts spécifiques sur la CMDT elle-même, puis sur les institutions financières et les fournisseurs de la chaîne de valeur cotonnière.

CMDT : Cœur du dispositif mais fortement fragilisée

La filière coton au Mali repose sur une organisation centralisée autour de la Compagnie Malienne pour le Développement du Textile (CMDT). C'est une entreprise publique créée en 1974, chargée de l'organisation, de l'encadrement, de l'égrenage et de la commercialisation du coton au Mali. Elle assure l'approvisionnement en intrants (semences, engrais, produits phytosanitaires), la collecte du coton graine, ainsi que le soutien technique aux producteurs.

Ce modèle intégré a montré ses limites face à la succession de crises entre 2020 et 2025. Conséquences majeures sur la CMDT :

- Baisse des recettes d'exportation consécutive à celle de la production ;
- Retard de commercialisation qui entraine des difficultés à honorer les paiements aux producteurs dans les délais habituels ;
- Chevauchement entre campagnes successives.

Banques et SFD : exposition croissante, risques en hausse :

Les crises successives qui secouent la filière coton au Mali ne se sont pas arrêtées aux champs. Elles ont étendu leurs effets au système financier, en particulier aux banques commerciales et aux Systèmes Financiers Décentralisés (SFD) qui soutiennent le financement agricole.

La CMDT est le maillon central du financement de la filière du coton, fondé sur la confiance, la régularité des campagnes et la structuration de la filière autour d'elle. Les principaux financements de la filière sont structurés comme suit :

- **Financements des fournisseurs d'intrants**

Les fournisseurs (engrais et produits phytosanitaires) doivent disposer de ressources pour produire, importer et livrer les intrants plusieurs mois avant le semis, souvent dès le premier trimestre de l'année N. Ils sont financés par les banques locales et les crédits fournisseurs à l'international (difficile à obtenir avec la situation actuelle du pays). Les banques sont remboursées avec les traites émises par la CMDT en faveur desdits fournisseurs après livraison des intrants. Les financements couvrent leurs besoins en trésorerie pour l'importation des intrants et les frais logistiques (transports, douane, emballage…).

- **Financements des Producteurs de coton :**

Les producteurs bénéficient d'un accès au crédit intrants via des mécanismes adossés à la CMDT, permettant de préfinancer : les engrais, les semences, les produits phytosanitaires. Le mécanisme de financement est le suivant :

✓ La CMDT contracte un crédit Intrants : Il est assuré par les banques locales avec la BNDA comme chef de file. Mis en place en amont de la campagne cotonnière, ce crédit permet de financer l'achat et la distribution des intrants (fertilisants, insecticides, pesticides). Ces dernières années, l'enveloppe du crédit intrants tourne autour de 140 milliards FCFA.
✓ La CMDT assure la distribution des intrants aux producteurs avec les coopératives ;
✓ Chaque producteur reçoit un "prêt intrant" en nature, géré de manière collective au sein des Coopératives ;
✓ À la récolte, le remboursement s'effectue par compensation : la CMDT déduit le coût des intrants de la valeur du coton livré.

Le mécanisme de la subvention aux producteurs est que la CMDT achète les intrants plein tarif mais elle ne retient que le montant net après déduction de la subvention auprès des producteurs. Tant que la subvention de l'État n'est pas payée, la CMDT supporte un décalage de trésorerie qui affecte sa capacité à honorer ses engagements.

Pour leurs besoins en équipements et petit matériels, les producteurs sont financés principalement par la BNDA et les systèmes financiers décentralisés notamment Kafo Jiginew.

- **Financements accordés à la CMDT :**

La CMDT bénéficie d'un financement pour la collecte et la commercialisation du coton. Il est structuré par la BDM en tant chef de file. Le montant mobilisé pour la campagne 2024/2025 est de 150 milliards FCFA[9] avec la participation des banques locales.

Effets systémiques sur le secteur financier :

Les difficultés conjoncturelles observées dans la filière cotonnière ont généré des effets en chaîne sur le financement du secteur agricole. Elles se sont traduites par un ralentissement des flux de remboursement, une augmentation des tensions de liquidité et un climat de prudence accrue chez certains établissements de crédit. Cette situation souligne l'importance de renforcer les mécanismes de gestion des risques et de diversification des financements afin de limiter l'impact de futures perturbations sur la stabilité du système financier.

Un effet domino sur les fournisseurs

Les tensions financières dans la filière ont affecté certains fournisseurs d'intrants, réduisant leur capacité à assurer un approvisionnement régulier lors des campagnes suivantes. Ce contexte a contribué à fragiliser la chaîne de valeur et à accroître les risques pour l'ensemble des acteurs, y compris le secteur financier.

1.5 Conclusion : un modèle sous tension, une filière à repenser

La succession des crises depuis 2020 a mis en lumière la vulnérabilité structurelle d'une filière entièrement articulée autour d'un seul acteur et d'un schéma de financement très concentré. Pour éviter que ces chocs ne se répètent et ne s'amplifient, une reconfiguration

[9] www.maliweb.net: Campagne cotonnière 2024-2025 : la BDM et la CMDT signent une convention de 150 mds FCFA

globale s'impose sur quatre axes complémentaires :

Diversifier et sécuriser les revenus ruraux :

- Encourager des cultures de rotation à forte valeur ajoutée et des activités génératrices de revenus parallèles, afin que les ménages ne dépendent plus quasi exclusivement du coton.
- Développer des mécanismes de partage de risques (index-assurance, fonds de stabilisation) pour amortir les chocs de prix internationaux.

Moderniser les pratiques agronomiques et le matériel végétal :

- Diffuser largement des variétés de coton résistantes aux ravageurs et mieux adaptées aux stress hydriques.
- Renforcer l'accompagnement technique pour généraliser les itinéraires culturaux intégrés (lutte biologique, semis direct, optimisation de la fumure organique).
- Accélérer l'accès à la mécanisation légère et aux outils de gestion climato-intelligente.

Anticiper les risques phytosanitaires et climatiques :

- Mettre en place un système d'alerte précoce, combinant données météo, surveillance des parasites et conseils de traitement ciblés.
- Ajuster le calendrier et la logistique de distribution des intrants pour réduire les ruptures et les surcoûts.
- Intégrer la gestion durable des sols et de l'eau.

Réformer la gouvernance et le financement de la filière

- Renforcer la gouvernance interne de la CMDT ;
- Diversifier les sources de financement (fonds climat, investisseurs d'impact, marchés de capitaux régionaux) pour limiter la concentration du risque bancaire.
- Stabiliser la politique de prix d'achat du coton graine grâce à un mécanisme clair de fixation indexé sur les cours internationaux et soutenu par un fonds de péréquation.
-

Accélérer la digitalisation de la filière

La digitalisation des processus clés (identification des producteurs, traçabilité des intrants, suivi des crédits, collecte et paiement du coton) est devenue une condition essentielle pour améliorer l'efficacité opérationnelle, limiter les fraudes, réduire les délais de remboursement et faciliter l'accès à l'information pour tous les acteurs. Elle ouvre également la voie à des outils innovants de scoring agricole, d'assurance paramétrique et de financement alternatif.

En combinant diversification des revenus, innovation agronomique, gestion proactive des risques et gouvernance renforcée, la filière coton pourra restaurer la confiance des producteurs, sécuriser les institutions financières et redevenir un véritable moteur du développement rural malien.

2- Subventions aux producteurs : Une bombe à retardement pour la filière coton

Au fil des campagnes, la question des subventions aux intrants agricoles, en particulier pour le coton, est devenue un facteur structurel de fragilité pour la filière. Bien que cette politique ait permis de soutenir l'accès des producteurs aux engrais, semences et produits phytosanitaires, elle repose sur un schéma de financement incertain, exposant les différents maillons de la filière à des tensions financières chroniques.

- **Une logique de préfinancement problématique**

Dans le dispositif actuel, la CMDT est chargée de fournir les intrants aux producteurs à des prix subventionnés, tout en les achetant au prix réel sur les marchés nationaux ou internationaux. L'État s'engage à compenser la différence, mais sans mécanisme de remboursement automatique ni délai contractuel. En pratique, la CMDT doit mobiliser sa propre trésorerie ou recourir à l'endettement bancaire pour assumer ce différentiel dans l'attente des remboursements publics.

- **Des retards chroniques aux effets en cascade**

Ces subventions non versées à temps – voire partiellement impayées – ont un impact direct sur la santé financière de la CMDT, avec plusieurs conséquences graves : Une tension de trésorerie permanente, limitant la capacité à financer les campagnes suivantes et une augmentation des charges financières, du fait du recours à des crédits de trésorerie

- **Un système parfois détourné par certains producteurs**

Au-delà des défaillances institutionnelles, le système souffre également de pratiques opportunistes. Dans certaines zones, des producteurs surestiment volontairement les superficies déclarées dans le but d'obtenir des quantités d'intrants supérieures à leurs besoins réels. Une partie des engrais subventionnés est ainsi détournée de son usage initial pour être revendue sur le marché parallèle.

Cette réalité a été publiquement dévoilée un ancien Président Directeur Général de la CMDT lors d'un entretien sur la radio nationale (Chaine 2). Il y dénonçait avec amertume un phénomène devenu structurel : *« Les producteurs déclarent des hectares fictifs, reçoivent des intrants subventionnés qu'ils revendent aussitôt sur les marchés. Résultat : au lieu de produire plus, les rendements baissent. »* Selon lui, cette fraude endémique sur les intrants constitue l'une des principales causes de la chute du rendement moyen à l'hectare dans plusieurs zones cotonnières du pays.

Ce comportement, encouragé par l'absence de mécanismes de contrôle rigoureux, non seulement fausse les données agricoles et affaiblit l'efficacité de la politique de soutien, mais contribue aussi à la mauvaise allocation des ressources et à la méfiance croissante des autres acteurs de la filière.

- **Un cercle vicieux pour toute la filière**

L'affaiblissement de la CMDT entraînerait une réaction en chaîne qui fragilise l'ensemble de la filière coton et même céréalière du fait de l'interconnexion des cultures :

- Les retards dans la distribution des intrants compromettent le bon déroulement de la campagne agricole ;
- Les rendements se dégradent et les volumes de coton collectés diminuent ;
- Les revenus des producteurs reculent, tout comme les recettes d'exportation du pays ;
- La CMDT voit alors son déficit se creuser davantage.

Ce mécanisme nourrit un cercle vicieux qui, au-delà des chiffres, érode progressivement la confiance entre tous les maillons de la filière : producteurs, banques, fournisseurs d'intrants et partenaires financiers du Mali.

- **Des pistes pour renforcer l'intégrité du système de subvention**

Face à la généralisation des pratiques de fraude, il devient urgent de renforcer la gouvernance et la traçabilité dans la distribution des intrants subventionnés. Plusieurs pistes peuvent être envisagées pour limiter les abus et restaurer l'efficacité du dispositif :

- **Mise en place d'un registre agricole digitalisé et géoréférencé**

L'enregistrement systématique des exploitants agricoles dans une base de données nationale, avec géolocalisation des parcelles et superficies cultivées, permettrait de limiter les déclarations fictives. Des outils comme la télédétection ou la cartographie participative peuvent aider à valider les superficies effectivement exploitées.

- **Distribution conditionnée par des cartes d'exploitation intelligentes (e-voucher)**

La digitalisation des subventions à travers des cartes électroniques nominatives permettrait d'attribuer les intrants de manière ciblée, traçable, et en fonction de critères vérifiés. Ce système, déjà expérimenté avec succès dans d'autres pays africains, peut réduire considérablement les fuites et le détournement d'intrants.

Un ancien ministre de l'Agriculture avait publiquement dénoncé ce système lors de la 10e séance du Conseil supérieur de l'Agriculture, en février 2020. Beaucoup d'acteurs et partenaires techniques pensent que le système est critiqué par certains justement parce qu'il s'avère efficace pour limiter les détournements d'objet et de subventions.

- **Subventionnement à la performance : une prime à la production réelle**

Une réforme plus incitative consisterait à basculer progressivement vers un mécanisme de subvention partiellement versée

après la récolte, en fonction des quantités de coton effectivement livrées. Ce système de **prime à la performance** aurait plusieurs avantages :

Décourager les producteurs de simuler des superficies fictives ;

Encourager les pratiques agricoles efficaces et les bons rendements ;

Récompenser les producteurs réellement engagés dans la culture du coton ;

Réduire les pertes financières liées aux intrants détournés ou mal utilisés.

Cette approche nécessiterait une traçabilité fine de la production (par coopérative, par producteur), mais elle renforcerait fortement l'efficience du dispositif.

- **Renforcement des contrôles de terrain et des audits aléatoires**

Le retour des brigades de contrôle mixtes (CMDT, services agricoles, autorités locales) sur le terrain, en période de distribution comme de culture, permettrait de décourager les fausses déclarations. Ces contrôles peuvent être complétés par des audits indépendants sur échantillon.

- **Sanctions graduées et dissuasives pour les fraudeurs**

Les producteurs reconnus coupables de fraude devraient être temporairement exclus du système de subvention, avec des mesures dissuasives claires : remboursement des intrants détournés, exclusion pour plusieurs campagnes, voire poursuites judiciaires en cas de récidive organisée.

- **Meilleur ciblage des bénéficiaires**

Il conviendrait de limiter l'accès aux subventions aux exploitants familiaux vulnérables ou aux coopératives structurées, avec une priorisation claire fondée sur des critères économiques et sociaux, évitant ainsi les effets d'aubaine.

- **Campagnes de sensibilisation et de responsabilisation des producteurs**

Il est essentiel de repositionner les subventions comme un outil de productivité collective, et non comme un "droit" automatique. Des campagnes de communication locale peuvent renforcer l'adhésion des producteurs à une utilisation responsable des intrants, notamment en rappelant l'impact de la fraude sur la pérennité de la filière.

- **Une réforme indispensable : vers un Fonds de compensation**

Pour rompre avec ce modèle actuel et assurer la viabilité du système, plusieurs pistes sont envisageables, au premier rang desquelles la création d'un Fonds de compensation des subventions agricoles. Ce mécanisme permettrait de :

✓ Rembourser rapidement les subventions sans attendre les arbitrages budgétaires de fin d'exercice ;

✓ Soulager la trésorerie du maillon central et de réduire son exposition à la dette à court terme ;
✓ Renforcer la transparence et la traçabilité des flux liés aux subventions ;
✓ Attirer plus facilement les financements des bailleurs en sécurisant le fonctionnement de la chaîne.

En parallèle, la réforme pourrait inclure :

✓ Une inscription prioritaire et réaliste des subventions dans la loi de finances ;
✓ Une contractualisation entre l'État et la CMDT sur les délais de remboursement ;
✓ Et un meilleur ciblage des bénéficiaires, afin de concentrer les subventions sur les petits producteurs réellement vulnérables.

En somme, la gestion déficiente des subventions agricoles est devenue un maillon faible de la filière coton, qui aggrave les autres crises au lieu de les amortir. Sans réforme structurelle rapide, cette situation risque de compromettre la viabilité de la CMDT, la stabilité des financements agricoles et, plus largement, la souveraineté alimentaire du pays.

3- Crise énergétique : EDM-SA, un client stratégique en difficulté

La Société Énergie du Mali (EDM-SA), entreprise publique chargée de la production et de la distribution de l'électricité, a longtemps été perçue comme un acteur stratégique de l'économie malienne et un client quasi-systémique pour les banques locales. Elle joue un rôle central dans le fonctionnement des services, la compétitivité industrielle, et la stabilité sociale.

Elle se trouve depuis plusieurs années dans une crise financière aiguë, marquée par des pertes croissantes, un endettement massif et une incapacité structurelle à assurer la fourniture régulière d'électricité. Cette dérive est principalement aggravée par :

- La hausse continue des coûts d'approvisionnement en carburant ;
- La vétusté des infrastructures de production et de distribution ;
- Le poids croissant des subventions étatiques impayées ;
- Une gouvernance managériale et opérationnelle défaillante.

Ces fragilités combinées ont provoqué une série d'effets systémiques :

- Coupures de courant prolongées, pénalisant l'industrie, les PME ;
- Retards de paiement d'EDM envers ses fournisseurs (eux-mêmes financés par les banques locales) ;
- Exposition forte des établissements financiers au risque de non-remboursement tout au long de la chaîne de valeur énergétique ;
- Perte de compétitivité des entreprises, freinant leurs capacités d'investissement et de modernisation.

Cette situation a eu des conséquences en cascade sur les entreprises, les ménages, et le système bancaire lui-même. Cette section retrace les origines de cette crise, analyse les risques systémiques induits et présente les mesures correctives entreprises.

3.1- Les racines d'une crise structurelle

- **Facteurs techniques et structurels :**

La crise d'EDM est d'abord le symptôme d'une dépendance excessive aux énergies fossiles importées, alors même que les infrastructures de production, de transport et de distribution d'électricité sont vieillissantes. Faute d'investissements réguliers, le réseau est devenu obsolète, avec des pertes techniques importantes, des interruptions fréquentes et une faible capacité à répondre à la demande croissante.

- **Faiblesses de gouvernance**

Sur le plan managérial, EDM souffre d'une gouvernance instable et peu transparente, combinée à un retard chronique dans le paiement des subventions étatiques. S'y ajoutent des contrats déséquilibrés signés avec certains producteurs indépendants d'électricité, entraînant un **surcoût pour EDM sans gain substantiel en production.**

- **Pressions sociales et politiques**

La tarification de l'électricité reste largement inférieure au coût réel de production, ce qui représente une subvention implicite importante. Cette situation, dictée par des impératifs sociaux et politiques, empêche EDM de couvrir ses coûts d'exploitation, entraînant un déséquilibre chronique de sa trésorerie.

- **Conséquences économiques, financières et sociales**

Sur le plan macroéconomique, les perturbations dans la fourniture d'électricité ont provoqué des pertes de production dans les secteurs industriel, commercial et artisanal. De nombreuses PME ont vu leur compétitivité chuter en raison des interruptions prolongées. Les ménages ont aussi été durement touchés : la hausse du coût des biens de première nécessité, liée aux coûts logistiques et énergétiques, a érodé leur pouvoir d'achat. Cette situation a contribué à la dégradation de la liquidité des banques fortement engagés sur EDM et ses fournisseurs. Une d'entre elles a subi un choc au point de recourir à une augmentation de capital et aboutir à un changement de gouvernance au niveau de l'exécutif.

Au-delà des pertes économiques, cette crise énergétique a eu des répercussions directes sur les conditions de vie des populations. Les coupures d'électricité prolongées ont affecté le fonctionnement des centres de santé et des hôpitaux, perturbé la chaîne du froid pour les médicaments, et compromis les services de base. Le secteur éducatif a également été touché : écoles sans éclairage ni ventilation. Ces effets sociaux ont accentué la vulnérabilité des ménages, déjà éprouvés par l'inflation importée et l'insécurité.

3.2- Endettement massif et risques accrus

La société EDM accumulait d'importantes dettes envers ses fournisseurs notamment les fournisseurs d'hydrocarbures. Ces créances impayées ont atteint un niveau critique, estimé à plus de 600 milliards FCFA[10] au pic de la crise.

Comme effets d'entraînement, les difficultés de paiement d'EDM ont affecté ses fournisseurs souvent eux-mêmes financés par des banques locales. Les retards accumulés ont provoqué des tensions de trésorerie dans plusieurs entreprises de sous-traitance, aggravant le risque de défaut sur des crédits accordés à des prestataires dépendants d'EDM.

3.3- Intervention de l'Etat dans la résolution de la crise

Face à cette situation, l'État malien a dû intervenir une nouvelle fois, en demandant aux banques de restructurer 261 milliards FCFA[11] de dettes fournisseurs et bancaires. L'objectif était d'éviter l'effondrement du système d'approvisionnement énergétique, alors que plusieurs sociétés pétrolières, y compris des multinationales, avaient

[10] Maliweb.net. du 11/03/2024

[11] www.maliweb.net

cessé leurs livraisons de carburant à EDM, faute de paiements. Cette rupture a entraîné l'arrêt de production dans plusieurs centrales thermiques, menaçant la continuité même du service public de l'électricité.

En complément de la restructuration des dettes fournisseurs, l'État a sollicité l'appui de ses partenaires techniques et financiers pour atténuer la crise de trésorerie d'EDM. Dans ce cadre, la Banque Ouest-Africaine de Développement (BOAD) est intervenue en 2024 avec un financement de 45 milliards FCFA[12] destiné à soutenir les besoins urgents de liquidité d'EDM.

Cette enveloppe a permis de relancer temporairement les livraisons de carburant et d'éviter l'effondrement total du service dans les centrales thermiques. Cette intervention ponctuelle souligne l'importance de la coordination entre l'État, les partenaires financiers et les institutions régionales pour contenir une crise systémique. Toutefois, elle ne règle pas les causes profondes de la fragilité d'EDM, et appelle à une réforme structurelle de son modèle économique et de gouvernance.

3.4- Enseignements et perspectives

- **Leçons clés pour le système financier malien :**

• Le risque de contrepartie publique est réel, même dans le cas d'une entreprise soutenue par l'État.
• Les banques doivent renforcer leur évaluation des risques liés aux entreprises parapubliques et introduire des scénarios de stress dans leur gestion des engagements.
• Une meilleure transparence dans les relations entre État, entreprises publiques et banques est essentielle pour éviter les effets de contagion.
• Nécessité d'une gestion rigoureuse du risque de contrepartie souveraine.
• Importance de la transparence dans les relations entre banques et entités publiques.
• Réflexion sur l'internalisation du risque systémique dans les

[12] Journal le républicain

politiques de crédit.

- Vers une réforme du financement des services publics à travers des partenariats mieux encadrés.

- **Perspectives de réforme :**

- Mettre en place des mécanismes contractuels clairs entre EDM et l'État, avec une compensation automatique des subventions et des délais de paiement stricts entre les parties.
- Réformer la tarification pour couvrir les coûts réels, tout en protégeant les plus vulnérables par des tarifs sociaux ciblés.
- Encourager la diversification énergétique (solaire, hydraulique) pour réduire la dépendance à l'énergie thermique. Le Mali dispose d'un potentiel considérable en énergies renouvelables, estimé à plus de 6 000 MW pour le solaire et environ 1 150 MW pour l'hydroélectricité[13], dont seule une faible part est exploitée à ce jour. Plusieurs projets sont en cours, qui devraient à terme renforcer la capacité installée et réduire la dépendance au thermique.
- Explorer des modèles de financement plus résilients (PPP, partenariats avec les producteurs indépendants sous régulation renforcée et des clauses de partage de risques équilibrées).

3.5- Recommandations pour une sortie durable de crise

a. Augmenter la capacité de production nationale de manière durable et diversifiée

- Accélérer le développement des projets d'énergies renouvelables

Le Mali doit concrétiser son potentiel solaire et hydroélectrique en :

  - Finalisant rapidement les projets solaires IPP (Producteurs indépendants d'électricité) en cours ;
  - Accélérant les investissements publics-privés dans les mini-centrales solaires régionales ;

[13] Rapport direction nationale de l'énergie publié en 2019

- Favorisant le déploiement de solutions hybrides (solaire + thermique) pour les zones isolées.

- Relancer les investissements dans les barrages hydroélectriques structurants

Des projets comme Kénié ou Gouina doivent être réévalués, priorisés et mieux encadrés pour éviter les retards. L'hydroélectricité permet de sécuriser une base de production stable et moins sensible aux variations des prix du carburant.

- Diversifier les partenariats énergétiques avec des clauses équilibrées

Les futurs contrats IPP (Independent Power Producer) doivent inclure :

- Des mécanismes de régulation plus robustes (contrôle tarifaire, audits de performance) ;
- Des engagements clairs sur la qualité, la disponibilité et les obligations de maintenance ;
- Des clauses de partage de risques plus équitables entre EDM et les producteurs.

b. Moderniser les infrastructures de transport et de distribution

- Mettre en œuvre un programme prioritaire de rénovation du réseau national

Il s'agira de :

- Réduire les pertes techniques, qui représentent jusqu'à 20-25 % de l'électricité transportée ;
- Rénover les postes de transformation et lignes de moyenne et basse tension obsolètes ;
- Étendre la couverture des réseaux aux zones à forte densité mais à faible accès.

- Adopter un plan de développement de la distribution numérique (smart grid)

L'introduction de technologies intelligentes permettrait :

- De mieux gérer la demande (répartition, délestages ciblés, priorisation des services critiques) ;
- D'améliorer la facturation (compteurs prépayés intelligents, détection de fraude) ;

o De mieux intégrer les énergies renouvelables dans le réseau.

- Améliorer la maintenance préventive et les interventions d'urgence
  Un audit technique du parc de distribution doit être mené pour réorganiser les services de maintenance, aujourd'hui très réactifs mais peu planifiés. La mise en place de centres régionaux d'intervention rapide permettrait de réduire les durées d'interruption.

c. Réformes transversales en gouvernance, financement et régulation

- Redynamiser L'Autorité indépendante de régulation de l'énergie : Cette autorité doit être chargée de :
  - Veiller à l'équilibre tarifaire entre les impératifs sociaux et la viabilité économique ;
  - Encadrer les contrats IPP et les engagements de l'État envers EDM ;
  - Publier régulièrement des rapports sur la qualité de service, les pertes techniques, les coûts de production.

- Refondre la gouvernance d'EDM-SA
  La nomination des dirigeants devrait se faire selon des critères de compétence technique et de transparence, avec :
  - La mise en place d'un Conseil d'administration autonome et apolitique ;
  - Un reporting financier et opérationnel renforcé à l'État et aux partenaires financiers ;
  - Des audits externes obligatoires et publics chaque année.

- Assainir la relation financière entre EDM et l'État Il est urgent :
  - D'inscrire les subventions de manière crédible dans la Loi de Finances, avec un mécanisme de paiement

automatique mensuel **;**

  - D'instaurer des **contrats de performance** entre l'État et EDM, définissant des objectifs annuels clairs de production, de pertes techniques, de recouvrement, etc.

- Mobiliser des financements innovants et à long terme : Pour répondre à l'ampleur des besoins :

  - Impliquer des bailleurs multilatéraux (Banque mondiale, BOAD, BAD, etc.) dans un plan d'investissement national sur 10 ans **;**
  - Structurer des PPP (partenariats public-privé) avec garanties de l'État ou d'agences régionales ;
  - Émettre des obligations vertes souveraines dédiées à la transition énergétique.

- Lier politique énergétique et transition carbone

EDM doit anticiper les effets du Mécanisme d'Ajustement Carbone aux Frontières (CBAM) de l'Union européenne en :

  - Réduisant progressivement la part du thermique dans le mix énergétique ;
  - Certifiant ses projets solaires et hydroélectriques comme « bas carbone » ;
  - Développant des mécanismes de certification environnementale pour l'électricité utilisée dans les chaînes d'exportation (ex. transformation du coton, industrie minière).

Conclusion

La crise d'EDM n'est pas qu'un problème sectoriel : elle révèle les limites d'un système économique où les acteurs publics en difficulté peuvent devenir des menaces pour la stabilité financière. Elle pose avec acuité la question du financement des services publics dans un pays confronté à des contraintes budgétaires, sociales et techniques majeures. Pour les banques, elle est un appel à repenser leurs politiques d'engagement et à anticiper les crises de contreparties publiques avant qu'elles ne deviennent systémiques.

À cela s'ajoute une contrainte internationale croissante : le Mécanisme d'Ajustement Carbone aux Frontières (CBAM) mis en place par l'Union européenne, qui pénalise les produits importés issus de procédés fortement émetteurs de CO_2. À terme, la compétitivité des exportateurs maliens pourrait être affectée si l'électricité utilisée dans la transformation locale reste fortement carbonée. EDM doit donc anticiper cette transition en intégrant les objectifs de décarbonation dans sa stratégie énergétique.

4- Crise du logement social : l'OMH face à l'échec d'un programme ambitieux

Lancé en grande pompe comme un pilier de l'inclusion sociale, le programme des 50 000 logements sociaux a progressivement dérivé vers un champ de ruines contractuelles, financières et sociales. L'OMH, censé incarner la promesse de logements accessibles, s'est retrouvé piégé dans un modèle non viable, accumulant dettes, litiges et méfiance

L'Office Malien de l'Habitat (OMH), établissement public à caractère administratif, joue depuis des décennies un rôle central dans la politique nationale de logement social. À travers le financement de programmes de logements à coût modéré, il a facilité l'accès à la propriété pour des milliers de familles maliennes, tout en servant de lien entre l'État, les promoteurs immobiliers et les établissements financiers.

Mais depuis des années, ce levier important d'inclusion sociale et de dynamisation du crédit bancaire, a été lourdement perturbé par les dysfonctionnements de l'OMH. Ce programme, longtemps présenté comme un succès du partenariat public-privé, a été confronté à une série de crises :

- Retards de paiement de l'OMH aux promoteurs immobiliers et aux établissements bancaires ayant préfinancé les projets.
- Accumulation d'impayés sur les prêts aux acquéreurs de logements sociaux, souvent issus des couches modestes.
- Gel de nouveaux chantiers, faute de mécanismes de financement fonctionnels et transparents.
- Révélations de mauvaise gestion, de fraudes et d'opacité

dans l'attribution des logements, entamant la crédibilité de l'OMH.

- Une perte de confiance des acteurs privés (entreprises de BTP, banques…) dans la solvabilité du système de logement social.
- Des recettes OMH insuffisantes pour rembourser les emprunts contractés auprès des banques de la place, notamment dans le cadre de programmes antérieurs.

4.1 – Les racines d'une crise structurelle

Dans le cadre du programme présidentiel de 50 000 logements sociaux lancé en 2015, l'Office Malien de l'Habitat (OMH) avait conclu 109 conventions avec des promoteurs immobiliers, portant sur la réalisation de 45 300 logements, pour un investissement global estimé à plus de 955 milliards FCFA.

Cependant, une part importante de ces conventions n'a pas été exécutée ou a connu des retards significatifs, exposant l'OMH à une dette devenue insoutenable. Face à cette situation, le gouvernement a procédé à l'annulation des conventions non exécutées ou insuffisamment avancées, réduisant ainsi le programme à 12 566 logements. Malgré cette révision à la baisse, la dette résiduelle de l'OMH demeure élevée, avoisinant 288 milliards FCFA[14], soit un niveau toujours largement supérieur à sa capacité réelle de remboursement.

Les causes de cette crise sont de 3 sortes :

Un modèle économique insoutenable :

Le dispositif de financement du logement social repose essentiellement sur des subventions étatiques irrégulières, des prêts bancaires garantis par l'État et des prix de cession en deçà des coûts réels de construction. Ce déséquilibre a entraîné un déficit chronique de trésorerie et une incapacité à honorer les engagements auprès des partenaires.

---

[14] www.maliweb.net

Retards et défauts de paiement :

Les promoteurs immobiliers, souvent avancés de fonds sur la base de promesses de paiement, n'ont pas été réglés dans les délais, accumulant eux-mêmes des dettes vis-à-vis des banques et fournisseurs. L'OMH est devenu un maillon faible de la chaîne de financement, provoquant une crise de confiance généralisée.

Dysfonctionnements internes et gouvernance critiquée

Des irrégularités dans la gestion administrative, des soupçons de favoritisme dans l'attribution des marchés, et l'absence de mécanismes transparents de suivi et d'évaluation ont entamé la crédibilité de l'institution, au point de susciter des contrôle et enquêtes notamment du Vérificateur Général et des blocages institutionnels.

Plusieurs rapports de contrôle interne et d'inspection du Vérificateur général ont pointé des irrégularités graves dans les passations de marchés, sans que des mesures correctives fortes ne soient mises en œuvre à temps.

4.2 – Conséquences économiques, financières et social

- Paralysie du secteur du logement social : des centaines de projets de logements sont arrêtés ou inachevés, entraînant des pertes d'emploi, des contentieux, et un ralentissement de l'activité dans la filière BTP.
- Crise de liquidité des promoteurs et sous-traitants : fortement exposés à l'OMH, certains promoteurs ont fait faillite ou ont été mis sous surveillance bancaire.
- Tensions dans le secteur bancaire : plusieurs banques ayant financé des projets en lien avec l'OMH ont enregistré des créances compromises, certaines devant provisionner des montants importants ou restructurer leurs créances.

Sur le plan social, pour des milliers de ménages inscrits depuis des années sans attribution ou confrontés à des logements inachevés, le programme s'est transformé en impasse. Cette situation a nourri un sentiment d'injustice et miné la confiance des citoyens envers l'État social.

4.3 – Endettement et effets d'entraînement

En 2023, les arriérés de paiement de l'OMH envers les promoteurs étaient estimés à plus de 100 milliards FCFA[15].Cette dette a contaminé toute la chaîne de financement du logement :

- Les banques ont cessé d'accompagner de nouveaux projets tant que les dettes antérieures ne sont pas réglées.
- Les fournisseurs de matériaux et d'équipements ont réduit ou suspendu leurs lignes de crédit aux entreprises du bâtiment.
- L'État, souvent garant implicite, s'est vu sommé de clarifier sa position, au risque d'entamer sa signature auprès des bailleurs et partenaires techniques.

4.4 – Interventions de l'État et tentatives de redressement

Face à cette impasse, les pouvoirs publics ont engagé plusieurs actions :

- L'OMH a lancé une opération de cession directe de 1 200 logements sociaux à prix coûtant. Cette initiative vise à désendetter l'OMH et à relancer l'offre de logements, notamment à Bamako. La cession directe a suscité un engouement, avec plus de 1 000 demandes enregistrées.
- Gel temporaire de nouveaux programmes de logements sociaux, en vue d'un audit complet du dispositif et de l'OMH.
- Ouverture d'une enquête administrative et judiciaire pour déterminer les responsabilités internes et externes.
- Engagement d'une réforme structurelle de l'OMH, avec révision de ses statuts, de son mode de financement, et de son rôle dans la chaîne de valeur du logement social.
- Consultations avec les banques et promoteurs en vue de

[15] Source : presse économique nationale.

trouver des mécanismes de compensation ou de refinancement partiel des créances bloquées.

4.5 – Enseignements pour le système financier malien

Constats	Implications pour les banques
L'exposition indirecte via des projets parapublics peut devenir un risque systémique.	Renforcer la traçabilité et la sécurisation des flux de financement public.
Le logement social ne garantit pas un retour sur investissement sans cadre clair.	Intégrer les facteurs de gouvernance et de viabilité économique dans l'analyse des projets d'intérêt public.
Une mauvaise gouvernance dans un EPIC peut contaminer un secteur entier.	Diversifier les risques et privilégier les mécanismes contractuels avec garanties indépendantes.

4.6 – Perspectives de réforme

Révision du modèle économique du logement social : aligner les prix de cession avec les coûts réels ou définir des mécanismes compensatoires automatiques (subventions ciblées).

Création d'un Fonds National de Garantie Logement pour couvrir une partie des risques de non-paiement ou retards de l'OMH.

Professionnalisation de la gouvernance de l'OMH : nomination sur critères transparents, mécanismes de reddition de comptes, audit régulier.

Encouragement de partenariats public privé (PPP) encadrés, avec obligation de résultats pour les partenaires privés.

Diversification des sources de financement (titres obligataires, mécanismes régionaux ou fonds de logement mutualisés).

Conclusion

La crise de l'OMH révèle les fragilités d'un modèle de logement social financé sans vision soutenable. Si elle diffère en nature de la crise énergétique d'EDM, elle en partage certaines racines : dépendance aux subventions non budgétisées, gouvernance défaillante et absence de mécanismes correcteurs. Pour les banques et les investisseurs, elle impose une relecture des engagements vis-à-vis des établissements publics. Pour l'État, elle constitue une alerte sur la nécessité d'institutions transparentes, pilotées selon des critères économiques et non politiques. Le redressement durable du secteur passera par des réformes de fond, centrées sur la viabilité, la redevabilité et la clarté contractuelle.

Recommandations globales : vers une meilleure résilience des contreparties publiques

L'analyse des crises internes ayant affecté successivement la CMDT, EDM-SA et l'OMH fait apparaître des vulnérabilités récurrentes dans la gestion des entités publiques stratégiques. Malgré leurs spécificités sectorielles, ces trois cas partagent un certain nombre de facteurs de fragilisation : modèle économique déséquilibré, dépendance excessive aux subventions, gouvernance défaillante, accumulation de dettes non soutenables et effet domino sur les acteurs bancaires et privés. Ces constats appellent des réformes profondes à plusieurs niveaux.

Réforme de la gouvernance des entreprises publiques

- Mettre en place une charte nationale de gouvernance des EPIC et sociétés d'État, intégrant des obligations de transparence, de performance et de reddition de comptes.
- Renforcer les mécanismes de sélection des dirigeants sur la base de critères de compétence et de parcours, avec des contrats de performance associés.
- Généraliser l'audit annuel indépendant des comptes et la publication des rapports de gestion des entreprises publiques stratégiques.

- Réduction de la dépendance aux subventions et amélioration des modèles économiques

- Réviser les modèles tarifaires et de cession (électricité, logements, intrants agricoles), de manière progressive et socialement ciblée, pour couvrir les coûts réels sans pénaliser les plus vulnérables.
- Mettre en place des mécanismes contractuels automatiques entre l'État et les entités publiques (versement de subventions, délais de paiement, clauses de sortie).
- Encourager les EPIC à diversifier leurs ressources via des prestations annexes, ou des partenariats équilibrés avec le secteur privé.

Protection du système financier contre les risques parapublics

- Introduire une limitation réglementaire de l'exposition sectorielle des banques aux entreprises publiques à risques non couverts.
- Encourager l'intégration de stress tests sectoriels (énergie, agriculture, logement) dans les plans de gestion des risques des banques.
- Créer un cadre de garantie souveraine transparent, avec plafonds, conditions d'appel et publication annuelle de l'exposition de l'État aux engagements contingents.

Mécanismes de financement plus robustes et régulés

- Favoriser la structuration de partenariats public-privé (PPP) sous encadrement contractuel rigoureux et mécanisme de résolution des différends.
- Créer un Fonds de stabilisation intersectoriel pour amortir les chocs de trésorerie ponctuels des entités publiques stratégiques, financé conjointement par l'État et les partenaires.
- Mettre en place une cellule technique interministérielle chargée de l'évaluation des risques et de la cohérence financière des grands programmes publics multisectoriels.

Intégration des enjeux climatiques et technologiques

- Intégrer les objectifs climatiques et d'ajustement carbone dans les stratégies de transition énergétique, notamment pour EDM-SA et les filières industrielles à forte empreinte carbone.
- Accélérer la digitalisation des flux financiers publics (versements, subventions, paiements fournisseurs) pour améliorer la traçabilité et limiter les décalages de trésorerie.
- Promouvoir la transparence des données financières publiques liées aux projets parapublics (guichet unique, plateforme d'information intersectorielle).

Ces recommandations visent à renforcer la solidité du système financier malien face aux chocs endogènes récurrents, tout en améliorant la gouvernance et la soutenabilité des entreprises publiques. Elles impliquent une meilleure articulation entre les politiques sectorielles, la régulation financière et la gestion budgétaire de l'État. La mise en œuvre de ces réformes est d'autant plus urgente que les risques futurs – climatiques, budgétaires ou géopolitiques – pourraient amplifier les faiblesses actuelles si aucune correction n'est entreprise.

Au terme de cette analyse, il apparaît clairement que les mutations du système financier malien s'inscrivent dans une dynamique plus large. Entre quête de souveraineté, intégration régionale et pressions géopolitiques, plusieurs scénarios se dessinent."

Conclusion stratégique et recommandations finales

Le système bancaire malien a traversé, ces trois dernières décennies, une succession de crises politiques, sécuritaires, économiques et sociales qui auraient pu l'effondrer. Pourtant, il a tenu. Sa résilience force le respect. Elle s'explique par la solidité de certaines institutions, la vigilance des régulateurs, mais aussi par l'ingéniosité des acteurs qui, au quotidien, adaptent leurs pratiques aux contraintes d'un environnement instable.

Mais la résilience ne saurait suffire. Elle ne doit pas masquer les fragilités profondes : faible bancarisation, concentration des crédits sur les grands clients et le commerce, marginalisation du secteur rural et des PME, lenteur de la digitalisation, dépendance vis-à-vis des financements extérieurs. Dans un monde marqué par la compétition des économies et l'accélération des mutations technologiques, le Mali ne peut rester en retrait.

L'avenir de son système bancaire repose sur une double exigence : consolider les acquis de stabilité et engager une transformation stratégique. Cette transformation doit être guidée par trois ambitions majeures : renforcer la souveraineté monétaire et financière, accélérer l'inclusion et la digitalisation, et réorienter le crédit vers le développement productif.

1. Consolider la gouvernance et la confiance

La confiance demeure le socle de tout système financier. Pour la renforcer :

- Les banques doivent améliorer leur transparence et leur communication, en publiant davantage d'informations sur leurs performances et leurs engagements envers l'économie réelle.
- Les régulateurs doivent conjuguer rigueur prudentielle et accompagnement stratégique, afin d'éviter à la fois la complaisance et la rigidité excessive.
- Les pratiques de gouvernance interne doivent être modernisées, avec une meilleure représentation des compétences locales dans les organes de décision.

2. Accélérer l'inclusion financière

L'accès aux services financiers reste trop limité au Mali. Les banques doivent cesser de considérer les Systèmes Financiers Décentralisés (SFD) comme des concurrents et les percevoir comme des alliés stratégiques. Des passerelles de coopération (cofinancement, refinancement, produits partagés) peuvent ouvrir le chemin de la bancarisation progressive des populations aujourd'hui exclues.

Une attention particulière doit être portée aux jeunes, aux femmes et au monde rural, par des produits simples, abordables et digitalisés. L'éducation financière, en langue nationale et à travers les médias communautaires, doit devenir une priorité.

3. Tirer parti de la révolution numérique

Le numérique constitue une chance unique pour démocratiser l'accès bancaire. Le mobile banking, les partenariats avec les opérateurs télécoms, l'essor des fintechs peuvent briser les barrières de distance et de coût.

Mais cette transition ne pourra réussir sans une stratégie claire de cybersécurité bancaire, un investissement massif dans les infrastructures numériques, et une régulation adaptée aux innovations (fintechs, crypto-actifs, finance islamique).

4. Financer la transformation productive

Le crédit bancaire reste encore trop centré sur le commerce et les importations. Or, sans un soutien massif aux PME, à l'agriculture et à l'industrie, le Mali restera dépendant des chocs extérieurs. Les banques doivent développer des produits innovants (leasing, capital-investissement, garanties de portefeuille) en partenariat avec les fonds publics et les bailleurs.

La finance islamique et la finance durable offrent des opportunités à saisir pour attirer de nouveaux financements et répondre à une demande sociale croissante.

5. S'ancrer dans la dynamique régionale et internationale

Le Mali ne peut ignorer les grandes mutations régionales : projet de monnaie unique (ECO), montée en puissance de la Banque Confédérale de l'AES, transformation des critères de convergence budgétaire et monétaire. Plutôt que de subir ces évolutions, le pays doit s'y engager activement, en défendant ses intérêts mais aussi en misant sur l'intégration comme levier de stabilité et d'opportunité.

En définitive

Ce livre plaide pour une refondation du système bancaire malien autour de trois piliers :

1. Souveraineté et gouvernance : restaurer la confiance et maîtriser davantage les choix monétaires et financiers.
2. Inclusion et digitalisation : ouvrir la finance au plus grand nombre grâce aux SFD, aux fintechs et au numérique.
3. Financement productif : réorienter le crédit vers l'agriculture, l'industrie et les PME pour bâtir une croissance durable.

Le système bancaire malien a déjà montré qu'il pouvait résister. Il lui reste désormais à se transformer pour devenir un véritable moteur de développement, un rempart contre les crises, et un outil au service de la souveraineté économique et sociale du pays.

Bibliographie

1. Institutions nationales et régionales

- BCEAO. *Balance des paiements et position extérieure globale – Mali*. BCEAO, 2021, 2022, 2023.

- BCEAO. *Évolution du paysage bancaire au Mali*. BCEAO, octobre 2021.

- BCEAO. *Rapport annuel sur la COBA*. BCEAO, 2020, 2021, 2023, 2024.

- BCEAO. *Rapport sur la politique monétaire dans l'UEMOA*. BCEAO, 2023, 2024.

- BCEAO. *Situation de la microfinance dans l'UEMOA au 31 décembre 2024*. BCEAO, avril 2025.

- CEDEAO. *Rapport sur la convergence macroéconomique et la mise en œuvre de l'ECO*. Abuja : CEDEAO, 2019.

- Commission UEMOA. *Note de conjoncture économique régionale dans l'UEMOA – 4e trimestre 2022*. UEMOA, 2022.

- Institut National de la Statistique du Mali. *Profil et déterminants de la pauvreté au Mali 2021*. Bamako : INS, août 2023.

- République du Mali. *Loi bancaire*. Journal officiel du 28 mars 2011.

- République du Mali. *Lois de finances du Mali*, 2022, 2023, 2024, 2025.

2. Banque mondiale et institutions internationales

- Banque Africaine de Développement (BAD). *Le secteur privé face à la crise sanitaire : impacts de la COVID-19 sur les PME au Mali*. Rapport final, septembre 2021.

- Banque Européenne d'Investissement (BEI). *La finance en Afrique – Temps incertains, banques résilientes : le secteur financier africain à la croisée des chemins*, 2023.

- Banque mondiale. *Livre blanc sur l'éducation au Sahel : la richesse d'aujourd'hui et de demain*. Décembre 2021.

- Banque mondiale. Cem Dener. *Compte unique du Trésor – Boîte à outils d'évaluation rapide. Version 2.0*, février 2014.

- Banque mondiale. *Mali : renforcer la résilience financière face à la sécheresse*. 2023.

- Banque mondiale. *Programme d'évaluation du secteur financier – Mali : le secteur de la microfinance*. Note technique, août 2015.

- Banque mondiale. *Programme d'évaluation du secteur financier – Mali : le système bancaire et le crédit à l'économie*. Note technique, août 2015.

- Banque mondiale. *Rapport sur le développement dans le monde 2020*. Washington, DC : Banque mondiale, 2020.

- FMI. *Perspectives économiques régionales : Afrique subsaharienne*. Washington, DC : FMI, 2021.

- International Monetary Fund (FMI). *Lessons from the Crisis in Argentina*. Policy Development and Review Department, approbation Timothy Geithner, 8 octobre 2003.

- World Bank Group. *Finance for Recovery: Reforming the Financial Sector in the Wake of COVID-19*. 2022.

3. Microfinance et inclusion financière

- BCEAO. *Inclusion financière dans l'UEMOA*, 2021, 2022, 2023.

- BCEAO. *Le secteur de la microfinance dans l'UEMOA depuis 1992*.

- Ministère de l'Économie et des Finances du Mali. *La Politique nationale de développement de la microfinance 2016–2020*.

- Ministère de l'Économie et des Finances du Mali. *Stratégie nationale et plan d'actions pour le développement de la microfinance au Mali 2008-2012*. Juin 2008.

- Ministère de l'Économie et des Finances du Mali. *Stratégie nationale de la microfinance (SNMF 1998–2002)*.

- Ministère de l'Économie et des Finances du Mali. *Stratégie Nationale d'Inclusion Financière (SNIF 2022–2026)*.

- Ministère de l'Économie et des Finances du Mali. *Stratégie Nationale d'Inclusion Financière (SNMF 2003–2008).*

4. Ouvrages, études et recherches académiques

- Agbohou, Nicolas. *Le Franc CFA : histoire d'une monnaie coloniale*. Paris : Éditions Harmattan, 1999.
- Brachet, Julien. "South Sudan's Political Economy: The Roots of Instability." Chatham House Report, 2020.
- BCEAO *: Histoire de l'Union monétaire ouest-africaine* (Tomes II) (De 1958 à 1997) Georges Israel Editeur, Paris 2000
- BCEAO *: Histoire de l'Union monétaire ouest-africaine* Tome III (bilan et perspectives) Georges Israel Editeur, Paris 2000
- Chambas, Gérard, Jean-Louis Combes, Patrick Guillaumont, Sylviane Guillaumont Jeanneney, et Bertrand Laporte. *Mali : les facteurs de croissance à long terme*. OCDE, février 2000.
- Charry, Andrés, et al. *Dollarization in Ecuador: Causes, Consequences, and Sustainability*. Washington, DC : Inter-American Development Bank, 2002.
- Dango, Oumarou. *La monnaie en Afrique : historique et perspectives*. Paris : L'Harmattan, 2001.
- Diop, Samuel. "L'évolution du système bancaire en Zone franc." *Techniques Financières et Développement*, n°121 (2015): 59–69. https://doi.org/10.3917/tfd.121.0059.
- Ellner, Steve. *The Crisis in Venezuela: Class, Polarization, and the Exodus*. 2020.
- Hanke, Steve H., et Alex K. F. Kwok. "On the Measurement of Zimbabwe's Hyperinflation." *Cato Journal* 29, no. 2 (2009): 353–364.
- Kane, Karamoko. *Mondialisation, développement et indépendance monétaire*. Paris : L'Harmattan, 2010.
- Menon, Jayant. "The Making of a Monetary Authority: The Development of a Central Bank in Singapore." *Singapore Economic Review* 38, no. 1 (1993).
- Miguel, Miguel A., et Pablo Neumeyer. *Currency Boards in Argentina, 1991–2001*. Washington, DC : IMF, 2002.
- Migani, Guia. *Indépendance par la monnaie : la France, le Mali et la zone franc, 1960-1963*. Paris : Presses Universitaires de France,

2008.
- Melesse, Florent. *Modélisation du comportement de soumission des banques aux opérations d'open market de la BCEAO*. Juin 2011.
- Ndulu, Benno J., et al. *Tanzania: Growth, Reform, and Policy*. In *The Political Economy of Economic Growth in Africa, 1960–2000*. Cambridge : Cambridge University Press, 2008.
- N'Diaye, P. M. *Stabilité financière et développement économique en Afrique de l'Ouest*. Paris : L'Harmattan, 2010.
- Nubukpo, Kako, dir. *Du franc CFA à l'éco : Demain, la souveraineté monétaire ?*. Paris : Fondation Jean-Jaurès, 2020.
- Tadényo, Yao Dosse. *Liquidité bancaire et financement de l'économie dans l'UEMOA*. Document d'étude et de recherche n° COFEB IDE R/2021/04. BCEAO, 2021.

5. Conflits et crises au Mali

- BBC News. "Mali conflict: Timeline of Tuareg and Islamist violence." BBC News, 2013.
- Charbonneau, Bruno. "Intervention in Mali: Building Peace between Peacebuilding and Counterterrorism." *Journal of Contemporary African Studies*, 2014.
- Counter Extremism Project. *Mali: Extremism and Terrorism*.
- International Crisis Group. *Central Mali: An Uprising in the Making?* Rapport n°238, juillet 2016.
- Keenan, Jeremy. *The Lesser Gods of the Sahara: Social Change and Indigenous Rights*. London : Frank Cass, 2004.

6. Références CBDC et innovations financières

- Narayanan, Arvind, Joseph Bonneau, Edward Felten, Andrew Miller, Steven Goldfeder. *Bitcoin et autres cryptomonnaies : sécurité, régulation et usages*. Paris : Éditions Eyrolles, 2017.
- Banque des règlements internationaux (BRI). *Central bank digital currencies: System design and interoperability*. Bâle : BRI, 2021.
- Kiff, J., J. Alwazir, S. Davidovic, A. Farias, A. Khan, T. Khiaonarong, M. Malaika, H. Monroe, N. Sugimoto, H. Tourpe, et P. Zhou. *A survey of research on retail central bank digital currency*. IMF Working Paper WP/20/104, 2020.

7. Articles de presse et web :

- Jeune Afrique. « Sans euros, ni dollars… Comment le système Papss réduit la dépendance de l'Afrique aux monnaies fortes. » Jeune Afrique, 1er juillet 2025. https://www.jeuneafrique.com/1702436/economie-entreprises/sans-euros-ni-dollars-comment-le-systeme-papss-reduit-la-dependance-de-lafrique-aux-monnaies-fortes/.
- Jeune Afrique. « Innovation, réglementation, digitalisation : la finance africaine à la croisée des chemins. » Jeune Afrique, 10 avril 2025. https://www.jeuneafrique.com/1655784/economie-entreprises/innovation-reglementation-digitalisation-la-finance-africaine-a-la-croisee-des-chemins/.
- Digital Frontiers Institute. « L'inclusion financière en Afrique : une opportunité pour les néo-banques. » Digital Frontiers Institute, 24 septembre 2024. https://digitalfrontiersinstitute.org/linclusion-financiere-en-afrique-une-opportunite-pour-les-neo-banques/.
- Banque Européenne d'Investissement. « La finance en Afrique. » European Investment Bank, 2024. https://www.eib.org/attachments/lucalli/20240033_finance_in_africa_fr.pdf.
- Africanews. « Finance africaine : défis et opportunités pour un secteur en expansion. » Africanews, 16 novembre 2023. https://fr.africanews.com/2023/11/17/finance-africaine-defis-et-opportunites-pour-un-secteur-en-expansion/.
- Jeune Afrique. « Quand le mobile money booste l'épargne africaine. » Jeune Afrique, 15 août 2025. https://www.jeuneafrique.com/1707499/economie-entreprises/quand-le-mobile-money-booste-lepargne-africaine/.
- BBC Afrique. « 88 milliards de dollars sont perdus chaque année par l'Afrique. » BBC Afrique, 4 septembre 2025. https://www.bbc.com/afrique/articles/cgknyj068e3o.
- www.maliweb.net
- www.Lessor.ml

Sigle et signification

Sigle	Signification
AES	Alliance des États du Sahel
BAD	Banque Africaine de Développement
BCEAO	Banque Centrale des États de l'Afrique de l'Ouest
BCID	Banque Confédérale d'Investissement et de Développement
CFA	Colonies Françaises d'Afrique
CEMAC	Communauté Économique et Monétaire de l'Afrique Centrale
CEDEAO	Communauté économique des États de l'Afrique de l'Ouest
CMDT	Compagnie Malienne pour le Développement du Textile
COVID-19	Coronavirus Disease 2019
CUT	Compte Unique du Trésor
EFCB	Établissements Financiers à Caractère Bancaire
EDM	Énergie du Mali
FGSP	Fonds de Garantie du Secteur Privé du Mali
IFRS 9	International Financial Reporting Standard 9
IMEC	Institutions Mutualistes ou Coopératives d'Épargne et de Crédit
INSTAT	Institut National de la Statistique
ISO	Organisation internationale de normalisation

KYC	Know Your Customer
LABFT	Loi sur la Lutte contre le Blanchiment d'Argent et le Financement du Terrorisme
LCB-FT	Lutte contre le blanchiment d'argent et le financement du terrorisme
LUIF	Loi Uniforme sur les Instruments Financiers
LUIMF	Loi Uniforme sur les Institutions de Microfinance
LUSC	Loi Uniforme sur les Sociétés de Crédit et les Banques
MLF	Franc Malien
OMH	Office Malien de l'Habitat
OPCVM	Organismes de Placement Collectif en Valeurs Mobilières
PME	Petites et Moyennes Entreprises
PPP	Partenariats Public-Privé
PTF	Partenaires Techniques et Financiers
SFD	Systèmes Financiers Décentralisés
SNMF	Stratégies Nationales de la Micro finance
UA	Union africaine
UEMOA	Union Économique et Monétaire Ouest-Africaine
UMOA	Union Monétaire Ouest-Africaine
XAF	Franc de la Coopération Financière en Afrique centrale
XOF	Franc de la Communauté Financière d'Afrique

Glossaire

- **Architecture monétaire** : Ensemble des institutions, des règles et des instruments qui gèrent la création, la circulation et la valeur d'une monnaie au sein d'une zone géographique. Elle inclut la banque centrale, le régime de change et les politiques monétaires.
- **Bitcoin** : La première et la plus connue des cryptomonnaies, créée en 2009. C'est une monnaie numérique décentralisée qui fonctionne sur une technologie de chaîne de blocs (blockchain), sans l'intermédiation d'une banque centrale ou d'une institution financière.
- **Cadre prudentiel** : Ensemble des règles et des normes édictées par les autorités de régulation (comme la BCEAO) pour encadrer les activités des banques et des institutions financières. Son but est de garantir leur solvabilité, leur liquidité et la stabilité du système financier.
- **Critères de convergence** : Normes macroéconomiques que les pays d'une zone (comme l'UEMOA) doivent respecter pour garantir la stabilité monétaire et fiscale. Ils incluent des plafonds sur l'inflation, le déficit budgétaire et la dette publique.
- **Résilience** : Capacité d'un système financier à absorber et à se remettre des chocs externes (politiques, économiques, climatiques, sanitaires) sans subir d'effondrement systémique.
- **Cryptomonnaie** : Type de monnaie numérique ou virtuelle qui utilise la cryptographie pour sécuriser les transactions. Elle est décentralisée, ce qui signifie qu'elle n'est pas émise ni contrôlée par une autorité centrale.
- **Cyberattaques** : Tentatives délibérées d'accéder, d'endommager, de perturber ou de voler des systèmes informatiques, des réseaux ou des données. Dans un contexte financier, elles peuvent provoquer des pertes sur les instruments financiers, affecter la valeur des actifs et entraîner des dépréciations ou provisions exceptionnelles.
- **Hyperinflation** : Forme extrême d'inflation où les prix augmentent de manière très rapide et incontrôlable, généralement de plus de 50 % par mois, ce qui dévalorise la monnaie de façon spectaculaire et détruit l'économie.
- **IAS 39 (International Accounting Standard 39 – Instruments financiers : comptabilisation et évaluation)** : Norme comptable internationale qui établit les principes pour la comptabilisation et l'évaluation des instruments financiers, y compris leur classification,

leur mesure, la dépréciation et la couverture. Elle vise à assurer une information financière fiable et comparable sur les actifs et passifs financiers.

- **Inclusion financière** : Processus visant à assurer que tous les individus et entreprises aient accès et puissent utiliser de manière efficace des produits et services financiers abordables et adaptés à leurs besoins (comptes bancaires, crédits, assurance, etc.).
- **Inflation** : Augmentation générale et durable des prix des biens et services sur une période donnée. Elle se traduit par une baisse du pouvoir d'achat de la monnaie.
- **Microfinance** : Catégorie de services financiers (crédit, épargne, assurance) spécifiquement conçus pour les populations à faibles revenus ou exclues du système bancaire classique, souvent via des structures de proximité comme les SFD.
- **Monnaie numérique de banque centrale (MNBC)** : Forme numérique de monnaie fiduciaire émise et contrôlée par une banque centrale. À la différence des cryptomonnaies privées comme le Bitcoin, elle est considérée comme une monnaie légale et souveraine.
- **Open Market** : Politique monétaire par laquelle une banque centrale achète ou vend des titres financiers sur le marché pour influencer la quantité de monnaie en circulation et, par conséquent, les taux d'intérêt à court terme.
- **Souveraineté monétaire** : Capacité d'un État ou d'une union d'États à contrôler et à gérer sa propre monnaie.
- **Système financier** : Ensemble des marchés, des institutions et des instruments qui permettent le transfert de fonds entre les agents économiques à capacité de financement et les agents à besoin de financement. Il englobe les banques, les assurances, les bourses et les SFD.
- **Transformation digitale** : Processus d'intégration des technologies numériques pour modifier en profondeur les opérations et les services du secteur financier. Elle inclut le développement des paiements mobiles, des applications bancaires et des services en ligne.

Table des matières

Structures éditoriales du groupe L'Harmattan

L'Harmattan Italie
Via degli Artisti, 15
10124 Torino
harmattan.italia@gmail.com

L'Harmattan Hongrie
Kossuth l. u. 14-16.
1053 Budapest
harmattan@harmattan.hu

L'Harmattan Sénégal
10 VDN SICAP AMITIE 3
BP 45034 Dakar-Fann
direction@senharmattan.com

L'Harmattan Cameroun
Tsinga/Derrière polyclinique FECAFOOT
BP 11486 Yaoundé
Jacques.koukam@harmattan.fr

L'Harmattan Burkina Faso
Villa 281, secteur 23 623, rue 14.32
Ouagadougou
zagbie@outlook.fr

L'Harmattan Guinée
Almamya, rue KA 028 OKB Agency
BP 3470 Conakry
harmattanguinee@yahoo.fr

L'Harmattan RDC
185, avenue Nyangwe
Commune de Lingwala – Kinshasa
matangilamusadila@yahoo.fr

L'Harmattan Congo
219, avenue Nelson Mandela
BP 2874 Brazzaville
deunovmikhael@gmail.com

L'Harmattan Mali
Immeuble Mgr Jean Marie Cissé
Aci Hamadallaye
BP 145 Bamako
syllaka@yahoo.fr

L'Harmattan Togo
Djidjole – Maison Amela
face EPP BATOME
02 BP 20680 Lomé
didieramela11@gmail.com

L'Harmattan Côte d'Ivoire
Résidence Karl – Cité des Arts
Abidjan-Cocody
03 BP 1588 Abidjan
harmattan.ivoire@gmail.com

L'Harmattan Bénin
Rue 604, (Immeuble à l'entrée
de la rue UCAO- Cite de Saint-Jean)
Cotonou
stepcorpus@gmail.com

Nos librairies en France

Librairie internationale
16, rue des Écoles
75005 Paris
librairie.internationale@harmattan.fr
01 40 46 79 11
www.librairieharmattan.com

Librairie des savoirs
21, rue des Écoles
75005 Paris
librairie.sh@harmattan.fr
01 46 34 13 71
www.librairieharmattansh.com

www.ingramcontent.com/pod-product-compliance
Lightning Source LLC
LaVergne TN
LVHW011443061026
849535LV00004BA/936
* 9 7 8 2 3 3 6 5 7 9 0 8 5 *